新时期高校财务管理创新探索与发展

孙慧玲　著

新 华 出 版 社

图书在版编目 (CIP) 数据

新时期高校财务管理创新探索与发展 / 孙慧玲著
. — 北京 : 新华出版社 , 2022.6

ISBN 978-7-5166-6305-9

Ⅰ.①新… Ⅱ.①孙… Ⅲ.①高等学校 – 财务管理 –
研究 – 中国 Ⅳ.① G647.5

中国版本图书馆 CIP 数据核字（2022）第 105553 号

新时期高校财务管理创新探索与发展

著　　者：孙慧玲

责任编辑：蒋小云　　　　　　　　　封面设计：马静静

出版发行：新华出版社

地　　址：北京石景山区京原路 8 号　　　邮　　编：100040

网　　址：http : //www.xinhuapub.com

经　　销：新华书店
　　　　　新华出版社天猫旗舰店、京东旗舰店及各大网店

购书热线：010-63077122　　　　中国新闻书店购书热线：010-63072012

照　　排：北京亚吉飞数码科技有限公司

印　　刷：北京亚吉飞数码科技有限公司

成品尺寸：170mm×240mm

印　　张：16.5　　　　　　　　　　字　　数：261 千字

版　　次：2023 年 3 月第一版　　　　印　　次：2023 年 3 月第一次印刷

书　　号：ISBN 978-7-5166-6305-9

定　　价：85.00 元

前言

随着教育体制改革的不断深化,我国高等教育事业蓬勃发展,已经进入高等教育大众化阶段。在高校跨越式发展中,经费投入不足、财务压力巨大,已成为制约高等教育发展的主要因素。同时,我国高校毕业生就业难的问题进一步加剧,人们对教育的要求进一步提高。在市场和经济发展的双重需求下,担负着培养高素质人才的高等教育在各国教育系统中占据更加重要的位置。当前,大多数国家已经进入了高等教育大众化阶段,很多西方发达国家通过走高等教育大众化之路实现了经济的快速发展,形成了强大的综合国力和国际竞争力。我国也不例外,为解决高等教育供给不能满足人们对高等教育需求的矛盾,我国从1999年开始实施高等教育扩招政策,短短几年时间内实现了高等教育规模、数量以及发展速度上的重大突破。

党的十八大报告在阐述全面深化经济体制改革时提出:经济体制改革的核心问题是处理好政府和市场的关系,必须更加尊重市场规律,更好地发挥政府作用。而财政体制改革则是政府职能改革的突破口,1998年我国正式提出建立公共财政制度框架,拉开了我国公共财政管理改革的序幕。经过大胆探索和不断创新,我国公共财政管理改革取得了丰硕的成果,部门预算、收支两条线制度、国库集中支付制度、政府采购制度和绩效评价等改革已经初见成效。

2019年1月1日起高校实行政府会计制度,但政府会计制度的有效实施和如何发挥作用需要进一步规范,否则无法为公共财政管理的继续深化改革提供有力支撑。高校会计是政府会计的重要组成部分，高校的财务管理是公共财政管理的重要组成部分。

另外，从高校财务管理的实践情况来看，随着新公共管理（NPM）改革的不断深化，高校作为公共部门，在公共教育资源相对不足的情况下，越来越注重大学的公共治理和财务治理，通过科学规范的制度安排，合理配置财权，建立行之有效的财务激励与约束机制，确保办学资源的充分利用、办学效益的不断提高，确保大学的目标和理念得以实现。同时，积极借鉴管理会计工具方法，引入现代财务管理理论，创新财务管理方法，实施绩效财务管理，改善和提高教育资源使用绩效。

本书主要内容分为七章，分别对高校财务管理概述、高校财务管理创新的背景、高校财务管理创新的国际经验借鉴、高校财务管理系统及其创新、高校财务管理技术和方法及其创新、高校财务绩效管理创新与制度优化及其创新和高校财务管理的未来发展进行了论述。本书从系统论的角度，较全面地审视和思考了高校财务内部控制的基础理论问题，既有相当的理论深度，又是很好的研究素材和参考资料，并有可行的操作办法，层次分明、内容完整，对高校内部财务管理有着一定的参考价值。

本书在撰写过程中参考了大量专家、学者的研究成果，在此对相关作者表示感谢。由于作者水平有限，书中难免存在不足和疏漏之处，恳请读者批评指正。

作者

2021 年 7 月

目 录

第一章

高校财务管理概述

现代财务管理

在对高校的财务内容进行探究之前,需要对财务的概念、会计的概念以及两者的外延和渊源都要有所了解。在本书中主要采取的观点为"财务与会计并行",并从不同的角度分析现代财务的简要内容。在财务的所有功能中,最基本的功能为财务功能,被称作财务职能,这种职能主要是由财务的本质决定的。

在下文中所论述的所有和财务相关的概念,如果没有明确的说明,则均包含会计和财务管理的内容。在文中可能也会出现"财会"一词,主要指的是"财务与会计",这里用其简称。

一、现代会计的职能及分类

关于会计的本质,从不同的角度进行分析,所得出的结论也是不同的,主要包括三个方面的内容:第一,会计作为一项信息系统,主要用于收集信息、处理信息以及输送信息,并且是具有价值的经济信息;第二,在经济管理中,会计属于其中的一项工具,主要用于反映物质的生产过程,并对其进行监督;第三,会计属于一种经济管理活动,该活动的主要对象为价值活动,主要用于收集经济信息,并对其进行加工和利用。通常人们口中的会计指的是专门从事会计工作的人员,有一些人也会将其看作是会计学的同义词。

在此,针对会计的概念,可以将其看作是一种经济管理系统或经济管理活动,主要用于提供有价值的信息内容,会计的对象为各项经济交易以及经济事项,提供信息的方式是对会计的对象进行监督与核算,并且对经济决策进行预测。会计的计量单位为货币。

(一)现代会计的主要职能

关于会计的职能,在我国的会计理论界一共有六种观点:第一种观点为反映说;第二种观点为反映和控制说,也叫作反映和监督说;第三种观点是在第二种观点的基础上增加了促进的内容;第四种观点是在第二种观点的基础上增加了控制和分析的内容;第五种观点为反映、控制、评价预测和决策支持说;第六种观点融合了第四种观点和第五种观点,但没有控制的相关内容。在这里主要论述的职能一共有以下几种。

1.会计核算

会计的反映职能指的就是会计核算,主要包括记账、算账以及报账。这种职能主要用于反映经济活动,包括完成的和发生过的。反映的方式是对数据的记录、计算与报告。在传统会计中,会计核算除了是最基本的职能也是最主要的职能。想要真正了解会计核算的内容就需要掌握以下三点内容。

第一,会计的三大资料。一是会计凭证,分别为记账凭证和原始凭证;二是会计账簿,分别为备查账、总账与明细账,其中明细账还包括日记账；三是财务报告，全称为财务会计报告。

第二，会计的基本程序与方法，一共分为四个内容。第一个内容为确认，该程序主要是在会计系统中记录数据内容和报告数据内容，所确认的内容包括是否需要进入，什么时候进入，依照多大的金额进入。确认还包括三类：一类为初始确认，一类为后续确认，还有一类为终止确认。第二个内容为计量，该程序主要用于计算成本和计价货币，即用于处理计量单位上的问题以及计量属性上的问题。第三个内容为记录，该程序主要用于设置账户、填制凭证以及登记账簿，其记录的方法为借贷记账法。第四个内容为报告，指的是会计中的三大报表。

第三，会计的计量属性，一共有五种。第一种为历史成本；第二种为现行成本，也就是重置成本；第三种为预期脱手价值，也就是可变现净值；第四种为现值，主要针对的是未来现金流量，但实际上这并不属于计量属性；第五种为公允价值，该计量属性主要存在于公平交易中，通常是指资源交易的结果，并且进行交易的双方对于交易的情况都十分熟悉。在对结果进行确定时需要先判断会计操作是否可行，如果操作可行则确定的依据为现行市价，如果操作不可行则确定的依据为现值技术。需要注意的是，在使用现值技术时一定要获取双方的认可。

在西方的会计界中，人们普遍认为计量的过程就是会计，所以会计处理的核心内容就是会计计量，在这样的观点下，人们就会认为会计的重点在于计量，而对创造并没有那么多的重视，并且认为财务人员只用于计分，没有得分的功能。

针对计量和改良之间的关系，罗德·凯文（Rod Kevin）曾于 19 世纪提出了相关的见解，他认为想要进行改良就要能做到计量。计量和改良之间是一个相辅相成的关系，计量的价值都是通过改良实现的，计量的数据也是在完成改良之后才产生了指导意义。这表明，负责财务部门的领导不能只在乎发生了什么，还要对怎样改进的方式加以重视。

2.会计监督

会计的控制职能指的就是会计监督，即对各项经济事项以及经济交易开展审查工作,审查的主要依据为价值指标①。会计监督一共有三个特点:第一,会计的工作对象为经济事项和经济交易,该职能下的会计工作为监督处理,在处理的过程中要使用恰当的方法。第二,货币计价②是监督的主要方法。第三,监督的场所为单位内部。

3.参与预测、决策

会计的管理职能指的就是参与预测和参与决策,主要内容有对经济的前景进行预测,参加经济决策以及对经济业绩进行评价等。传统会计和现代会计之间最大的区别就在于参与预测和参与决策。

(二)现代会计的基本分类

1.按内容划分

按照内容的不同,可将现代会计分为两类:一类为财务会计,另一类为管理会计。

2.按会计主体性质划分

按照会计主体性质的不同可将会计分为两类:一类为企业会计,另一类为预算会计。企业会计和提供产品的分类和会计组成关系之间的关系表现为:私人物品—全额付费—企业提供。预算会计主要针对的对象为政府会计和非营利组织会计,其与提供产品的分类和会计组成关系之间的关系表现为:(1)公共物品—纯公共物品—不付费—政府提供—政府会计,这里的政府会计包括两类,其中一类为财政总预算会计,另一类为行政单位会计;(2)公共物品—准公共物品—部分付费—非营利组织提供—非营利组织会计,这里的非营利组织会计包括所有

---

① 价值指标:以货币作为价值尺度来度量社会财富或劳动成果多少的一种总量指标。如商品销售额、工业总产值、利润额、负债额等。由于用价值指标来度量事物数量,使不能直接加总的经济现象的实物数量过渡到可以直接加总,具有较高的概括能力,因此价值指标是进行企业管理和国民经济核算的重要指标。

② 货币计价:指双方当事人在合同中规定用来计算和清偿彼此债权债务的货币,一般与结算货币相同,如果双方在合同中只规定了计价货币,没有规定结算货币,则计价货币就是结算货币。

类型的事业单位会计。

综上所述,无论是我国的政府会计还是非营利组织会计,其组成体系都包含了三个部分的内容:一部分为财政总预算会计,一部分为行政单位会计,还有一部分为事业单位会计。事业单位会计一共包含了五类:第一类为科学事业单位会计,第二类为高校会计,第三类为中小学校会计,第四类为医院会计,第五类为文化事业单位会计。

二、会计与财务的关系

(一)财务管理与财务会计的一般比较

在会计与财务之间的关系中,人们研究更多的内容是财务管理同财务会计之间的比较内容。郭景旭和丽莉是来自西南财经大学的两位研究学者,在所有的研究结果中,他们的研究结果所涵盖的内容是最为完整的,认为两者之间的不同主要表现在以下三点上。

1. 两者的对象及要素不同

财务管理的对象为企业的财务活动以及这些财务活动之间的关系,包括企业资金筹集、企业收益分配、企业资产运营以及企业成本控制等;财务会计的对象为企业资金运动的完整过程,主要的工作是对其进行反映与监督,主要依据为价值形式。

2. 两者的目标及职能不同

财务管理的最终目标为实现企业价值的最大化,其主要职能包括计划组织、协调指挥以及控制;财务会计的最终目标为提供有价值的信息,提供的对象为信息决策者,其主要职能为反映与控制。需要注意的是,财务会计目标与财务会计职能的背景为"决策有用"。

3. 两者的方法及重点不同

财务管理主要注重的阶段为事项开始之前和事项进行过程中。在不同的阶段其使用的方法也是不同的,事项开始之前主要进行预测、决策以及计划；事项进行过程中主要进行控制与监督。财务会计主要注重的阶段为事项结束之后，主要使用的方法为反映与监督。

（二）财务管理与管理会计的一般比较

财务管理的对象为资金的来源、使用、耗费、运营、回收以及分配，该管理活动需要按照财务目标进行。

管理会计的另一个名称为内部报告会计，其中包含了两个重要组成部分：一个为成本会计[①]，另一个为管理控制[②]。管理会计实际上是一种经济管理活动，该活动的对象为企业目前的经济活动以及未来要进行的经济活动；该活动的目的为提高经济效益；该活动的目标为在经营管理决策上能为其提供科学依据。

分析上述内容可以发现，管理会计和财务管理在一些方面存在着较大的差别，但两者实际上还存在一定的联系。

1.两者的联系

财务管理和管理会计所针对的对象都是资金运动，因此两者所研究的对象一定会有相同的内容。

2.两者的区别

财务管理和管理会计最大的不同之处在于资金运动的层面。财务管理的工作内容为实体管理，管理会计的工作内容为提供有价值的信息内容，提供的对象为财务活动中的组织活动和财务体系中的处理工作。

管理会计就是在确定下来投资方案之后，负责管理会计的工作人员针对方案的内容搜集相关资料，并分析资料的内容做出相应的预测和决策，再按照预测的内容和做出的决策内容制作财务预算。现在管

---

① 成本会计：是指基于商品经济条件下，为求得产品的总成本和单位成本而核算全部生产成本和费用的会计活动，现代成本会计是为克服通货膨胀所引起的物价变动而导致的会计信息失真弊端，在物价变动情况下，以资产现行成本为计量属性对相关会计对象进行确认、计量和报告的程序和方法。

② 管理控制：是指在实际工作中，为达到某一预期的目的，对所需的各种资源进行正确而有效的组织、计划、协调，并相应建立起一系列正常的工作秩序和管理制度的活动。

理会计包含了许多内容,并且这些内容都是和资金活动相关的内容。系统地分析与整理管理会计的内容,就可以找到更加适合管理会计的应用定位。

企业随着市场经济的发展不断提出新要求,而现在财务会计还不具备满足这些要求的能力。

三、事业单位会计改革探索

我国的事业单位的主要职责是为人民服务,但其与政府还是有很大差别的,具体表现在事业单位不具备社会管理的职能。我国的事业单位一共有三种分类方式:一种将其分为公立事业单位和私立事业单位;一种将其分为企业化管理事业单位和非企业化管理事业单位;还有一种是根据其具备的主要功能分为开发经营类事业单位和社会公益类事业单位。在西方有一些非营利组织,我国的事业单位就类似于这些组织,但相比较之下,非营利组织外延的范围要更为广泛。

(一)事业单位会计核算制度改进

在会计规范体系中一共包含了五个部分的内容:第一个部分为会计法律,第二个部分为会计行政法规,第三个部分为会计部门规章,第四个部分为地方性会计法规,第五个部分为内部会计管理制度。在这五个部分中,部门规章主要担任的是指导作用。

我国国务院财政部门依据我国会计法的内容制定了一项部门规章制度,我国当前应用的会计法律将该规章制度称作"国家统一的会计制度"。

关于会计制度的概念,通常分为广义概念和狭义概念两种,前者指的是国家统一的会计制度,由两个部分组成:会计准则和会计制度;后者指的是会计核算制度,也就是人们通常认为的会计制度。

我国的会计核算制度按照当前的发展趋势,一定会脱离当前的会计制度模式,转而向会计准则模式的方向转变。根据我国当前的会计环境,我国的会计制度与会计准则相结合的情况将持续很长一段时间。

（二）事业单位会计的改进

所有的事业单位都有一套通用的会计准则，并且主要由两个准则内容构成：一个为会计一般准则，另一个为会计具体准则。该准则无论是从原则方面来看，还是从规范方面来看，其概括的范围都十分广泛。

1.会计一般准则

会计一般准则一共包含六个方面的内容，下面将针对这六个方面的内容做一些简单的介绍，并对其当前存在的一些问题进行阐述。

第一个内容为会计准则在事业单位中能够适用的范围。目前的会计准则可应用于各个级别以及各个类别的国有事业单位中，但根据当前的应用背景来看，可将该适用范围扩大至各个级别以及各个类别的事业单位中，如在这些事业单位中存在已经归属于政府会计核算的事业单位，和已经归属于企业会计的事业单位，则这类的事业单位不在适用范围内。

第二个内容为事业单位的会计目标。在我国实施的《事业单位会计准则》中，会计目标主要是向国家的事业单位内部提供有价值的会计信息内容，按照国家宏观经济管理的要求进行，同时，该目标在很大程度上带有国家管理的意味，并且，我国的管理改革工作力度在不断加大，这使我国事业单位的会计独立性在不断提高。由于使用信息的人有所不同，因此对于信息的需要也各不相同。基于此，事业单位的会计目标应是能够将其受托责任反映出来，而提供信息则成为会计目标中的辅助性的内容，同时强调事业单位可利用会计目标为自身提供所需服务。

第三个内容为事业单位的会计假设。从会计理论上来讲，企业的会计假设和事业单位的会计假设之间具有相似性，又有各自的特殊性。其中相似性主要表现在货币计量、事业的持续经营以及会计分析上；特殊性主要表现在会计主体上，如果基金会计模式成功建立起来，那么事业单位需要依照行政以及法律提出的各项需求，对财务资源进行限定使用，以免超出该资源被限制的使用条件以及使用目的。因此，不同种类的基金就是事业单位的会计主体。需要注意的是，在这样的会计假设中，需要用连续性假设替代持续经营假设。

第四个内容为事业单位的会计信息质量特征。目前所使用的会计信息是由事业单位会计准则所确立的，但这些会计信息还没有有效的实施原则,如成本原则、效益原则以及实质重于形式原则。同时,在会计信息的质量特征上也缺少具有层次和内在联系的体系内容。想要确保会计信息的质量,就需要其具有以下八种特征:第一种为可理解性特征,第二种为可靠性特征,第三种为可核性特征,第四种为可比性特征,第五种为重要性特征,第六种为及时性特征,第七种为实质重于形式特征,第八种为成本效益性特征。

第五个内容为事业单位的会计要素。会计要素在我国当前实施的会计准则中被分成了五种,即资产会计要素、负债会计要素、净资产会计要素、收入会计要素和支出会计要素,同时这五种会计要素的内容得到了统一的分类。但这并不是科学的分类方式,对事业单位组织会计核算是不利的,不同的利益者也没有办法得到自己想要的会计信息。因此,会计要素的概念可依据事业单位各自的特点进行确立,并将结余会计要素加入分类中,如果事业单位应用的是基金会计模式,对于会计要素则需要由基金会计模式来确定,并为扩大会计信息的总量,可以对会计要素进行更具体的分类。

第六个内容是事业单位的会计收支确认基础。在会计的各项制度中有一项收付实现制,但是因事业单位的会计环境在不断发生变化,从而使该制度在实施的过程中遇到许多阻碍,导致难以进行。最典型的问题,如债务债权在交易的过程中由于使用的不是现金而没有办法对其进行确定,产生这样的情况会导致事业单位的受托责任没有办法凸显出来。当出现这种问题时,可以通过使用权责发生制来解决。

2.会计具体准则

会计具体准则一共包括三项内容。第一项准则为会计要素准则,该准则主要用于计量会计要素,并对其进行确认,在该准则中对于信息的披露也提出了相应的规定内容。会计具体准则中的会计要素准则有成本会计准则、资产会计准则以及基金会计准则等内容。第二项准则为会计报告准则,该准则主要用于为会计报表中提出的排列项目以及内容形成提出相应的规定。会计具体准则中的会计报告准则有收支情况表准则、基金增减变动表准则以及资产负债表准则等。第三项准则为特殊行业会计准则。

第二节

高校财务管理

从广义的角度来讲,高校财务并不单单指财务这一方面,还有高校会计,因此有时人们也会将其称为高校财会。高校财务也是事业单位会计中的一种,并在高校中担任部门职能,负责高校的会计管理和高校财务的工作,也属于预算会计中一个重要的组成部分。有的高校会将该部门称作财务处,而有一些高校会将其称作计划财务处,但无论使用哪一种名称,所有高校的财务部门都负责三项工作内容:第一项内容为财务计划管理,也叫财务预算管理,在所有工作内容中属于关键内容;第二项内容为财务管理,在所有工作内容中属于重点内容;第三项内容为会计管理,在所有工作内容中属于基础内容。

一、高校会计与高校财务

(一)高校会计

高校会计也属于非营利组织会计,高校会计的对象为在高校中每一项真实发生的经济业务;主要的工作内容是对高校取得资金、使用资金以及资金最终使用结果进行核算以及监督;设立高校会计的目的是提升高校的办学效益。高校会计要素主要有五类:第一类为资产会计要素,第二类为负债会计要素,第三类为净资产会计要素,第四类为收入会计要素,第五类为支出会计要素。这些会计要素确定的依据为《高等学校会计制度》。高校会计要素和企业会计要素有两个明显的不同:第一,在企业中最常使用的会计要素为所有者权益,但在高校会计要素中,主要使用的是净资产;第二,在高校会计要素中没有结余会计要素以及利益会计要素等内容。

1.高校财务报表的一般要求

高校财务报表主要用于反映高校的会计信息,具体包括两项内容:一项为在某一段会计期间内,高校收入的费用以及高校资金预算的执行结果;另一项为在特定的时间里高校真实的财务状况。高校财务报表一共包含了五个部分:资产负债表、收入费用表、预算收支表、基建投资表、报表附注。

财务报表一共分为两类:一类为年度财务报表,制作该报表时所涉及的时间期间为一个完整的会计年度;另一类为中期财务报表,制作该报表时所涉及的时间期间为半年度或月度,即不是一个完整的会计年度。

财务报表的内容一定要完整,报表中的数字一定要真实,其编制的依据为账簿记录以及其他有关联的资料,并保证这些依据中的内容是完整的,资金经过核对后是没有问题的。之后,高校需要根据《高等学校会计制度》对报表资料进行报送,提供完整且真实的财务报表。对于财务报表的格式是不能随意进行更改的,要按照相关的规定进行编制,同样的,报表中相关数据的会计口径也要按照规定编写,不得随意更改。财务报表编制完成后,需要在报表的相应位置填写单位负责人的签名、主管会计工作负责人的签名、会计机构负责人的签名,同时在签名处盖章。

2.高校会计的主要任务

高校会计一共有四个主要的工作任务:第一项任务是确保事业单位规划能够顺利完成;第二项任务是始终坚持国家制定的财经方针、财经政策以及相关的法律制度等;第三项任务是在平常就将核算工作做好,收支结余要正确核算,收益成本要正常计算;第四项任务是提高事业单位的管理水平。

（二）高校财务

各大高校在办学的过程中都会产生一定的财务活动，并且一些经济利益关系也会在这些财务活动中体现出来，这些内容就是高校财务。高校财务管理包含了许多的管理工作，如组织高校财务活动、预测高校财务活动、控制和监督高校财务活动等。这些管理工作进行的依据有两点：一是国家的政策要求，二是高校的办学宗旨。在高校财务管理中，价值管理是其需要拥有的基本特征。高校所有的财务活动都是高校财务管理的客体内容，而在这些活动中所展现出来的关系则是其核心内容。也就是说，高校财务管理是一项综合性管理工作，其管理的对象为高校的财务活动和其中的财务关系，并通过利用价值形式来进行。

1.高校财务的工作目标

按照教育部以及财政部所提出的建议，将高校财务工作的主要目标规定为以下六点：第一，高校财务要做到权责明确；第二，高校财务需要行为规范；第三，高校财务应严格管理；第四，高校财务一定要监督到位；第五，高校财务应运行有效；第六，高校财务需要做到服务优质。

2.高校财务的主要任务

按照教育部以及财政部的要求，将高校财务的主要工作任务规定为以下三点。

第一，筹集资金。为了将各高校的优势充分发挥出来，要求其坚持做到"争、创、筹"，以此创建教育经费的纵横机制，应用多渠道筹措的方式来实现稳定增长。在筹集基金以辅助学校办学发展时，需要按照法律的要求进行，其筹集的方式包括开展合作等，筹集的形式包括基金会和校友会等，并充分利用高校所拥有的优势资源，如人才、技术、各类设备以及高校的社会影响力等。

第二，加强控制和管理财务预算。这个主要通过两个方面的内容来实现：一方面，重点管理的对象为经费开支大户；另一方面，为使资金的使用效益得到提升，从而加强分析预算的真实执行情况。

第三，建立完善的财务监督体系以及财务管理制度。想要做好该任务，就要做到以下五点。

其一,由于每一年的经济形势都在发生变化,因此各高校所制定的财务管理制度需要根据具体的变化进行适当的修改与完善,并且将制定财务管理制度作为最基础的财务管理工作。就目前情况来讲,为保证高校的财务工作能够顺利有序地进行下去,需要对财务的集体决策制度以及各高校内部的控制制度进行完善,从而避免违纪行为的发生,避免财务风险,避免经济决策失误的情况发生,并以此来加强高校的自我约束机制。

其二,为维护高校的经济秩序能够正常运行,需要在高校建设财务监督体系,在该系统中需要有多个部门的参与和配合,包括国家监察部门、国家纪检部门以及高校财务部门等,并在体系内承担自己的所属责任。

其三,各高校需要重视会计核算工作,要针对校内的财务活动开展检查与稽核工作,该工作可以是定期开展的,也可以是不定期开展的,同时保证在工作开展的过程中,一旦发现问题应及时进行处理。

其四,审计部门有一项作用为监督作用,高校的审计部门也不例外,因此针对学校的各项经济活动应充分发挥其监督作用,加强经济责任审计工作,同时要积极开展绩效评价审计工作和内控制度审计工作。

其五,各高校在财务决策方面应做到科学决策,在财务管理方面应做到民主管理,在财务报告方面应遵循制度进行。可以通过多种不同的形式实现财务公开,如"以教代会"等,除了需要接受审计部门的监督,还要接受校内员工以及全校师生的监督。

二、高校新旧会计制度与政府会计制度的比较及新旧财务制度的比较

(一)新旧高校会计制度的比较

我国财政部于 1998 年发布了一项《高等学校会计制度(试行)》(以下称"旧制度"),于 2014 年发布了一项《高等学校会计制度》(以下称"新制度"),这两项制度在总体思路上有六处明显的差异:第一,新制度中添加了许多新的会计核算内容,该内容同公共财务改革有着密切的

关联,主要内容有政府的收支分类、工资津贴补贴、国家集中支付以及部门预算等内容;第二,在新制度中提出要对固定资产折旧进行计提,其主要目的是反映最真实的资产价值,从而确定教育的成本;第三,在新制度中提出要在"账"中加入基建会计的内容,以便完善会计信息;第四,为了将高校真实的收支情况呈现出来,新制度要求调整设置收入支出类型的会计科目;第五,在新制度中提出要将财务会计科目和预算会计科目进行平行设置,从而提供财务信息和预算收支信息,前者是绩效评价所需要的内容,并且主要和权责发生制相关,后者是预算管理所需要的内容;第六,新制度对报表的格式、体系以及项目构成都进行了完善与改进,并规定财务报表需包括资产负债表、收入费用表、预算收支表、基建投资表以及报表附注这五项内容。

1.会计核算基础的比较

高校会计核算的基础内容在旧制度中的规定是收付实现,但是这样没有办法将高校的实际成本反映出来。而在新制度中经常使用的是权责发生制,如高校在收费时就可以利用该制度进行确认,具体的操作方式是高校根据一个年度内学生的注册人数和报到人数,以及当前规定的收费标准,将收入的费用纳入入账手续中。

在收付实现制的原则下,为核算收入时更加准确,可以设立一些必要的科目,如"应收应付款""应收账款""其他应收款"等,这些科目除了有助于核算准确,还能为高校提供和款项相关的准确的数据信息,根据信息内容进行核算有助于避免因坏账而产生不必要的损失。另外,如果有会计要素的数据发生了变化,这些科目能够将变化的数据信息及时地反馈出来,为高校提供真实且全面的会计信息,并将资金的使用全过程以及财政事业的工作业绩通过科学的手段反映出来。

2.会计科目设置的比较

在科目设置上所比较的科目内容一共有三个。

第一个比较的科目为资产类科目。同旧制度相比,新制度中有一些科目没有发生变动,如"库存现金"科目、"应收票据"科目以及"固定资产"科目等,同时有一些新的科目内容也被添加了进去,如"在建工程"科目以及"固定资产清理"科目。除此之外,在旧制度中,有一些科目并没有被明确地标记出来,却是国家早就开始应用了的会计科目,也在新的制度中被介绍了出来并加以说明,如财政应返还额度等。除了新添加的科目,一些原有的科目的名称、内容或适用的范围也进行了相应的调整。

第二个比较的科目为负债科目。在负债科目中表现出明显不同的科目为"借入款项"科目。在旧制度中,"借入款项"科目中进行核算的内容包括基本支出款项和项目支出的借款;在新制度中,"借入款项"科目按照借款日期的长短分出了"短期借款"科目和"长期借款"科目。除此之外,在新制度中负债科目也增加了新的科目内容,如"预收账款""职工薪资"等,并且满足了权责发生制所提出的各项要求。

第三个比较的科目为收入和费用类科目。上级补助收入、财政补助收入、科研业务收入等收入活动都属于高校的收入内容,在新制度中,对这些收入内容也进行了一定的调整。和旧制度相比,"其他收入"在新制度中所包含的内容更多,如投资收益和固定资产出租收入等也都是在其他收入中进行核算的。对于费用类科目来说,新制度和旧制度之间最大的不同在于,"以前年度盈余调整"科目出现在了该类科目之中。

3. 对固定资产折旧处理方法的比较

针对固定资产折旧处理,旧制度规定需要采用不计提的折旧方式;新制度规定需要采用计提的折旧方式,按照月份对固定资产进行折旧处理,但其处理的固定资产中不包括文物资产和文化资产,并对固定资产的成本进行分摊,其分摊的范围是估算固定资产可以应用的寿命范围,并对其进行系统分摊。在完成计提折旧之后,需要将数据信息添加到财务报表中,从而清晰地显示出固定资产的净值。这样的固定资产既遵循了《企业会计准则》中对资产所提出的负债观念,又没有违背资产的定义。由此可见,新制度中所使用的折旧处理方法比旧制度中的方法要更加科学且可靠度较高,使用报表的人也能了解到最为真实的资产状况。

4. 会计报表的比较

在旧制度中,会计报表包含了资产负债表、收入支出表以及支出明细表,这些都是最基本的报表内容,但是依旧不能将资产信息全面地反映出来,尤其是不能得到预算情况,而且这些报表所提供的会计信息也不够详细,最终会使高校的财务状况得不到真实的反映。这些报表中所提供的数据信息只能用于统计活动,而不能用于反映信息。旧制度中的会计报表缺乏一个完整的体系,所针对的对象过于单一,对于项目也没有完成科学严谨的设置。

在新制度中,会计报表增加了许多新的内容,如资产负债表、财政补助收入支出表以及报表附注等。新制度中的报表内容一起形成了一个完整的财务报表体系,使用报表的人也能够得到充足的会计信息。但高校依旧没有办法将财务信息准确且完整地反映出来,因为在目前的体制中,财务账内还没有加入基建账。如果基建账中有资金,无论其转账的方式是什么,这部分资金最终都会被分成三部分内容:第一部分为实物资产,第二部分为费用,第三部分为货币资金。同时,基建投资表也被加入了会计报表体系中,通过该表可以将高校经济资源的核算内容以及完整基建活动的核算内容反映出来。

综上所述,新制度有许多旧制度不具备的优点,并且新制度是经过很大程度上的创新而确立的。在新制度中使用了两种不同的记账基础:一种为收付实现制,另一种为修正的权责发生制。在这两种方式下所得到的财务信息更加精确,并有助于设计和改革高校会计制度方面的创新。

在新制度中,会计核算所涉及的内容更加全面,旧制度核算的方式是利用基建工程,对会计数据单独进行建账核算,这种核算方式存在很多弊端,信息反映得也不够全面,直到有了"在建工程"和"基建工程"两个科目后才得到了明显的改善。会计核算中的许多内容也得到了调整,高校办学期间所产生的经济活动也都通过核算更加全面地反映了出来。但新制度也并不完全是没有缺点的,如在会计报表中还缺少和现金流量相关的报表内容等。

(二)高校新旧会计制度和政府会计制度的比较

伴随着我国社会主义不断发展,市场经济不断得到完善,政府也根据实际情况不断调整自身所扮演的角色,对会计信息的真实可靠性要求越来越高,目前在各个事业单位中实行的会计核算制度所具有的弊端也越来越凸显出来,迫切需要进行会计制度改革。在这样的社会大环境下,一场针对各级行政事业单位的会计制度改革于 2019 年 1 月 1

日起执行,高校也涵盖其中。

在我国财政体制改革不断深化的过程中,财政投资规模也相应地在增加,高校有着更加自主化的管理,无论是建设资金来源还是管理形式都呈现多元化的发展趋势,加上会计信息使用者对会计信息的真实可靠性要求越来越高,迫使高校针对现行会计制度进行改革,提高会计制度的实效性。政府会计制度的大面积推广在很大程度上打破了各个行政事业单位内部会计制度各自为政的局面,虽然从整体来看遵守的会计总纲领与会计原则都是一样的,但是在不同的部门中依然各具个性化。

1. 开创平行双核算模式

首先,高校会计制度的侧重点是学校整体预算安排以及预算的执行情况,无法对学校档期资产与收支情况进行具体的反映,对运行成本也无法进行客观的比较,这可能会在决策者决策时起到误导作用。而在政府会计制度中实行的是平行双核算模式,会计核算不仅具备财务会计核算功能,还具备预算会计核算功能,两种核算功能之间相互关联又存在一定的分离,相互取长补短,各自作用都得到最大的发挥。

其次,高校通常实行的是以收付实现制为主核算的会计制度,这种会计制度由于无法真实客观地反映高校资产与负债情况、成本费用情况,违背了会计核算中收入与费用相匹配的原则,已经不适应当前高校多元化的发展趋势,需要进入权责发生制核算。而政府会计制度中,会计核算实行权责发生制与收付实现制并行,其中财务会计核算以权责发生制为主,预算会计核算以收付实现制为主,有效克服了单一的收付实现制的弊端。

2. 会计要素变化比较

由于高校会计制度与政府会计制度所执行的核算机制存在差异,相应的会计要素也会发生变化。高校会计制度下的会计要素主要包括资产、负债、净资产、收入以及支付五项,而政府会计制度下的会计要素则分为预算会计核算和财务会计核算两个板块,其中预算会计核算要素由预算收入、预算支出和预算结余三部分组成,财务会计核算由资产、负债、净资产、收入和费用五部分组成。

3.计提累计折旧、累计摊销的核算差异分析

在高校会计制度中,由于在会计核算中存在折旧虚提累计与摊销的情况,不会确认为当期费用,在一定程度上掩盖了高校真实的运营成本,而政府会计制度则是将资产的折旧与累计直接列支,计入费用类,更直观地反映了资产实际情况,将费用的支出与收入进行了相应的配比。

4.预算会计、财务会计双报表

会计报表改革是此次会计制度改革的重点内容。在高校会计制度中,报表的编制是根据收付实现制进行的,决算报表还需要重新整理汇集财务数据,并且报表的真实可靠性受到财务人员数据统计准确性的影响。而政府会计制度则是在收付实现制基础上编制预算会计报表,以权责发生制为基础编制财务报表,以资金的运动为依据将会计数据与预算数据进行划分。

(三)新旧高校财务制度的比较

我国财政部于 1997 年发布了一项《高等学校财务制度》(以下称旧制度),于 2012 年发布了一项《高等学校财务制度》(以下称新制度),2013 年 1 月 1 日起施行,也是目前正在使用的制度,与旧制度相比,新制度在许多方面做出了调整。

新制度的章节内容依旧沿用了旧制度的章节结构体系,并做出了一点小的变动,即在新制度中减少了"涉事基金管理"的章节内容,添加了两章新的内容:一章为"成本费用管理",其主要内容为旧制度中关于费用归集分摊的内容和支出管理中经济核算的内容;另一章为"净资产管理",其主要内容为专用基金管理等内容。旧制度中的第六章为"结余及其分配",在新制度中该章节被更名为"结转和结余管理"。关于新制度中章节的具体变化将分为以下九点一一进行论述。

1.关于总则和附则

在总则和附则的部分一共包含三个方面的内容:第一个方面的内容为适用范围,在新制度中规定该制度可适用于所有由各级人民政府

开办的高校,主要有全日制普通高校和成人高校,如果这两类学校是由社会组织的,或由个人开办的,也同样可以依照该制度;第二个方面的内容为主要任务,新制度中的主要任务是在旧制度中增添了一些内容,包括"防范财务风险"以及"有效控制预算执行,完整、准确编制学校决算"等内容;第三个方面的内容和权责发生制引入有关,在新制度中由于会计计量是权责发生制的直接表现,因此对于该问题没有直接表述的内容,只在资产管理、负债和成本费用管理等一些章节中,在介绍这些内容时有权责发生制的相关内容。实际上,对旧制度在修订的过程中产生的最大突破,就是引入权责发生制这一概念。

2. 关于财务管理体制

财务管理体制的内容主要在两个方面有了变化。

第一个为财务管理机构。在新制度中,针对二级财务机构的范围做出了一些修改,主要是用新制度中的"校内非独立法人单位"替换掉旧制度中的"校内科技开发、校办产业以及基本建设"等一些部门。这是因为许多高校的资产经营公司已经容纳了经过改制后的高校科技开发和校办产业,而企业财务管理制度,是资产经营公司始终要遵循的财务制度。并且,在如今的许多高校,基本建设部门财务已经不再是一个独立的部门,而是归属于高校的财务处,在经过修改后的财务制度和财务规则中,能够发现其规定的高校财务管理体系中包含了基本建设部门财务。同时,高校的二级财务机构是不能用独立法人单位的,如需独立法人单位则要按照相关的注册要求,设立单独的财务机构以及专门负责该机构的财务人员。

第二个为财务人员管理。在新制度中,关于财务人员的管理并没有做出太大的改动,但是在财会人员方面有所调整,认为高校的一级财务机构需要同相关的部门一起办理校内二级财务机构负责人以及财会人员的任免、调换和撤换工作,同时财会人员的专业技术职务的评聘工作也是由高校的一级财务机构相关的部门负责。

3. 关于单位预算管理

单位预算管理的内容主要在四个方面发生了变化。

第一是关于预算编制 ① 原则的内容。预算编制包括收入预算和支出预算,前者所要遵循的原则是积极稳妥,后者所要遵循的原则是统筹兼顾、勤俭节约以及保证重点等。在编制预算时,无论是收入预算还是支出预算都要遵循的总原则为:量入为出,收支平衡。

第二是关于预算编制方法的内容。在现在的背景下,高校适度负债早已成为一项用于推动发展的手段,但是这项手段并不符合预算平衡的要求,同时,在对财务进行体系改革时,将基本建设也纳入其中,虽然要求财务要做到预算平衡,但是当基本建设产生大规模投资时,是没有办法避免赤字的。鉴于以上的内容,新制度中删除了不得进行赤字预算和必须掌握预算平衡的内容。

第三是关于预算编制和审核程序的内容。在新制度中,该内容要求其编制的预算内容需要经过法定程序进行审批,并且要等通过后才能执行。该内容是依据当前的预算管理程序进行更改的。

第四是关于预算调整的内容。由于各事业单位所获得的"财政补助收入"是由国家财务部门从国库下发下来的资金,因此在新制度中加入了一项新规定,要求各高校需严格按照批准的预算开展活动。在新制度中将"预算外资金"这一概念取消了,并提出高校所收的教育费用经过批准后可暂时不用缴纳给国库,可在高校内采用财政专户的方式进行管理。同时,新制度还提出,在一般情况下,对国家的财政补助收入以及财政专户下的预算外资金,不再进行调整。

4.关于收入管理

收入在新制度中被分为了六种:第一种为政府补助收入,第二种为事业收入,第三种为上级补助收入,第四种为单位上缴收入,第五种为经营收入,第六种为其他收入。

其中,政府补助收入的概念在新制度中被重新界定了。在旧制度中,由财政部门下发给高校的各项事业经费属于政府补助收入的内容,在新制度中,这项内容被更改为同级财政部门向高校下发的各项财政拨款 ②。相比之下,新制度中的关于该收入的概念明显扩大了许多。除此之外,关

---

① 预算编制:指预算收支计划的拟订、确定及其组织过程。

② 财政拨款:指各级人民政府对纳入预算管理的事业单位、社会团体等组织拨付的财政资金,但国务院和国务院财政、税务主管部门另有规定的除外。

于事业收入,在旧制度中该收入被分为教学收入和科研收入两类内容,在新制度中将教学收入更改为教育事业收入,将科研收入更改为科研事业收入,同时还为教育事业收入部分增加了相关的管理条例。这同样也是因为新制度中取消了"预算外资金"这一概念,高校的收入可使用财政专户的方式进行管理。同时,在新制度中,根据收入来源的不同,将政府补助收入和事业收入分为政府投入、学校自筹。

在新制度中还增添了关于上缴国库以及财政专户管理的相关要求条款,并按照《事业单位财务规则》的内容做出了新规定,这些内容有助于加强管理事业单位收入,有助于及时上缴资金,有助于避免隐瞒、挪用、截留以及挤占资金等问题出现。

5.关于支出管理

支出管理的内容主要在两个方面发生了变化。

第一个方面是关于支出分类的内容,新制度在旧制度的基础上添加了"其他支出"的内容,将所有没有单独罗列提出的支出内容都算作其他支出,如活动总支出以及指定支出等。新制度还针对事业支出的定义与分类做了一些改动,认为事业支出就是高校在所有活动中所发生的支出费用,包括教学活动、科研活动等;旧制度中事业支出一共被分为了八类,但在新制度中,事业支出一共分为两类:一类为基本支出,即保证高校能够正常运转的支出费用;另一类为项目支出,即不属于基本支出并为了推动高校发展,完成某些工作任务所产生的支出费用。

第二个方面是关于支出管理的内容,对于票据管理和采购管理等内容进行了新规定,要求不得做假账,票据来源要合法真实,支出要符合国家规定,如发生问题应及时改正,并针对支出费用做出相应的评价,从而提高利用资金的有效性。

6.关于结转与结余管理

结转和结余管理的内容主要在两个方面发生了变化。

第一个方面是关于结转和结余的概念的内容。在新制度中,结转资金和结余资金被规定为高校在一个年度内,收入的费用减去支出的费用后剩下的费用。其中结转资金是指在年度内因为某些原因没有执行预算,或在年度内没有完成执行预算,并且在下一个年度中需要继续使用的预算资金。该资金需要按照原本的用途在下一个年度继续使用。

结余资金是指在年度内完成工作剩下的预算资金,或在年度内停止工作所剩余的预算资金。该资金如果可按照原用途继续使用,需要重新编制预算,如果需要更改用途,需要到财政部门进行申报审批。

第二个方面是关于事业单位结余管理的内容。结转和结余实际上可分为两类:一类是财政拨款下的结转与结余,另一类是非财政拨款下的结转与结余。在新制度中针对这两部分的内容提出了新的管理要求。财政拨款类的结转与结余需要按照财政部门的规定进行管理,非财政拨款的结余可依照国家的相关要求将职工福利的部分提取出来,并将剩下的部分用作之后高校年度内所产生的收支差额,从而推动教学事业的发展。

7.关于资产管理

资产管理的内容主要在以下八点产生了变化。

第一,"在建工程"被规定为资产管理中的一项分类。

第二,在流动资产的相关内容中添加了关于货币资金的类别的内容,将旧制度中的"应收及暂付款项"这一名称更改成新制度中的"应收及预付款项",同时还对这两项内容添加了相关的说明。

第三,将固定资产的单位价值标准进行适当的调整,从 500 元提升到固定资产一般 1000 元,专用设备 1500 元,并且由教育部制作高校固定资产的明细目录,并送至财政部门进行备案管理。

第四,添加了资产折旧的管理内容和摊销的管理内容。规定高校的固定资产需要在其使用的年限内,利用年限平均法对其进行计提及折旧,但文物和陈列品除外。在固定资产折旧的政策正式确立后就不能再随意地进行更改。

第五,对高校对外投资的行为进行了规范。要求严格按照国家规定的内容,经过财政部门的审批以及主管部门的审批后才能进行对外投资。对外投资如需使用实物以及无形资产,需要对资产的价值进行确定;投资的资金不可以是财政性资金;投资的活动不能是股票类、期货类或企业债券类等。

第六,对资产的使用管理以及处置管理进行了规范。规定高校需要按照国家的相关规定,向主管部门申报资产租借的事宜,经过审核批准后再由同级财政部门进行审批。

第七,提升了资产账务的管理以及相关收益的管理。要求对盘亏的固定资产查明其主要原因,依据管理权限的相关内容,对其进行申报,在经过批准后再对其进行处理。在单位预算中,需要将对外投资获得的收入、出租和出借国有资产获得的收入进行统一的核算与管理。国家对于资产处置收入的管理规定为使用收支两条线的方式,如果国家发布了其他相关的规定,按照国家规定的内容实施即可。

第八,建立了共享和共用资产的制度。为加强管理高校的资产,实行共享共用制度,并对资源有偿使用成本补偿的机制内容进行了完善,从而提高资产的使用效率。

8.关于负债管理

资产负债管理的内容主要在以下两个方面产生了变化。

第一个方面是关于负债的内容,在新制度中用"收账款"代替了"暂付款",并添加了"借入款项""应付及预收款项"的相关介绍内容。同时,规定了借入款项包括短期款项、长期款项和应付及预付款项,这些款项是高校为建设基本工程或为实现资金的周转流动向银行借入的。具体的款项包括应付票据、应付职工薪酬以及其他应付的款项等。在新制度中还对"应缴款项"的内容进行了论述,并依照社会改革和支付改革的要求添加了需要上缴的资金、社会保障费用等内容。

第二个方面是关于负债风险控制管理的内容。为加强对借入款项的管理,需要建立负债风险控制机制,并由财政部门同相关的主管部门共同对审批程序的具体办法进行制定。

9.关于其他内容

在其他内容中,新制度主要修改的内容是和财务监督相关的内容,要求编制预算和财务报告要保证其科学性、真实性、完整性以及执行过程中的有效性,并对其进行具有有效性和均衡性的监督工作;对财务的收入和支出是否合乎法律规定开展监督工作;对结转和结余的实际情况进行有效的监督;对资产管理是否有效且规范进行监督;对负债的风险程度以及是否符合规范进行监督;检核纠正违反了规章制度的财务问题。对财务清算的内容也做了一小部分的修改,规定了高校的资产需要按照规定将其中的一部分移交至分立的高校,并按照标准划转费用。

第二章

高校财务管理创新的背景

第一节

高校财务管理的现状

一、当前我国高校财务管理体制

我国财政部与教育部一同制定了《高等学校财务制度》（财教〔2012〕488号），并于2012年12月正式印发。在该制度中，认为高等学校财务管理的基本原则有三点：第一，时刻遵守国家的法律法规并按照国家的财务规章制度执行工作；第二，始终坚持勤俭办学；第三，需要处理好三个关系，即资金供给与事业发展需要之间的关系，社会效益与经济效益之间的关系，还有国家、学校以及个人之间的利益关系。在该制度中，把高校财务管理的主要任务概括为五点：第一，对高校的预算进行合理编制并有效执行该预算,编制的预算内容需要能将高校的财务状况真实地反映出来;第二,可依照法律的规定,通过多种渠道筹集资金,并节约支出;第三,建设完整的高校财务制度,提高经济核算的能力,开展绩效评价,从而提升资金的使用效率;第四,对资产加强管理,为防止资产流失,需要做到合理地配置资产与有效地利用资产,同时资产使用的真实情况也要被完整地反映出来;第五,为防止发生财务风险,需要对高校的各项经济活动进行有效的监督与控制。在该制度中还根据高校的不同规模提出了不同的财务管理体制,认为对普通高校财务需要采用"统一领导、集中管理"的方式进行管理;对规模较大的高校的财务需要采用"统一领导、分级管理"的方式进行管理。

如今的社会处于一个经济全球化的背景下,无论是市场方面还是文化方面也都如此,而高校作为法人实体开展自主办学并面向全体社会,需要建设完整的财务管理体制。建设该体制的意义一共表现在以下四个方面。

一是高校建立财务管理体制有助于高校的教育向产业化的方向发展,推动高校的经济利益变得多样化,使高校的教育实现社会化,投资主体多元化,并让财务工作具有层次性。

二是高校增强宏观调控^①能力,拓宽资金筹措渠道,优化资本运作方式,拓展财务管理职能,规范财务会计工作,提升财务信息质量,提高资金使用效率的内在需要。

三是坚持高校财务管理基本原则的重要纲领。

四是顺利完成高校财务管理主要任务的体制保障。

(一)"统一领导,集中管理"体制

1.统一领导

高校的财务管理工作最重要的核心内容就是统一领导。如今的市场环境是复杂多变的,而且从发展趋势上来看,这种市场环境只会变得越来越复杂,高校所面对的利益主体也变得更加多元,为了满足它们

---

① 宏观调控:指政府作为市场经济的主体,通过行政手段与经济手段(主要是财政手段),实现以经济主体为主导、经济主体与经济客体的对称关系为核心、经济结构平衡与经济可持续发展的经济行为。

的需求,为使资金效益得到提高,并让高校能够得到长久稳定的协调发展,其需要得到财力上与制度上的双重保障,而得到保障的基础就在于高校需要对教育资金和教学经费进行统一的调度,并将高校的整体优势发挥出来,需要领导校内的全体员工、部门以及科系,做到思想、认知、财政、步调上的统一,从而对高校的资产进行统一的管理,并使资源配置得到优化。

从政府的角度来看,为维护高校的合法权益,各级人民政府需要对财经法规进行统一的制定,同时在监督管理体系、平均标准、拨款机制、预算口径、审计监督以及高校支出的规模和结构上也要进行统一的调控,并将政府的职能进行转变,做到简政放权,提高宏观调控的力度,从而维护高校办学的自主权以及其他合法权益。

从高校本身来看,针对一些比较重要的经济活动的内容,如各项规章制度、活动规范以及政策方针等,高校需要集中财力,加强宏观调控,提高高校的办学能力以及资金实力,而实现这些内容的方法需要高校能够做到统一领导与统一决策。高校的各个部门,如职能部门、后勤部门以及科研部门等,都要遵从高校的统一领导,严格按照高校的规章制度,配合高校实施财力管理权与财力支配权。

想要实现上述内容,就需要做到下面五个"统一"的内容。

第一个统一是财经方针政策的统一。高校的财经方针政策要具有总体性和全局性的特点,要在法律允许的条件下集中财力,提升宏观调控的能力,对资源进行优化配置,并提升资金的利用效率,提高高校的办学实力。在财经方针政策内有管理权限分配政策、预算管理政策以及收入分配政策等。其中,管理权限分配政策所针对的权限为财权与事权,针对的分配是配置责任,针对的政策是协调政策;预算管理政策所针对是高校主体财权的整体框架,其框架内容包括分配、调整、支配与管理;收入分配政策所针对的对象为高校的各个部门,它是在获得部门主体财权之后所提出的政策,其获得财权的方式是利用部门所掌控的各项资源,为社会提供服务所得的,但在社会服务中不包括教学科研的服务内容。

上述这些方针政策的内容是需要由高校统一组织实施的,负责该政策的部门为高校的财务部门,负责指导该政策的为财经工作领导小组,可以开始实施的依据是通过了校长办公会与党政联席会的审批,并由其统一制定红头文件印发下来。为避免在高校内出现危害高校利益或各自为政的现象,必须要杜绝各部门制定同高校政策方针不符的规章内容。

第二个统一是财务规章制度的统一。高校在制定财务规章制度时,要保证规章制度的内容符合高校当前的实际情况,符合高校未来的发展方向,要保证高校制定的规章制度具有一定的权威性,并且符合国家的财经法规和高校自己制定的财经方针政策,这样才能推动高校朝着既定的目标方向发展,深入落实政策方针。

高校的统一财务规章制度可以是《××大学资产管理制度(或办法)》,可以是《××大学科研课经费管理制度(或办法)》,还可以是《××大学会计核算实施办法(或细则)》,除此之外,还有许多的规章制度的类型都可以用作统一的财务规章制度。但其建立的规章制度一定要符合高校实情、符合市场要求、符合经济要求、符合国家的方针政策,也只有这样才能使各高校在开展财务工作时能够做到有法可依、有法可循、依法办事、按制度管人,避免高校成为一盘散沙,向着同一个目标前进。

在财务规章制度制定完成后,需要保证该规章制度能够正常运行,保证各部门都能严格按照规章制度内容开展财务工作,保证高校在规章制度的规范下得以持续地发展。除此之外,高校各部门也可依照规章制度建立自己部门的细则或相关办法等,但其中的具体内容不能与规章制度有冲突。

第三个统一是资源优化配置的统一。高校资源包含许多种,但是有些高校用于实践的教学资源和科研资源还比较欠缺,无法满足当前教学与科研的需要,如教学中基础设备不完善,实验室的基础设施落后,缺少科研平台等。同时,一些高校没有做到优化资源配置,因此经常会发生资产重复购置的现象,从而导致资源的浪费,降低了资金使用效率,财务工作的目标也没有办法得以实现,对高校的教学事业和科研事业的可持续发展还会造成阻碍。

在现在的社会背景下,高校的经费来源是多元的,开展的经济活动是多样的,各项经济活动之间的关系也是复杂的,并且资金供求还存在着极大的矛盾。要在这样的背景条件下发展高校,就需要做到勤俭节约,对资源进行统一的管理与调配,将资源用在正确的地方,同时对资源进行优化配置,在基础设施上投入得多一些,减少成本与资源的浪费,降低消费性需求。高校对于资源重置、随意使用资源、资源管理混乱等问题需要重点解决,力求实现资源效益的最大化。

第四个统一是预算决算管理的统一。高校财务收支计划的特点为权威化、制度化、整体化以及发展规划,而具有这种特点的原因就在于高校预算管理,在为高校长远发展考虑所制定的规划中,高校预算管理是其中最重要的一个子系统。财务预算实际上就是对财务收支的安排,并且具有一定的法律效力,年度财务预算所针对的内容是高校在一个年度内的所有财务活动,在对这些活动进行分析和研究之后进行编制,编制的预算内容是完整和全面的,活动的明确目标也能在预算中显示出来,预算的对象也都是具体的项目,并且获得职工代表大会的认同。

在对高校中的人力、物力以及财力进行资源配置时,其优化、管理以及控制的关键点就在于财务预算,高校的各个领导阶层和管理阶层也是依据财务预算的内容进行权利与责任的划分的,同时,由于财务预算包含了高校中的许多财务活动,因此财务预算是高校活动能够顺利进行的重要保障,也是资金使用效率能够得到提升的重要支柱。

高校各领导需要重视财务的预算工作,在制作预算的过程中需要按照《高等学校财务制度》中的内容进行,其编制的主要原则为"量入为出,收支平衡"。财务预算包括收入预算、支出预算、学习预算以及年度预算。其中编制收支预算的主要依据为高校在年度内各项事业的发展目标、发展计划、可用财力以及影响收支的因素;在编制支出预算时需要做到统筹兼顾、勤俭节约,重要的活动要先进行预算;高校在编制预算时不能出现赤字预算,要做到收支平衡;在做年度预算时需要先由主管部门对其进行审核,审核通过后再将预算资料进行汇总上交给财政部门进行审批。在制作财务预算时需要严格按照批准的要求进行预算,在对预算进行审核和分析时要严谨,确保预算中的数据信息都是真实且准确的,保证预算是按照规范进行编制的。

高校是否做到优化资源配置,从财务预算中就能看得出来,而财务决算则是用于反映优化资源配置的结果。对于已经开始实施的预算内容,高校需要始终对其进行监控与管理,对预算的执行效果进行分析判断,加强对预算的检查与控制,并以此来充分发挥财务决算的作用,以及高校监督评价预算的作用,从而使资金的使用效率从根本上得到提升。

第五个统一是财务核算体系的统一。想要了解高校的教学活动以及科研活动的效益情况,想要判断是否做到优化资源配置,是否采用了有效的预算管理,在实施的过程中是否按照规章制度执行的,会计人员在实施的过程中是否履行了自己的职责等内容,就要有真实准确且更新及时的财务信息,这是当前经济环境背景下的社会要求,也符合高校的发展规模,同时,财务信息本身就具有及时性与准确性,也正是拥有这两种特性才能将预算管理的本质内容体现出来。预算管理在资金管理中处于核心的地位,资金管理在财务管理中处于核心的地位,财务管理又在高校经济管理中处于核心的地位,由此可见,财务信息在财务管理中的重要程度。

在《高等学校财务制度》中,要求各个高校应当将财务机构单独设立出来,并对高校的财务工作进行统一管理,其管理的主体为校长或院长以及总会计师。同时对财会人员也提出相关要求,认为高校需要聘用专职的财会人员,能够担当得起其所在岗位的职责,有能力完成自己的本职工作。同时还对会计人员的调整和评聘做出了相关规定。

在《高等学校财务制度》中,要求财务核算体系能够做到八个"统一"的内容:第一个统一是在一级财务机构的设置上要做到统一;第二个统一是在专职财务人员的配备上要做到统一;第三个统一是经费报销的标准以及经费审核的标准要做到统一;第四个统一是会计账务的处理流程和处理标准要做到统一;第五个统一是在内部会计控制的制度上做到统一;第六个统一是在会计档案管理办法的制定上做到统一;第七个统一是在财务人员的培训和评聘上要做到统一;第八个统一是在财务人员考评激励上做到统一。

除了上述的内容,还需要完善高校的规章制度体系,并以此来规范财务工作,提升会计处理问题的水平,提升财务信息的质量,促使高校管理好财务工作,为高校的每一个重大决策提供准确的财务信息作为依据。

2.集中管理

实施集中管理的前提是遵守国家法律法规,遵循高校规章制度。在进行集中管理的过程中需要结合高校的实际情况,集中管理的对象为高校内所有与经济事务相关的教学活动和科学活动,管理的主体为高校的财务部门。在财务管理运行机制中实行集中管理的目的有三点:第一点是防止贪污腐败的现象发生;第二点是净化经济环境;第三点是集中资金优势。集中管理的内容一共有以下四点。

第一，对财权进行集中管理。能够管理高校的资产、使用高校资产、分配高校资产的权力就是高校中的财权，在这些权力中，最重要的是对高校的教育资金和科研经费进行管理和分配。近年来，我国高校的规模逐渐扩大，资产总额呈逐年上涨的趋势，员工也越来越多，这些都需要进行集中管理。为了能统一调度高校的资金，并将资金用在关键之处，需要高校对财权进行集中管理。这样做还能避免一些部门之间不够团结，避免出现为了个人利益而危害高校利益的现象，避免国有资产的流失，避免高校遭受重大的经济损失。

高校在开展各项活动时，都需要有资金做其最坚实的后盾，为了达到这个目的，需要高校对财权进行集中的管理和统一的调度，充分发挥其经济效益，提高高校宏观调控的能力。对财权进行集中管理，也是为了保证高校的教学事业以及科研事业能够得到稳定的发展。

高校内所有部门的资金都要上交到学校财务部门进行集中管理，听从统一的安排与调度，但一些独立核算的校属经济实体以及自负盈亏的校属经济实体可以按照相关的制度要求自行对资金进行管理和使用，除此之外，所有的资金都需要进行集中安排，从而维护高校财权，避免资源浪费。

第二，对规章制度进行集中执行。为保证高校能够按照规章制度开展财经工作，按照规范准则实施处理工作，为保证高校时刻按照财务管理宗旨开展工作，就需要集中执行高校统一制定的规章制度，以避免出现部门工作混乱的场面。也只有集中执行规章制度才能实现高校的统一领导，帮助高校管理财经秩序，并使其在可持续发展的道路上前进，实现全面协调与发展。

第三，对会计事务实施集中管理。高校是否能顺利完整地进行宏观经济调控，是否能针对重大经济事件做出正确的决策，关键在于获得的会计信息是否真实准确完整，更新及时的会计信息能将高校的教学活动以及科研活动的最终经济效益体现出来，高校是否做到优化资源配置，是否按照规章制度开展财务工作以及是否取得良好的经济效益等都可以通过会计信息表现出来。

所以，高校需要按照前面说过的八个"统一"的内容，集中管理会计事务，由高校财务部门对高校的经济活动以及相关信息资料进行集中的管理与核算。为保证会计信息准确完整、涵盖内容全面、更新及时，就需要对资金进行统一管理，对财务进行统一收支，这样高校各项活动的结果以及高校资源的实力也能被真实地反映出来,由此推进高校实现可持续发展。

第四,对会计人员实施集中管理。高校的经济法规是由高校的会计人员来执行的,也是由会计人员来维护的,同时他们也是保证高校资金安全的最重要的力量。会计人员作为直接责任人负责保证会计信息的准确与安全,也是使用资金的最后一个关卡。

由此可见,为保证会计信息的质量,需要提升整体会计人员的综合素质,因此要对这些人员实施集中的管理与培训,并在会计人员间开展职务评聘,对会计人员进行考核,并根据考核的结果对其进行适当的奖惩。这种做法也是为了保证资产的安全性与完整性,保证会计信息的真实性、客观性、全面性与完整性。同时,还要求会计人员时刻按照财务的规章制度开展财务工作,以便应对高校复杂的财经环境以及混乱的财经秩序。

综上所述,"统一领导,集中管理"的优点在于方便对高校进行统筹安排,其统一的内容为政策与行动,集中的内容为财权与管理,在这样的体制下有利于优化资源配置,方便对资源进行调度。但是这种体制还存在一定的缺点,即管理过于死板,统一的内容过多,高校内的各个部门由于过度统一而缺少了必要的自主权,高校部门的权力、责任与利益没有很好地结合在一起,没有做好集权与分权,这会使高校各部门的积极性都难以调动起来。

(二)"统一领导,分级管理"体制

在该体制中,统一领导的内容和"统一领导,集中管理"的内容是一致的,因此在这里主要讲述分级管理的内容。分级管理是一种财务管理运行机制,这种机制主要存在于高校的二级财务管理中;实行分级管理的前提是"五个统一";实行分级管理的原则是结合责任、财权与事权;分级管理的作用是调动高校各部门与全体职工工作的积极性,同时保证高校能够实现全面与协调发展。分级管理主要在"重心下移、责权下放",下放的权力包括拥有资金的自主权,管理资金的管理权与支配权,并向二级部门下达高校各项财务活动的计划以及与计划相对应的收支预算。

在二级部门中存在"四财一体"的说法,即能够做到生财、聚财、理财和用财,而调动二级部门"四财一体"积极性的方法就是让二级部门在一定范围内,拥有一定的自主权力,包括管理权和支配权,以此来实现增收节支的创造性与自主性。高校实现宏观调控职能的办法是对预算进行严格的管控以及监督考评,推动所有部门都能有效地利用资金开展工作。

1.分级管理的原则

实行分级管理并不是让高校的各个部门完全拥有财权、事权,或让这些部门各自为政。高校在对部门进行分级管理时需要遵循六条原则。

第一条原则要求校内的各个部门要无条件地听从高校的统一领导与安排;第二条原则要求校内的各个部门要始终遵循高校的财务规章制度;第三条原则要求校内各个部门始终坚持"谁管理、谁负责、谁使用、谁保证";第四条原则要求各个部门做到"宏观调控,微观搞活[1],统而不死,分而不乱";第五条原则要求管理的过程中要充分调动各个部门在增收节支上的创造性和积极性;第六条原则要求各个部门要提高资金的使用效率,并加强对预算的管理。

2.分级管理的要求

实行分级财务管理时,一共需要满足五点要求:第一,高校内的各个部门虽然拥有了对资金的自主管理权、使用权与支配权,但这些权利只有在高校统一的财务理论框架下才能得以实现;第二,各部门在拥有权力的同时还需要按照相应的政策方针实施自己的权力,即坚持勤俭办学和厉行节约,对于资金的预算要做到合理、全面,让每一笔资金都能得到有效利用;第三,各部门虽然拥有了权力,但依旧需要听从高校的统一领导,在开展社会服务时,需要利用自身的优势,为高校的各项活动吸引更多的资源;第四,各部门不能随意乱收费,不能私自建立账户,所得的所有收入都要交由高校集中管理,并将金额纳入高校的预算管理中;第五,各个部门可以自行制定符合本部门的相关细则或办法,但要以高校制定的统一的规章制度为主要依据,在对财务进行管理的同时要服从高校的管理,要配合财务部门领导的工作,接受其对本部门

---

[1]　宏观调控,微观搞活:宏观是战略,微观是战术,战略归帅,战术归将,相互配合,相互作用。

工作的监督与指导。

3.分级管理的形式

在高校实行分级管理一共有三种形式。

第一种是在具有独立法人资格的前提下实行完全独立核算,保证部门在享有民事权利的同时能够独立承担民事责任,应用该形式的社会经济实体一般具有自主经营、独立核算以及自负盈亏的特点,如医院、校办印刷厂以及出版社等,可以是非营利性的经济组织,也可以是营利性的经济组织。高校在对其进行管理时应按照自主经营、自负盈亏的原则,部门还需按照一定的比例上缴其利润。

第二种是在不具有独立法人资格的前提下实行完全独立核算,并且部门无法独立承担民事责任,应用该形式的社会经济实体有校属工会以及后勤产业团队等,高校在对其进行管理时应按照有偿服务、经费补助、超支不补以及节余留用的原则。

第三种是在不具有独立法人资格的前提下,也没有办法进行独立核算的部门,如高校内的一些院系以及职能部门。高校在对其进行管理时应按照预算管理、项目控制、绩效考评以及严禁超支的原则。

4.分级管理的主要内容

在高校实行的分级管理一共有两个级别,即一级管理和二级管理。一级管理主要针对的是校级层面的两部分内容。

一部分是高校层面。在实施一级管理时,先针对财务工作人员成立工作领导小组,并在校党委的带领下,对高校的财务进行协调与管理,如遇到重大经济问题,需采用专家咨询制度、集体决策制度以及决策责任追究制度;如遇到重大经济事项,影响高校的全面发展,需要领导小组同相关的专家小组进行讨论研究,并将研究的结果上报给校党委以及校长办公会,由他们做最后的决定,一般重大经济事项包括重大经济决策、重要财务管理制度以及重大投资项目等。

另一部分是校级财务机构层面。校级财务机构属于一种综合机构,其主要任务是管理高校财务,并由高校以及负责财务工作的副校长对高校的财务工作进行统一管理。校级财务机构的主要任务是制定高校的财经决策的相关规定,并统一管理高校的经济活动,对其进行全面监督与集中核算。如果高校没有负责财务工作的副校长,则需要由总会计师担任该职位。

二级管理主要针对的是校属各部门,如教学部门、科研部门、校属职能部门以及校属经济实体等。在对其进行二级管理时,是由校级财务机构以及高校进行统一的领导,其主要的工作内容是详细完整地制定自己部门的财务管理办法以及财务实施细则。校属各部门具有经费管理、使用经费和支配经费的职责,但与此同时也要承担一定的经济责任。具体内容包括以下六点。

第一点,校属各部门在制定本部门的相关财务管理办法以及财务实施细则时,不能脱离高校所制定的财务规章制度,在制定工作大概完成后需要向高校上报或备案,通过批准后才能正常使用。

第二点,校属各部门可以对高校根据预算下发的资金进行自由支配与自主管理,但同时部门在使用这些资金时需要保证其用途的合法性和资金收付的合理性,确保经济活动与资金收益的真实性与效益性。

第三点,如果在校内存在能够进行独立核算的经济实体,在必要的情况下可以依照部门的实际情况设立二级财务。二级财务在进行核算工作时要保证核算数据的真实性,并将核算的结果及时上报,同时要按照规定接受高校的监督、管理与检查。

第四点,如果在校内存在不能够进行独立核算的部门,可在部门内部设置辅助管理财务的岗位,其主要工作是对该部门的收支进行预算,并实施报销工作。需要注意的是,该岗位不能进行二级财务核算[①],也不能开设独立账户。

第五点,校属各部门的财务管理的意识需要增强,为避免资源浪费,降低高校办学成本,需要建立资源有偿使用机制、资源配置机制以及公共成本分摊机制,这些机制的主体为高校各个部门。

第六点,为使资金的安全性与效益性得到提升,需要校属各部门建立完整且有效的绩效考核制度以及追踪问责制度。

"统一领导,分级管理"财务管理体制是在"统一领导,集中管理"财务管理体制的基础上提出的,因此该管理体制既具有"统一领导,集中管理"财务管理体制中的优点,又对其缺点进行了改正,该管理体制实施的主要宗旨为"重心下移,责权下放"。该财务管理体制主要表现在三个方面:第一,在调动校属各部门积极性、创造性的同时,明确了财

---

① 二级财务核算:在学校内部进行上下一体的全面核算的会计工作组织形式。

务关系,协调了权力、责任与利益之间的关系;第二,对资源的集中管理与配置优化,对资金管理效益的提高,让下级单位部门拥有一定权力的同时,赋予其一定的责任;第三,针对校属各部门的权力,制定相关的奖惩机制和考核制度,以此督促各部门在使用权力时要依照法律法规的要求,同时避免贪污腐败现象的发生。

在现代化高校建设的过程中,其目标主要为"政资分离、政校分开、权责明确、管理科学",而"统一领导,分级管理"的财务管理体制能够帮助其实现这一目标。需要注意的是,要想避免高校内部有贪污腐败、各自为政、滥用职权、管理混乱等现象发生,需要高校完善各项相关规章制度,并严格实施规章制度,这样才能使高校的财务管理工作更加规范,从而发挥其最大的优势与作用。

二、当前影响高校财务管理模式选择的主要因素

高校在开展财务活动、处理财务关系和保证其正常运行时,会受到高校财务管理模式的影响,选用不同的管理模式会使上述工作产生不一样的结果。所以,为了平衡"集中"与"分权"的问题,选用正确的财务管理模式,需要分析其中产生重要影响的因素有哪些。

(一)高等教育体制改革影响高校财务管理模式选择

我国开始实施计划经济的集权理念是从中华人民共和国成立开始的,这个时期的各大高校还是由国家统筹管理的,这种现象一直持续到改革开放,高等教育体制改革才得到深化。我国于1985年颁布了《中共中央关于教育体制改革的决定》,其中对于改革的体制与内容进行了明确的说明,要求改革从教育体制开始,并且改革要有系统,对管理体制的改革不仅是要提高管理的观念,还要开展简政放权,让高校拥有自主办学的权力。

高校也因此拥有新的办学体制,即依照法律法规在面向全社会的同时开展自主办学。与此同时,对于高校的管理也分成了两级政府进行,即中央与省级,其中省级为主要的管理主体。之后我国又依照《中

国教育改革和发展纲要》,对高等教育的方针进行了更改,认为各高校应做到"共建、调整、合并、合作"。

上述的这些改革内容都是在帮助高校提升其自主办学的权力,也是校园二级管理实施的重要依据。

(二)教育财政政策影响高校财务管理模式选择

从 1949 年开始,我国所实施的经济体制为高度集中的计划经济体制,在经济上实行单一的所有制结构,从而导致单一的办学体制,高校是由国家出资建设的,由国家作为主体进行管理的,也是由国家兴办的,这种现象一直持续到 20 世纪 70 年代末期。政府在这个时期实行的经济政策体制为"统收统支",并在国家预算中添加了教育经费的内容,高校开展教育活动所需要的费用都是由中央财政以及地方财政进行拨付的。在当时的社会背景下,处于中央地区的高校所需的教育经费都被纳入了中央政府预算中,并由政府财政部对经费财经进行统一的管理;处于各大行政区或不同省市的高校,其所需的教育经费则被纳入了当地的财务预算中。这个时期的高校财务管理归属于政府预算中,并且只是其中的一小部分内容,在对其进行管理时也只是按照开支标准,对于资金的使用效率并没有多大重视。

从 1980 年开始,我国的教育事业开始快速发展,我国教育的地位也在不断上升,上述的拨款体制既不符合当时的社会经济发展,也不符合高校的自身发展,同时,高校的资金来源也不只有政府拨款这一条途径了,在高校的全部收入中开始有了其他的收入来源,如经营收入以及捐赠收入等。当资金的来源变得更宽泛之后,高校的财务关注对象开始发生了转变,用高校资金的管理、资产的管理以及资本的管理代替曾经的预算收支流量管理,各高校在这样的条件下,更加重视高校财务投资的回报率以及投资的绩效。高校财务管理的职能也因此得到了扩展,并渗透到了高校运行过程中的各个环节,高校财务管理模式在这样的背景下进行选择时也受到了影响。

(三)财政拨款支付方式影响高校财务管理模式选择

我国的公办高校资金来源的渠道逐渐变得广泛,但其最主要的收入来源依旧是政府拨款,因此选择什么样的财务管理模式取决于政府采用什么样的拨款方式。

近年来,我国的部门预算和国库集中支付在不断进行改革,这种改革使其高校拨款收入、专项拨款收入以及项目经费都比正常的拨款收入要高出很多,这主要表现在两个方面:一方面,专项拨款的性质为专款专用;另一方面,国库集中支付的方式使高校对其没有太多的控制权,从而使高校没有办法对所持资金进行随意的调配与控制。

对于公办高校来说,由于其主要的收入来源是政府拨款,因此财政拨款的支付方式会直接影响高校选择哪一种财务管理模式。

(四)高等教育规模的扩大影响高校财务管理模式选择

随着社会的发展,国家对于高级人才的需求逐渐增多,于是从1999年开始,我国便开始进行高校扩招,高校大学生的数量也因此不断增加。在这样的社会背景下,高校的学历教育规模在不断扩展,随着思想观念的转变,社会越来越重视劳动者的素质,人们也开始意识到职业教育与终身教育的重要性,因此各个高校的非学历教育规模也在不断扩展。同时,想要建立终身学习型社会,所要采取的高等教育形式应该是多元化和多层次的,这是最有效的一种方式,也是最重要的一条途径。

由于从前开设的高校规模本来就很小,在校师生数量也不多,因此所得的资金量也比较小,最适用的财务管理模式为集中型财务管理模式。当高校的教育规模得到扩展后,不仅校内的师生数量增多,校内的院系也增设了许多,因此高校办学所需的资金量越来越多,每天需要核算的工作量也在逐渐增多。这个时候所使用的财务管理模式应该是分权。这是因为一级管理人员的数量是有限的,当人手不够的时候就需要由二级单位管理人员辅助帮忙,并赋予其一定的财务管理权限,这样的做法在降低了高校管理成本的同时,让二级单位更加积极地参与增收减支。

(五)高校所处的发展阶段影响高校财务管理模式选择

处于发展初期的高校一共有两类:一类是成立时间较短的高校,另一类是成立时间长,但是遇到许多外界环境因素的阻碍,从而导致其一直处于发展初期的状态的高校。这些高校所采用的财务管理模式应该是集中型的财务管理模式。在这种管理模式下,当发展过程中出现问题时,其主要的解决方式为集中资金,并提高资金的使用效率。

处于发展成熟期的高校,校内的工作人员以及学生对于高校的办学风格都已经熟知并习惯,这个时候如果继续使用集中性财务管理模式,只会导致管理的效率变低,因为这个阶段的高校其资金的流动量已经增大,使用集中财务管理模式只会产生权责不明的现象,并且二级单位也会失去增收减支的积极性,对于学校整体的财务绩效都会产生不利影响。这个时候的高校应该采用分权的财务管理方式,将管理变得更细致,注重节约资金,以提升资金使用率。

三、国内外高校财务管理模式分析

(一)国外高校财务管理模式分析

在国外,使用最多的高校财务管理模式是分权式[①],该模式主要是为高校的各个院系提供自主权,该权利可用于人事、财务以及管理。高校的办学实体为学院,也是高校管理的重心所在,又因为学院具有独立的核算单位,因此在办学方面具有一定的自主权。与此同时,学院的目标、学院担负的责任以及学院的发展方向都是十分明确的,学院内各个职能部门之间的责任、权力以及利益区分得也很明晰,学院本身的责任、权力以及利益之间的关系也十分明确。

学院内部产生的收入与支出费用,学院可对其进行自主管理,也可自行编制财务预算的内容,对员工的奖励,为员工发放的工资也都可以算在内。对预算的管理采用的是产出导向,在编制预算的过程中,要注意责任与效益的问题,要考虑怎样才能提高使用效率,怎样才能达成最完美的使用效果。关于实施预算后得到的最终结果,最需要关注的应

---

① 分权式的管理模式:企业的二级机构不是按职能而是按企业所经营的事业,包括按产品、按地区、按顾客等来划分部门,形成专业化生产的经营单位,即事业部,实行分权化管理,其中事业部是一个利润责任中心。

该是结果的核心内容。预算编制的整个过程应该是民主的,制作预算的人应该多考虑来自基层的建议。

预算管理自己有一套程序,在开展管理工作时需要按照该程序进行,当制定完成的预算通过了审批被确定下来之后,如果想在预算中增加内容需要再次经过审批流程。

关于预算的分配,其最基本的方式是使用零基预算法;在高校中使用最多的预算类型为责任中心预算;在高校应用经济责任制能够使学院的办学积极性得到提升。

国外的高校所使用的分权管理模式最大的优点在于将责任、权力与利益区分得十分明确,让负责预算管理活动的一方能更加积极主动地开展工作,并在工作的过程中对其进行调整与改进,同时对于考核高校内的学院以及附属单位也有促进意义。

这种管理模式的缺点表现为两个方面:第一个方面是关于高校收入的问题,在这样的管理模式下高校并没有得到自己的那一份收入,从不同的学院、各个资源中心以及销售服务中心的收入中提出来的一部分收入就是高校的收入,同时,这部分是按照一定的比例提取的;第二个方面是关于高校筹资的压力,为了保证高校的收支能够始终保持预算平衡,就需要进行筹资,但是大家更希望筹集到的收入能够上交给高校,让高校从中提成作为收入,而并非将自己拥有的资源当作高校的资源用于各种项目之中。

总体来说,实行分权管理体制是符合财务管理机制的,如果在实施该体制的期间出现了问题,可以利用相关政策和机制来解决问题。在我国的社会背景下,完全照搬照抄国外的分权管理体制是行不通的,但是国外实施这种管理体制时所应用的一些观念和思想是我们能够借鉴的。例如,在管理的过程中,需要为高校的各个职能部门提供一个明确的发展目标与发展道路,尤其是高校的学院更需要这种目标;要将各个职能部门之间的责任、权力以及利益进行明确的区分,明确这三者之间的关系;基层组织也同样存在重要作用与意义,在管理的过程中要充分调动其基层工作的积极性等。

(二)国内高校财务管理模式分析

本书采用问卷调查的方法对国内高校的财务管理现状进行了调

查,选取了在学校规模、管理体制等方面都有一定代表性的国内 11 所高校进行调研,并走访了一些高校财务工作人员,这 11 所高校包括教育部直属高校 6 所、工信部所属高校 1 所、省属高校 4 所。

下面对调查结果进行分析。

1.校级财务管理调查分析

在高校财务管理体制的调查中,有 2 所学校实行的是完全集中的财务管理体制,学校财务权力高度集中,学校统一管理所有资金,二级学院基本上无财务管理自主权;有 6 所学校实行的是非完全集中的财务管理体制,财权绝大部分集中于校级管理部门(或职能部门),二级学院财务权限小;有 2 所学校实行的是非完全分散的财务管理体制,二级学院拥有较大的财务自主权,有一定的财务运作空间;有 1 所学校实行的是完全分散的财务管理体制,二级学院拥有充分的财务自主权,自行发展,学校只实行间接管理。

调研的高校中有大部分高校的财权仍集中在校级。多数学校将主要的资金统一调度使用,职工工资、水电费支出以及大部分开支由学校及职能部门控制,二级学院的自主权十分有限。这种现状显然与高校现有的规模和发展的要求不相符,需要进行两级财务管理模式改革。通过调查得知,一些学校正在筹备推行校院两级财务管理,或已经开始逐步实施两级财务管理,这也将是国内规模较大高校财务管理的发展方向。近年来,随着高校规模的不断扩大,财务管理模式改革的不断深入,高校内部出现了以下放财权、提高活力为重点的分级财务管理体制改革,并取得了明显的成效。在分权管理上,各个学校虽有一定的差异,但总体来讲分权管理的程度还不够,还不能充分调动二级学院的办学自主性。目前,我国很多高校实行以学校为主体,由学校制订总体办学思路,由各职能部门负责分块实施的管理模式。这种管理模式在学校建立初期、规模较小时对学校发展起到了积极作用。如今,我国许多的高校的发展规模已经不适应于集中统一的管理模式,如果想要在高校中做到精细管理,就要改变这种管理模式。这个时期高校的管理中心不能继续放在高校机关,而应放在高校内的二级学院,而高校的领导阶层应该开始重视一些战略性问题,如高校的发展目标以及高校的发展方向等,至于具体的事务性工作应交至其他部门进行处理。

2.院级财务管理调查分析

在对二级学院是否有专门财务制度的调查中,1 所高校选择"没有",1 所高校选择"有较全面的财务制度",其余 9 所高校选择"有财务制度但不全面"。

在对院级财务管理制度应包含的内容的调查中,90%以上的学校认为应包含预算编制、制订分配政策、预算监督及控制,一些高校认为还应包含绩效评价;在对二级学院是否自行编制预算的调查中,6 所高校选择"是"(54.5%),5 所高校选择"否"(占 45.5%)。在是否实施会计委派的调查中,5 所高校选择"是"(45.5%),6 所高校选择"否"(54.5%)。

在对二级学院预算经费采取的管理模式的调查中,3 所高校选择"全额由院长统筹管理",6 所高校选择"按分管院长分块管理,专款专用",2 所高校选择"按学校年初编制的预算执行"。

在对学院是否应实行民主理财的调查中,95%以上的高校认为应该实行民主理财。对于实行民主理财的方式,高校普遍认为应该是年初对预算进行审查,年末对财务收支进行审查。

校院两级财务管理存在的问题主要体现在以下几个方面:二级学院承担的责任与权利不对等;水、电、采暖等公共性费用学校统包,不能调动二级学院的节约积极性;对二级学院的预算考核,未建立相应的跟踪、分析和评价制度。

通过调查访谈发现,无论是学校领导还是院级领导、财务负责人、一线教师等对于赋予学院财务自主权都有一些愿望和呼声;同时,在放权的限度和操作方面存在有待继续探讨的争议、分歧。借鉴我国部分大学在校院两级财务管理方面取得的成功经验,我国高校在两级财务管理改革中要赋予二级学院在人、财、物等方面的办学资源管理权和经费使用自主权,使学院真正成为充满活力的办学实体。在赋予学院更多自主权的同时,必然要求学院承担更大的责任,同时对学院自身管理水平也提出了更高的要求,学院需要健全内部管理制度,形成有序、高效的运行机制。

第二节
高校财务管理创新的理念与体制机制

一、高校财务管理创新理念与观念方面的动因

高校财务管理创新理念与观念方面的动因有许多,如成本意识的缺失、财务风险意识淡薄以及对财务管理的地位没有足够的认识等,下面进行详细介绍。

(一)成本意识缺失

我国的高校虽然具有法人主体的地位且具有一定的独立性,但许多高校依旧使用传统的思想与工作态度来面对高校的发展,这使其在真正运行和发展的过程中会产生许多问题。分析高校财务管理方面的内容,许多高校都没有成本意识,这主要表现在缺乏节约意识上。我国的教育事业在不断发展,我国投入其中的资源与经费也呈逐年增长的趋势,但是大部分的高校依旧处于经费紧张的困境中,这主要是由于高校还没有意识到节约成本的重要性,在使用经费时也没有使用有效的管理方式,从而导致资源浪费和经费紧张现象产生。例如,在购买教学所需要的设备时,没有了解不同设备的需求量,从而使需求量小的设备被超额购买而导致设备的闲置,而需求量大的设备又因资金不足导致在使用时没有足够的设备。这就是高校缺失成本意识的主要表现。

（二）财务风险意识淡薄

有一些高校还存在负债风险，就是因为高校缺乏财务风险意识，一味地向银行贷款，导致其规模过大无法控制。有一些高校由于发展规模过快，教育经费严重不足，不得不向银行贷款从而维持高校的发展，但这种做法的后果就是高校的债务越来越多，并出现建设性债务规模以及发展性债务规模不断扩大。有一些高校由于背负的债务过多，导致收支矛盾严重，从而使高校的资金无法完成调度，赤字金额不断上涨，最终导致高校深陷财务困境。

有一些高校在发展的过程中遇到问题时，第一时间想到去银行办理贷款以摆脱眼前的危机，却忽视了贷款所带来的风险，没有经过足够的贷款论证，再加上一些高校缺乏还贷责任或过度依赖贷款，最终使贷款的数额超出高校所能承受的范围，产生风险。国家对贷款利息进行了调整，面对这些贷款利息，高校身负的财务压力变得更大，财务风险也变得更高了。

（三）对财务管理的地位认识不足

大部分的高校都没有意识到财务管理的重要性，因此对财务管理部门也没有较高的职能定位。我国传统教育的经济体制为计划经济体制，这使得我国对财务管理部门的认识只停留在核算与记账的职能上，但实际上，财务管理部门在高校中对宏观调控和做重大决策时都会产生重要影响，如在讨论大型项目的可行性时就需要有财务部门参与、辅助做决策。

（四）财务管理理念落后与财务管理意识淡薄

我国现在的许多高校依旧使用传统的财务管理理念开展工作，在管理的过程中只注重对数据的核算，而没有对其进行管理与分析，同时财务管理的工作人员也没有足够的责任心，没有长远的目光，缺少正确的理财观念。各大高校与管理人员需要意识到，财务管理工作最重要的应该是监督与管理而并非对数据进行核算与预算。如果没有对财务工作进行监督，没有对核算的数据进行分析，就没有办法掌握未来的发展形势。

不仅财务管理人员对其没有足够的认识，各大高校也同样没有意识到，仅要求财务管理人员完成工作就是要求他们做好资金的核算预算的工作，这样慢慢地会导致财务人员缺少工作责任心，在工作的过程中变得越来越散漫，在以前工作中形成的"等、靠、推"的惰性思维也会一直存在，无法得到改变。当高校在财务上遭遇问题时，也只会等待解决的办法，而不是主动寻找解决的办法，最终就会导致高校财务管理的改革无法进行。

如今的教育体制正在进行改革，高校之间的竞争开始放在了科研技术水平上，并且教学水平与科学研究也得到了更多的重视，而教学与科学研究能够得到发展的基础就在于经费，但由于大多数的高校对财务管理都没有加以重视，从而使其发展进程缓慢。

有一些高校由于没有财务管理的意识，对项目研究与开发的财务需求没有意识，从而导致发展所需的经费没有得到合理的预算和科学的审核；还有一些高校在做相关决策时，既没有财务管理的意识，也没有按照高校的实际情况进行计划，而是盲目地进行投资，根本没有考虑投资的成本与投资所得的收益是否相符；甚至有一些高校在科研的过程中没有足够的经费，但是为了继续进行研究，不计后果地在项目上增添经费。这些都是由于高校没有重视财务管理，没有充分了解其核心作用所导致的。

高校要想得到发展，在各个方面都需要专业的人才队伍，然而大多数高校更重视的只有师资队伍，对于财务方面的专业人才还没有重视起来，这同样也是高校缺乏财务管理意识的一种表现，而缺少这种意识的最终结果就是阻碍高校的可持续发展。

（五）重核算轻管理和风险意识淡薄

传统的财务管理模式是"重核算轻管理"，并且没有风险意识，也没有与社会和企业之间的对接意识。各大高校的经费来源主要由两个部分组成：一部分为预算内资金，一部分为预算外资金。预算内资金指的是由政府全额拨款所得的资金，预算外资金指的是由学费收入所得的资金。而高校经费之所以紧张，是因为大部分的经费都用在了日常运作中，从而导致在设施建设上没有足够的资金。高校的发展与改革由于资金预算管理的落后而受到了严重的阻碍。

除此之外,在传统的核算模式中,主要使用的是"授账型"财务管理模式,只注重数据的核算,对财务预算没有形成相关的思想理念,有一些实行财务预算的高校也只将其看作是一种表面的工作,没有设立专门的预算管理机制以及预算监督机制,财务管理人员也没有担负起预算管理的责任。高校在培养人才时也会因为这样的情况而完不成培养工作,没有办法建立优秀的师资团队,教学体系改革进程缓慢。最重要的是人才培养的质量由于传统财务管理理念的影响而无法得到保障。

(六)缺乏全面预算观念

许多高校都没有全面预算的观念,这主要表现在两个方面。

一方面,高校中的所有部门,除了财务部门都没有正确树立全面预算的观念。人们大多认为预算是由财务部门负责的,与自己所在的部门并没有直接的关系,因此不需要过多地在意财务预算,但这种想法最终会导致财务预算的结果缺少合理性与科学性。在统筹经费的过程中,所表现出来的就是高层领导与基层员工对自主办学的法人意识都表现得十分淡薄。

另一方面,财务部门没有科学的预算观念。主要是在理财方面,不会积极主动地去参与理财工作,对高校内部的活动也没有进行深入分析与正确预测。同时,高校的财务部门还缺少全局观念,对人才培养、项目计划以及日常活动等方面的经济需求都没有明确的意识,从而导致资金的安排不合理,教学进展困难,人才培养工作受到影响。

在传统的财务管理模式中,高校所使用的是"集权"观念,而正是这种观念的存在才会导致上述问题的产生。传统的财务管理理念对高校以及管理人员的影响太深,然而这种观念同如今高校发展的体制是不相适应的,因此在各大高校中需要树立起全新的管理理念,从而使高校的自我发展能力得到提升。

(七)理财观念陈旧

有一些高校由于不重视财务管理,因此在招聘财务管理人员时也没有提出高要求与高标准,使得担任财务管理的工作人员没有统一的高素质,仍旧存在陈旧的理财观念,没有先进的思维模式,依然沿用计划经济体制时期的思想与理念。然而,面对如今的社会背景,财务管理的观念需要得到转变,如今的经济已不再是计划经济而是市场经济,理财观念中需要更新机会成本、资金使用价值以及风险价值等内容。许多高校都将财务部门定位为出纳,让其主要开展核算工作,财务部门也因此没有办法将自己的管理职能充分发挥出来。

(八)资产管理观念薄弱

在高校中,从财务部门拨款作为教育经费的资金属于无偿拨款,因此对核算学业支出与事业支出的经费进行成本核算没有强制要求,也不计提折旧置办的固定资产,有一些高校也没有意识到使用无形资产经营性资产是有偿的,从而导致高校出现资产管理混乱的情况与固定资产流失的现象。

在配置资产的过程中,高校想要获得应得的回报,就需要对资产配置的约束性机制进行完善,提高经营性资产的保值率,在开展项目做资金预算并购买设备的同时,还要重视管理使用资产与考核资产的使用。

高校对于购置的固定资产需要进行统一的管理,不能一味地追求购置新东西,避免产生重复购置与浪费资源的情况,提高固定资产的使用效率。在高校内各个学院都需要购买一些教学所用的材料用具等,这些资源也同样需要高校对其进行统一的库存管理。

高校会产生资产损失的情况主要在于高校没有重视对资产的管理。许多高校都只重视管理资金与日常工作中的现金管理,财务部门也只把及时找回出现问题的资金并解决问题当作最重要的财务工作,而对教学仪器、教学用具以及基础设备等都没有进行妥善的管理,未重视资源浪费,从而导致高校产生十分严重的资产损失问题。

高校出现重复购置设备的现象还有一点原因,即财务部门只记录了设备的金额,至于设备的型号、规格以及数量等信息内容都是由高校的设备处进行统一管理的,财务部门只通过账面上的金额没有办法判断设备的购置是否合理。而财务部门和其他部门之间又没有进行充分的沟通,各个部门互相之间也并不了解。在购置设备时,各个高校通常的流程是先经由本院领导的同意,经过科研处的审查,通过审查之后找到财务部门领取资金再去购买设备,设备购买回来之后到设备处对设备的信息进行登记。流程本身是没有问题的,但是各个部门都没有重视这些问题:在登记的过程中,负责登记入库的工作人员审查手续不够严格;在监管的过程中,大多是由使用设备的相关课题组进行保管,其监管的手续不够严格。如果使用设备的相关人员调离了岗位,由其他人来使用或监管设备时,由于交接手续不够严格,就会发生设备被使用人员带走的情况,从而造成损失。

二、高校财务管理创新体制与机制方面的动因

高校财务管理创新体制与机制方面的动因有许多,如财务管理体制不顺畅、预算管理体制不完善以及财务管理体制发展缓慢等,下面做详细介绍。

(一)财务管理体制不顺畅

在高校管理体系中,财务管理是其中一项重要组成部分,该管理的主要特征为时效性、综合性以及政策性,因此在建设高校管理体制的过程中,需要对财务管理体制加以重视。

我国高校的办学规模自20世纪90年代末起不断扩大,每年的招生人数也在不断增多,高校的办学形式更加多元,经济业务也逐渐复杂了起来,财务管理的内容不仅具有复杂性还具有多面性,因此高校对财务管理的水平也逐渐重视了起来。

从国家财政的角度来看,高校财政属于其中的一项重要组成部分,是国家财政职能延伸出来的一部分内容。我国为加强政府宏观调控的力度,针对财政部门提出了一系列的改革措施,包括集中支付、综合预算以及绩效评价等,这些改革措施既使财政部门的财权得到了集中,也推动了高校财务管理工作的发展。

高校要做到集中管理财务就要先制订相关的财务制度,如果没有制度,任何的工作都是没有保证的,所制订的制度需要保证财务管理工作能始终按照国家的财务规章制度进行。但是,现在许多的高校都没

有一个统一的标准与规章制度管理财务的收支与分配,没有设定一个明确的审批权限,没有明确的控制流程进行操作业务与管理业务,整个财务工作都缺少程序化。这种现象不仅会为财务部门工作的开展带来一定的困难,也会导致部门之间的协调工作难以进行,很容易产生私自提高开支标准、私自挪用或截留公款等现象。

高校需要对财务管理工作进行统一的领导,要以提升管理效率为目的适当地对权力进行分配,并按照"谁使用,谁负责"的原则,充分将经费与自主创收结合起来,让各个部门担起本部门的责任,从而实现高校内资源的管理与二次分配,在做决策时高校也要做到民主,各个部门之间也要多加沟通。实现改变各个部门理财观念的同时,形成财经工作机制,并实现良好的运行。

同时,要加大经济责任考核力度,坚持财务公开、加强群众监督,充分利用内部审计和社会机构的专业技术,加强对权力主体经济责任的考核力度,促进学校经济工作良性循环。

(二)财务管理机制比较落后

许多高校在认识到财务管理工作需要改进之后开始使用新的财务管理模式,即集中管理与分级管理相结合的管理模式,该模式的出现的确是一种进步,但是在该模式中还是存在许多问题。

例如,有些高校在财务管理上有些过于集中,从而导致整个工作看起来更加的死板。有些高校到了年底的时候会让财务部门统一核算二级部门机构,并将有结余的部门资金进行统一回收,再根据高校的现实情况,与二级部门提供的核算内容对整个财务重新进行预算,这就是高校内经常使用的零基预算管理模式。有一些二级部门不想将本部门的结余被回收,就会在快到年终时将结余资金挥霍掉,从而产生浪费,也不利于高校的资金管理。

再比如,有些高校过于重视管理模式中的分级管理,从而使财务管理混乱。有些高校会下放许多的财务管理权限给二级核算部门,以此来调动其工作的积极性,但是二级核算部门得到了更多的权力之后会产生私自挪用公款、截留公款或者开立私户的现象发生,从而导致财务管理产生更多的问题。

（三）预算管理体制不完善

在高校财务管理的组成部分中预算管理也是十分重要的一个部分。高校预算实际上是高校年度的财务收支计划,其编制的主要依据为高校的发展任务,高校预算的工作除了编制预算,还有执行预算,对预算进行控制与分析,并在发现问题之后及时地调整预算。在编制预算的过程中,容易出现的问题也有很多,如编制时间不够长、编制内容不够全面、编制过程不够透明等,这些问题最终都会导致编制的数据信息不够真实准确,没有办法全面客观地将高校财务真实的收支情况反映出来,也无法将高校未来发展的方向以及高校工作的重点反映出来。

高校在分配经费时需要部门的预算方案通过批准,并由二级学院对其进行统一归口的管理,其管理的主要依据是各个部门按高校发展所制定的支出预算,该预算是在维持基本支出预算的基础上进行的;还依据为二级部门分配的预算收入,该预算是在财政拨款以及非税收收入的基础上进行的。但部门在实施这些预算的时候依旧会产生不同的问题。

第一,高校对二级部门申报的各项预算进行了严格的审核,但是部门在执行预算的过程中并没有得到严格的监控与管理。

第二,高校的预算指标控制体系不够完善,有些高校甚至没有设立该体系,想要对项目经费具体的使用情况进行了解只有二级学院账户是不够的,财务部门需要对每一个项目每个月的具体明细都有所了解,并对其进行核算,从而明确年度预算中项目的经费账目,并对其进行核算。在应用预算指标控制体系的过程中还需开展决算分析工作,并将预算执行的情况同往年的情况进行比较。

第三,有一些高校在实施预算的过程中并没有严格按照预算方案进行,对于经费的使用途径和使用数额进行随意更改,同时还得不到预算监管,各个部门对于理财也缺乏积极性,预算管理的工作也因此不够到位,从而导致预算支出更加随意,预算编制不够完整。

（四）科研经费管理体制不健全

高校科研课题管理工作通常是由科研处负责的,其负责的内容包括项目立项、项目申报、项目结题验收与鉴定项目成果等,但是科研处在整个过程中更重视的是项目的级别以及项目所需经费,对于科研经费的管理没有足够重视。针对科研课题进行财务管理时由于其经费来源的复杂性为管理工作也增添了困难,经费的不同来源对经费的使用有着不同的要求,如若遇到同一项目但是经费来源是不同的,就需要根据具体经费的实际使用情况上报给提供经费的一方,财务管理工作也因此变得复杂。

在开展科研课题时,使用的每一笔经费都需要由财务部门弄清楚,但财务部门本身就工作量繁重,分析经费用途的精力实在有限,再加上科研课题的项目与分类很多,对每一笔经费进行归类管理是很困难的事情,对项目进行分级汇总更是十分困难的事情。

有一些高校的财务部门对财务管理的观念存在一定的偏差,认为管理科研经费工作只是代管经费管理,对财务进行普通的收支核算即可,实际上财务部门和科研部门需要进行沟通,以便互相了解经费的使用情况以及经费管理的工作情况,但是财务部门和科研部门之间既没有用于查询共享信息的网络平台,又缺少沟通,与规范的管理制度、财务管理与项目管理之间的盲点也就这样出现了,最终导致经费管理松散的问题。

有一些科研课题的负责人认为通过自己的办法获得的经费应该由自己来管理,但是他们在财务上并没有了解足够的知识,虽然已经上缴给高校进行管理,但依旧会产生违法乱纪的现象。还有一些科研课题的负责人,虽然为其提供了经费的预算计划,但其并没有按照计划中的内容来使用经费,从而导致经费超支的现象发生,或有经费使用不当的情况产生。有一些高校为了利益并没有重视科研项目,当科研项目申请立项通过后,没有按照规定使用科研经费,只使用了部分国家资金,对科研的实际试验工作没有认真完成,只是敷衍了事。

上述的这些内容都是因科研经费管理不善引起的,而最终的结果就是科研经费没有办法发挥其综合效益,没有办法获得与投入相对应的经济效益。

(五)财务管理体制发展缓慢

1.高校财务管理制度受到诸多限制

我国如今实行的经济体制为市场经济体制,在该体制中高校财务管理的观念也开始发生改变。当政府提供给高校自主办学的权力,高校办学的主体地位也随之形成了,但许多关乎高校发展的内容依旧受国家的预算控制,如高校的招生指标以及高校为研究生设立的招生点等,同时国家的预算控制对高校的财务管理制度的发展也产生了一定的影响,从而使高校意识到需要加强财务管理的工作,包括协调与分配资金、使用资金以及管理资产等。

2.高校财务职能过于简单

高校财务部门的职能有许多,但在大部分的高校中财务部门只有核算职能可以被充分地发挥出来。财务部门的工作人员在传统的人事管理制度中一直都是自己来监督自己,但这种监督方式并不能发挥出财务部门的监督职能,再加上财务部门的工作人员没有与职位相匹配的工作素质,从而使财务的管理职能没有办法很好地发挥出来,也导致了财务部门重要工作都被分散到了下级各个部门中,包括财经政策调研工作、制定资金分配制度等。

财务部门在高校中属于一级职能部门,负责高校所有的经济活动,但相关工作人员没有足够的能力实现这些职能以及完成这些工作,有些高校的财务部门所制作的财务报表也没有办法将高校的经济情况反映出来,不仅财务部门的管理工作无法很好地开展,总会计师在财务部门中的领导作用也同样无法发挥出来。

3.高校监督控制体制不健全

如今高校规模呈现急速增长的趋势,但是员工的数量并没有跟上高校规模发展的趋势,还处于短缺的状态,一名员工可能需要担任多个职位、承担多种工作,高校的监督部门与控制部门也在一定程度上被忽略了,有些高校虽然设立了这些部门或类似的部门,但是这些部门依旧没有独立性,没有办法真正发挥其监督作用与控制作用,从而导致财权分散、贪污受贿、私建账户以及浪费资源的情况产生。

(六)集权制与分权制均有缺陷

在高校使用的财务管理体制一共有两种形式:一种为集中体制,另一种为分权体制,这两种体制都尚未发展成熟,存在一定的缺陷。

1. 集中制的利弊分析

集中制的财务管理其优点在于能够摆脱财力与筹资能力的限制，有效地将高校的财力充分集中起来，进行统筹安排，并按照事情的紧急程度来解决问题，在高校的重点工作被确定后，可以对高校院系的经费额度进行分配，以确保高校能够朝着原定的目标继续发展。这种体制的缺点在于过度重视集中，没有发挥出院系在工作中的积极性与创造性。

在该体制中，高校集中财力的同时也将管理财经的权力统一了起来，无论是经济收支还是财务合同都由高校财务部门进行统一管理，这种方式会降低院系的自主权，降低了院系自我完善的能力，也阻碍了院系的自我发展。目前，各高校的办学形式主要是学习教育，而不是非学历教育，但是未来的社会在市场经济体制发展的推动下，对于非学历教育的需求也会越来越多，该教育市场的规模也会随之扩大。

当高校掌握的自主办学的权力越来越大时，高校之间的竞争也就变得激烈起来，其竞争的主要内容就是各高校的教学水平以及科研水平，高校需要直接在教育市场中接受竞争挑战，高校想要提升自己的竞争能力就要对教育市场有充分的了解，能够不断及时地改变自身以适应外部环境的变化。但是，集中制的财务管理要求院系开设班级需高校同意，获得的收入也要由高校统一管理，这会使院系在开拓教育市场上缺失一定的积极性，没有办法适应教育市场环境，从而在发展上受到阻碍。

2. 分权制的利弊分析

在意识到集中制的不足之后，高校开始对财务管理实行分权制，其实施的原则为：包干使用，自求平衡，超支不补，结余自用。该体制的好处在于能够使二级单位获得利益，从而使各个部门在工作上提升其积极性。该体制的缺点在于财力过于分散，从而使高校的竞争力从整体上有所减弱，并削弱了其原有的财力。

由于各个级别的部门都拥有了自己的权力，因此高校的一级财务机构与二级财务机构之间不再有统一的行政隶属关系，而这种体制下的二级财务机构，其行政管理由单位负责，业务指导由财务处负责，从而获得双重身份进行双向领导。同时，一级财务机构对二级财务机构的监督减弱,二级财务机构主要的工作任务也同自己部门相关,这时就很容易出现各自为政的情况,从而使高校的整体利益受到损伤,并且在这种体制下,各个部门都掌握了一定的办学经费,从而使高校变得经费紧缺,但各个部门的经费却没有紧张的现象。当一级财务机构财力不足时,就无法统一调配高校的财务资源,各个部门也只在乎自己的利益,从而阻碍了高校的发展。

第三节

高校财务管理创新的内外环境推动力量

一、高校新财务制度

目前,我国高校的教育事业得到了进一步的发展,高校的资金来源渠道更多,资产规模更大,经济活动更复杂,高校的财务管理工作在这样的环境中也发生了变化。如今高校财务工作的重点将变为规范经济活动、保证经费安全、规范经费使用以及确保经济活动的有效开展等。在如今的社会背景下,国家对高校的财务管理也提出了许多新要求,于是便出台了一项新的制度,即《高等学校财务制度》(以下简称《制度》)。

(一)管理责任更加明确

在《制度》中对于管理责任的问题一共提出了三点要求。
第一,为了凸显出高校法人主体的地位,财务工作的体制规定为校长负责制。该制度的主要责任方是校党委,而不是字面意义上的高校校长,关于财经工作的具体内容需要满足高校内部治理结构的各项要求,需要对议事规则以及决策程序都做出明确的规定,高校制定集体决策时需要采用"三重一大"("重大事项决策、重要干部任务、重要项目安排、大额资金的使用,必须经集体讨论作出决定")的制度,采用多层次的经济责任体系并对其进行完善。

第二,明确高校应用的财务管理体制为"统一领导,集中管理",如果高校的规模较大可应用"统一领导,分级管理"的体制,但无论使用哪一种管理体制都需要接受高校的统一管理,并由高校对下级部门的财务进行监督与检查,下级部门在开展经济活动时要始终按照高校的财务制度进行。

第三,高校需要设置总会计师的岗位,其主要作用是校长在开展财务管理工作时进行辅助,在《制度》中对于总会计师的责任和权利内容都有相关的明确规定。

(二)制度要求更加精细

《制度》中的各项要求变得更精细,其主要表现在四个方面。

第一,关于财务的预算与决算,在程序与制度上都有了更加明确的要求,包括预算编制的依据、编制预算的主要程序以及预算的调整等。同时,关于决算的管理还增加了许多相关的内容。

第二,对于收入与支出进行了调整,进一步明确了收支管理的要求,同时还对收入的口径与支出的口径进行了调整。

第三,对结转管理与结余管理的内容进行了完善,要求依照统计财政部门的相关规定开展结转工作与结余工作。

第四,对资产管理的内容进行了强化,对固定资产的分类进行了调整,同时调整了其价值标准,并规定需要对固定资产开展计提折旧,在对外投资时不得使用财政拨款的资金,也不得使用结余资金。除此之外,对出租资产以及出借资产的规定进行了调整,变得更严格。

（三）成本费用管理更加规范

成本费用管理是《制度》中新添加的内容，规定高校需要对成本费用进行管理，并对成本进行核算，同时这些工作要将高校事业发展的需要作为主要依据。

根据有关的核算对象与方法，高校需要归集在业务活动中所产生的各项费用，并对这些费用进行分配与计算。在开展支出管理的同时，在当期费用中添加效益以及本年度的支出费用；在费用中添加效益以及两个以上年度的支出费用，其计入的方式是固定资产折旧或无形资产摊销等方式，并以分期的形式计入。

在核对成本费用和核对支出费用时需要按照一定的机制进行。因此，高校需要建立相关机制，在制作分析报告时还需制定相关的成本费用分析报告制度。

（四）风险控制更加严格

提高对借入款项的管理，严格按照审批程序开展工作，避免产生举债以及违规提供担保的现象，需要高校建立相关的财务风险控制机制，并对其进行完善。在对外投资时，高校同样需要对其进行严格的控制，避免出现违法违规的行为，保证对外投资活动是按照国家规定进行的，不会影响高校的发展与运转，并严格按照相关的审批程序进行。

（五）财务监管更加健全

在《制度》中对财务监管的内容进行了完善，主要表现在三个方面。

第一，明确财务监管的主要内容，规定监督要贯穿于财务活动的全过程，包括事前监督、事中监督以及事后监督，所应用的监督机制为日常监督与专项监督结合的方式。

第二，完善内部的控制制度，建立健全经济责任制度，对财务信息披露制度进行完善，并按照法律的规定将财务信息公开。

第三，《制度》规定高校需要接受相关部门的监督，并配合其工作，同时还要主动接受来自社会公众的监督。

二、知识经济环境

高校如今所处的时代为知识经济时代,社会所应用的经济体制为市场经济体制,在这样的环境背景中,高校的财务管理工作正迎来新的挑战,该挑战冲击着财务管理工作的方方面面,包括核算管理工作也包括筹资运作工作。

知识经济蕴含着高技术水平,该经济的基础为知识。高校的主要发展目标是培养优秀人才、传授知识以及创造社会收益。高校除了是培养高新技术人才的重要基地,也是创造高新技术的重要基地,人们完全可以将高新技术的出生地看作是高校。而知识经济时代指的就是教育的时代,其所在的社会就是学习的社会,在这样的社会时代背景下,高校身负的责任是十分重大的。

在高校的所有管理工作中都存在财务管理工作,如今的社会背景对于高校财务管理来说,除了是挑战,也是一种机遇,在机遇中管理工作能够得到发展与改革。我们迎来的时代除了是知识经济时代,也是网络信息化时代,在电子商务快速发展的今天,除了经济环境,高校所处的政治环境以及教育环境也都发生了改变,高校的内涵和规模也都因发展的要求重新进行了建设与重组,为了适应高校的发展变化,财务管理需要接受社会以及高校对其提出的新要求。

高校财务管理实际上是一种经济管理活动,该活动需要处理不同的财务关系,还要组织各项财务活动。经过改革后的高校其实施的教育投入体制为"财政拨款为主,多种渠道筹措教育经费为辅",在这样的体制下,财务管理的职能主要表现在四个方面:第一个职能为拓宽渠道,以便筹措资金;第二个职能为编制预算,按照编制的预算内容对资金进行分配,并在控制预算的前提下使用资金;第三个职能为资产管理,对资产进行合理的配置并编制相关的财务报告,对报告的内容进行分析;第四个职能为健全体制,其主要目的为开展财务监督工作。

财务管理包含了多个方面的内容,在对财务的信息与指标进行分析和研究时,可以采用财务信息系统,对财务信息内容进行详细与全面的分析和研究;在编制预算、控制预算、对预算进行分析和预测时还需要对非财务指标进行业绩评价,对于评价的内容还需要以战略性思维进行分析;除此之外,高校还需要建立与财务管理相关的网络信息系统。

三、"互联网＋"环境

（一）"互联网＋"时代加强高校财务管理的重要性

1.提高资金使用效率,促进高校发展

高校教育事业在得到发展的同时,也在培养师生、置办教学设备、建设基础设施以及开展科研事业等方面投入更多的资金。但国家对高校教育事业的投入是有限的,由于无法满足高校事业发展的需求,两者之间会产生一定的矛盾,并且该矛盾会持续一段时间。

由于高校拥有的资金是有限的,怎样使用有限的资金以推动高校的持续发展就是高校需要解决的最重要的问题,即怎样提高资金的使用率,如何才能充分发挥资金的作用。

在推动高校事业发展的同时要对财务管理的工作进行创新,要对各项资源进行正确的分配,要对整体效益与局部效益之间的关系进行有效的处理,要对长期效益与短期效益之间的关系进行有效的处理。

要想各高校的管理能够正常运行,关键要重视高校的财务管理工作,其既是高校管理工作的重要组成部分,也是高校管理工作的前提。在开展财务管理工作时,要对有限的资金进行合理的分配,并将资金用在关键工作上,以此推动高校教育事业的发展,为其提供有力的财力保障。

2.增加高校资金来源与使用多元化的必然要求

"科教兴国"战略在我国的确立以及教育要"面向现代化、面向世界、面向未来"的"三个面向"方针的提出,对高校的发展提出了更高的要求。同时,随着我国市场经济体制的完善,许多高校改变了过去以教学、科研为中心的局面,取而代之的是教学、科研、校内企业的生产经营、技术的开发等多方面的活动同时进行,并成为面向市场经济的事业法定代表人,从而促进了高校资金来源的多元化。改变了过去只能依赖国家对教育事业的资金投入的局面,逐步形成了"产、社、科、贷"等筹集资金的新局面,有助于推动高校教育事业的发展,而加强高校财务的管理工作是增加高校资金来源与使用多元化的有效保障。加强高校

财务管理工作,注重学校各项收入与支出的预算,统一各种资金核算与管理,规范各项财务的管理,防止财务管理工作中的各种不良现象的发生。

3.确保高校各种经济活动有序、合理地进行以及提高高校财务管理工作人员的整体素质

面向市场经济的发展,加强高校财务管理工作成为高校内部管理工作的一项紧急任务,高校的财务管理工作涉及学校管理工作的方方面面,有较强的政策性,财务管理是否得当直接影响到整个学校的正常运转。加强高校财务的管理工作,可以规范学校的各项收入管理,合理进行学校的资金分配,增强学校支出的管理工作,确保学校各项收入的合法性、合理性、正当性。加强高校财务的管理工作、提高高校财务管理工作水平是高校各种经济活动有序、合理进行的保证。

此外,随着我国市场经济体制的不断完善与社会经济的快速发展,会计信息在沟通全球经济的发展中扮演着重要的角色,发挥了不可或缺的作用。因此,会计工作与财务管理工作也逐步与国际接轨,从而对财务管理的工作人员提出了更高的要求。加强高校财务管理工作,重视学校各经济活动的管理,同时要对学校财务管理的工作人员进行有针对性的培训,提高财务管理人员的整体素质,从而提高学校财务管理工作的水平,促进高校教育事业的发展。

(二)"互联网+"对高校财务管理的影响

1.机遇

当前,互联网技术的快速发展与广泛应用,影响着社会发展的各个方面,而我国的高校事业作为社会经济发展中的一员,很大程度上受到了影响,也获得了一定的发展空间与机遇。

首先,为高校财务管理工作提供了有利条件。传统的财务管理模式、思维、理念已不能适应"互联网+"时代下财务管理工作的要求,互联网技术的快速发展,为会计工作的核算与监督提供了良好的技术条件,可以为高校财务管理工作提供更好的服务。在高校财务管理工作中推广"互联网+"所带来的新技术,有利于充分发挥会计工作的核算

与监督的作用,提高高校财务管理工作的自身效益。

其次,互联网技术的发展与应用,给会计的核算工作提供了技术上的支持。互联网技术的发展,为实现电子信息的快速传递提供可能,使得纸质的会计凭证信息被电子发票、合同等电子档案代替,大量的会计材料在互联网技术的支持下以电子档案的形式保存下来,使会计工作、财务管理更安全、合理、有效。

最后,在互联网技术的快速发展之下,为突破传统的会计、财务管理工作模式提供了契机。随着互联网技术的发展、应用各种网络服务平台应运而生,打破了传统的会计工作服务的空间与地域的限制,给会计工作与财务管理提供了更有效、更广泛的工作服务平台。

2.挑战

在高校财务管理的实际工作中,既要肯定"互联网+"时代给会计、财务工作带来的新技术的积极影响,也要看到其给会计、财务管理工作带来的挑战。

首先,冲击了高校财务管理工作的传统模式与观念。"互联网+"不仅在技术上,还在管理模式、思维、观念上冲击着高校财务管理的传统模式。"互联网+"的发展与其带来的新技术的应用,要求会计、财务工作必须突破传统的工作服务模式,积极、主动了解与推广应用"互联网+"时代所带来的新技术,建立有效的网络工作服务平台,在财务管理工作的理念、方式等方面不断调整与创新,适应"互联网+"时代下的新的财务管理模式,提高高校财务管理工作水平。

其次,对高校财务管理工作的规范提出了挑战。随着"互联网+"所带来的新技术的应用,给传统的高校财务管理工作的形态、模式、交易工具带来了新的变动。因此,高校财务管理工作的规范性需要进一步完善,以规范高校的经济行为与财务管理工作。

最后,"互联网+"时代的到来给信息安全带来极大的风险。互联网等现代化信息技术的应用给人们带来便利的同时也带来较大的风险。随着大数据、社交媒体移动设备、云计算等新技术的广泛应用,给财务管理工作的信息安全带来了极大的隐患。因此,高校要加强对财务管理工作信息安全的有效管理,避免财务管理工作出现信息损坏、丢失、泄露等风险。

第四节

高校财务管理创新的技术驱动

一、财务核算存在的问题

(一)各财务利益主体之间信息不对称

目前的高校财务利益主体多元化,包括财务部门的工作人员、一般教师与学生等,其所扮演的财务角色是各不相同的,获取的信息在数量、渠道、质量等方面都不同,这就导致出现信息不对称的问题。其中一部分主体处在信息劣势的位置,相关的财务知识有所欠缺,项目支出经费不够明确,不能保证原始票据的合法性,对于财务流程也不够了解,导致办理相关业务时出现各种问题。同时,由于各财务利益主体之间的信息不对称,也增加了沟通困难,降低了财务工作的效率。

(二)高校财务核算工作与公共财政体制改革兼容性差

近年来,财政改革增加了部门预算、政府收支等分类,这些会计核算内容与高校财务核算是不兼容的,这就让高校财务核算工作变得艰难,其管理效率降低。政府对于高校的财政资金,一般所采用的就是国库集中支付的制度。对于目前的高校财务会计核算而言,其所提供的就是编制预算的基础数据,其在内容设置和计算口径上与国库集中支付制度的要求是不一致的,这就导致在编制部门预算时,要对现行的数据进行归类和拆分,保证其进行计算后所得到的数据与国库集中支付要求的数据是相符合的。

(三)高校信息化管理水平不高

高校财务管理会计核算方式通常是在局部的网络化上实现的,或者远程实现 VPN 实施控制模式。但是就目前而言,其信息传递效率比较差,同时其成本也比较高,这就导致业务管理流程不够紧密,信息化管理水平不高,在相关性、实用性和有用性上等方面不能满足需求。

(四)财务软件功能存在不足

财务软件是高校网络财务发展的重要前提和基础,对于现在的财务软件而言,其开发是具有商业性的,本身是比较稳定的,但是其中的针对性和灵活性是有一定缺失的,导致高校决策群体需要的财务信息数据不能直接生成,财务软件只有导出数据,才能方便工作人员进行财务预测和分析,目前由于财务软件所提供的信息时效性较差,因此其与高校财务信息化的实际需求是不相符的。

二、财务预算管理存在的问题

(一)对预算工作不重视

高校财务管理的一个重要工作就是预算管理。企业的财务预算是为了实现财务管理目标,对资源进行合理分配,从而进一步完成目标,保证利益最大化。高校是事业单位,工作重心是搞好教育科研工作,但往往缺乏对预算的重视,这就使得高校财务预算管理工作不够科学,从而导致后续的财务管理工作没有依据,造成混乱。

（二）预算管理工作不全面

一般情况下,高校就是预算主体,其预算编制工作都是由财务部门独立实现的,但是一些财务人员对于预算客体的编制了解得并不充分,同时对于很多数据的掌握也不够完整,也就是说,高校的财务预算往往只是根据上年的预算基数来确定当年的预算,并没有结合高校的实际发展情况。发展的脱节往往是因为没有用发展的眼光去看待和理解事物,这就使得预算工作在一定程度上缺乏预见性。这样的预算不能反映高校财务收支全貌,无法体现高校财务工作的重点,削弱了高校财务预算应有的全面性。

（三）经费分配缺乏预算管理理念,预算形同虚设

预算是财务工作重要的指挥棒,高校经费收支应该根据部门需要来进行分配,但是在实际工作中,预算编制时间比较短,过程不够透明,导致执行时的效率比较低。很多高校领导对于预算安排不够重视,导致预算变更复杂,执行预算的刚性也不够强;很多业务主管领导缺乏大局观念,只关心自己的部门和相关的事物,部门预算经费使用上不遵守规定,经费随便批,提成方案和补助标准不考虑本部门的实际情况,也不考虑其他部门的情况,这就导致部门之间出现攀比现象,对一些职工和部门的工作积极性产生一定影响,预算制度的约束力也就因此丧失了。

（四）缺乏科学、合理的全面预算编制方法

很多高校虽然了解预算管理在高校发展过程中的重要性,但是在实际的实施过程中存在一个重要的问题,那就是预算编制缺乏合理性和科学性。由于缺少一套全面预算编制方法,因此高校不可能建构全面的预算管理体系。除此之外,很多财务人员对于预算的认识比较肤浅,缺少预算的科学性和前瞻性,在精细性方面也存在问题。

（五）执行预算管理过程中缺乏有效的考核和激励措施

就目前而言,很多高校缺乏对预算执行过程和结果的有效考核和奖惩措施,对于相关考核标准和奖惩条例没有给出明确说明,削弱了考核对于员工的监督和激励效果。

（六）预算与高校的实践脱节,缺乏必要的客观性

很多高校进行的预算就是在过去的活动和历史指标值的基础上确定未来的预算指标值,并没有进行科学的评估,从而导致高校预算指标值与高校的实际情况脱节,可信度比较低,缺乏参考价值。

（七）财务管理评价体系和评价标准缺失

国家大力发展高等教育以来,高校无论是在资源上还是在规模上变化都比较大,财务管理方面涉及的问题更多,财务风险也相应增大,财务决策和财务分析的重要性更加凸显。然而,很多高校的财务管理在实践上还存在很多问题,财务管理评价体系和评价标准缺失,制约了高校的发展。

三、融资与风险管理存在的问题

（一）不能适应筹资渠道多元化的要求

过去的计划经济体制对高校产生了很大影响,对于很多高校来说,其发展并没有适应市场经济条件,同时对其途径和机制也不了解。很多高校基本的运作方式还是依靠政府财政拨款,不能开拓其他筹资渠道。在财政体制改革不断深入的情况下,高校在发展和生存上依靠财政资金支持这一模式已经成为历史,经费增长、资金短缺等情况不断出现,对高校财务管理提出了新的要求。对于高校财务管理体系而言,引入市场机制,意味着实现多渠道筹措教育经费,如充分利用金融市场、

资本市场和社会资金办学等。

（二）筹资的方式不合理、风险意识不强

在社会主义市场经济快速发展的同时,高等教育普及程度也相应提升,财政体制改革使得高校向着市场化方向发展。高校过去所依靠的更多是财政拨款,这样的运作方式与现在的大环境是不相适应的。虽然高校的最终目的不是营利,但是也需要产生经济效益,所以对于高校来说,在市场经济条件下选择适合的途径和筹资方式是至关重要的。同时,这也是很多高校所面临的问题:筹资向着两个极端发展,要么就是对投资渠道的开拓不够积极,要么就是贷款规模太大,导致其负担过大。教育体制改革促使教育实现社会化和大众化,同时,高校的筹资渠道也应该是多元的,过去的老方法已经不能满足高校发展的需要,高校需要积极开拓新的资源渠道,积极利用多种方式保证高校发展所需要的资金的提供和维持,如社会捐赠、校友捐款、校办企业等。除此之外,高校在贷款利用上问题也很多。很多高校存在冲动投资的情况,对非市场需求进行相应的投资,从而产生一些问题,如目标制定过高,规格超出了能力,资源配置不够合理,没有确定资金的实际需要和时间需求,导致资金浪费,甚至导致出现超出高校偿还能力的债务。一些高校普遍存在对于财务风险认知不充足的问题,还款能力比较弱,如果不能及时解决这些问题,就会使得高校产生财务风险,影响高校的声誉,同时对于高校的未来发展产生消极影响。

（三）传统的融资管理带来隐性风险

高校采用非营利组织中的财务决策模式,没有充分考虑资本成本和资本结构,导致产生一定的隐患。在市场经济条件下,高等教育产业对于社会经济发展是具有先导性的,对于人力资源的开发、优秀人才的产生和人力资源价值的增加具有促进作用。高等教育发展的过程中参与市场竞争,与市场经济规则是相符合的,相应的筹资成本和管理需要更加科学地落实和管理,以规避财务风险。

（四）高校债务负担过重，贷款风险日渐显现

近年来，高等教育规模上不断扩大，高校在整体上的发展主要是扩大和外延，很多高校加大了对校舍和新校区的建设力度，同时购买很多仪器和设备，对于这些项目而言，银行信贷资金是其重要的依靠和选择。利用这样的方式实现高校自身建设，对于建设目标的实施等具有积极作用，但是贷款规模越来越大，贷款资金的偿还压力比较大，这就导致对高校发展的负面影响，高校的信贷风险也越来越大。

（五）高校教育经费国家财政投入不足，自筹资金有限

在学校规模逐渐扩大的同时，国家财政拨款所拨出的绝对数额也在不断增加，但是拨款绝对数额的增长比起高校支出的增加是远远不够的。高校长期有一些严重的负面思想，包括"等、要、靠"等思想，对高校发展极为不利。高等教育发展需要资金，国家的财政支持是有限的，这就需要高校提高自身筹集资金的能力。

（六）地方政府扶植，金融机构支持

高校一般是地方重点扶持的对象，是地方建设重要的"面子工程"，为所在地区培养了很多人才，承担很多重要的课题，在一定程度上也解决了一些问题，因此高校发展很容易得到地方政府在资金上的大力支持。除此之外，金融机构的支持也能为高校建设与发展解决燃眉之急。但是，一些金融机构对高校贷款认识不足，认为很多高校底蕴深厚，其财力和物力应该也是雄厚的，又认为高校不存在信用危机，有政府提供保障，因此没有对高校的实际情况和本身实力进行有效评估，这就导致在贷款催缴时出现困难。

（七）高校不结合实际，盲目攀比，造成财务风险

对于高校而言，银行贷款是其负债中的一项，负债是具有一定成本的，同时，应该在一定时间之内还本付息。高校本身还是非营利性的，也是准公共产品中的典型，其所生产的产品就是提供一些社会服务和

对于学生的教学,不可能像企业那样通过在产品销售价格上的增减实现对于利息的偿付,只能通过长期的勤俭节约和不断积累实现偿还,如果不考虑实际情况,很容易出现入不敷出的情况。高校在进行银行贷款时,需要参考本身的承受能力,盲目攀比是不可取的,这往往会导致自己陷入财务风险中,从而制约发展的脚步。

四、投资管理与收益分配存在的问题

(一)投资管理存在的问题

在高校自主办学力度不断加大的同时,在投资决策上是不利的。高校通过出租和投资等多种方式对于校办产业和其他的经济实体进行转化,从而实现经营性资产的增加,但其本身缺乏市场操作经验,同时还缺乏一定的预算机制和相关的投资管理机制,在很多投资决策上具有一定的盲目性,在一定程度上缺乏有效监督和投资论证,如果出现投资失败的情况,所带来的损失往往是很大的。

高校的资金链一般是滚动的,高校因为竞争压力导致规模扩张和投资投入增加,这样的行为本身是具有一定的市场风险的,主要是没有进行深入的可行性研究和市场调研,很多项目缺乏科学论证,项目决策控制制度和审批制度都有所欠缺,没有对资金保障风险进行充分预估,一旦出现资金链断裂的情况,风险就会随时暴露出来,对于高校的稳定发展是极为不利的。

(二)收益分配存在的问题

1.经费分配上"重物轻人"、有明显的功利倾向

高校在内部的资源配置上,比较令人担忧的就是过于重视物力资本上的投资而忽视人力资本投资,这样的投资行为在短期内就会产生比较严重的后果;若将人力资本的负担转向学院,固定资产上的投资需要全校的财力进行投入,符合当代经济学中的人力资本理论。盖楼也是校长

热衷的事情,不仅要盖办公大楼,同时还要盖体育馆和研究楼等,新校区的建设又是一窝蜂地进行,对于校舍的设计没有根据一流大学的标准和理念进行落实。教学改革中往往缺少对于教材上的投入、对于师资力量上的投入、对于图书资料和科研资料等的投入,对于很多高校而言,其在教学科研上的费用已经面临一定的挑战了。很多专业学院为了保障本单位的人力资本支出,同时保障很多职工在其教育和科研上顺利进行,要进行很多创收活动,甚至要在人才培养上做出牺牲,这是得不偿失的,同时其后果是严重的。高校投资本身也是具有一定的倾向性的,科研项目和学科建设总是过于关注经济效益,干部提拔和评估过于迎合效益标准,导致进行大量的社会和银行贷款,校园的建设超过相应标准,也导致了一定的浪费。对于高校内部而言,其投入分配是违背教育规律的,很多时候科研和教学资源是不充足的,但是过于追求资源使用率,这就使得资源集中在少数人手中,对于学校整体实力的提高是不利的。

2.经费分配缺乏制度保障,随意性较大

高校财务管理所采用的形式基本就是"统一领导、集中或分级管理",虽然有一些高校已经实现学院的自主管理,但是很多高校财权还是掌握在高层领导手中,而高校的科研和教学等任务主要是由基层负责,形成了责任与权力分离的局面,同时信息也是不对称的,这就导致高校因为缺少一定的科学依据在其资源配置上出现资源分配不均衡的现象,加重了其功利性。高校内部情况也是一样的。对于很多高校而言,其在经费制度的实施和制定上是随心所欲的,有一些领导甚至不加审视就批准违规的公文,这就使得投资管理的合法性受到影响。还有一些学校高层依据个人能力、不同喜好等进行经济资源配置,导致不公平现象的出现。同时,大学内部群体的利益不同,其在资源上的竞争往往会导致冲突的出现,科学的协调机制是不存在的,也缺乏经济资源配置上的规范和制度。

五、资产管理存在的问题

我国高校长期实行的财务管理模式是高度集中的,各级政府对教育经费进行统一安排,采取这一模式往往是因为高校在进行管理时欠缺主观能动性。国有资产管理也需要进行改革和完善,国有资产的管理只重视投入,缺乏对现有资产的科学管理观念,如内部管理的强化和对于社会的服务等。所以,很多不好的现象出现了,如资产闲置和重复购置等,很多国有资产应该具有的效能没能得到发挥,导致出现了很多不必要的资源浪费现象。与此同时,高校的资产管理还存在着管理机构不健全和管理方式落后的情况;高校物资设备管理部门和后勤部门在对国有资产进行管理时,在权限上不够清晰,出现问题就会相互推脱责任。高校缺乏相应的国有资产管理机构,有些高校虽然已经设立国有资产管理机构,但还是缺少相应的高素质人才,缺乏对管理人员相应业务知识和综合管理理念的培训。除此之外,现在的资产管理手段落后,很多高校没有充分利用现代化信息平台和相关设备,这就导致资产查询和处置不方便,相关部门之间的配合也不到位,如财务部门和资产使用部门等,这就导致其在资产清查上和实物上是不匹配的。

现在的财务管理制度存在一定的问题,即控制制度上的不健全问题和资产管理制度的不完善问题。一些高校对其资产效益和性质的认识不全面,尤其是对于无形资产的管理更加欠缺,甚至将其排除在管理范围之外。一些学校对于其自身的职能定位也不够明确,这就导致很多国有资产出现一定的制度管理问题。高校在实际的工作过程中未能有效地实施国有资产管理制度,在进行相关的经济活动时,如残值回收和资产报废等,没有根据国家所出台的相关管理程序上报主管部门,也没有根据国家相关规定进行资产评估,有时还会对国有资产进行无偿的划拨,这就导致国有资产流失问题。

高校资产管理比较严重的问题就是产权的不明确和盲目投资。近年来,高校进行后勤社会化改革,校企双方在产权的界定上是不够明确的,这就使得校方忽视产权收益,欠缺对于国有资产的管理,高校的合法权益受到侵犯。一些高校虽然拥有或是长期控制国有资产,但是没有对资产进行有效盘点,也没有设置合理的账目,对于出入库等情况的管理也不够严格,导致国有资产在账面上是不严谨的、与现实不符的;一些高校领导层对学校资产情况了解不清;同时,在对外投资上,一些高校也不够规范,在进行常规的投资前,欠缺前期的调研和可行性判断,这样就会导致投资风险增大,从而引发财务风险。

一些高校的资产管理不够规范,存在以下问题:固定资产入销不及时、入账的价值不准,导致很多账外资产的形成;固定资产的使用者和所有者分离,管理比较混乱,物和账不相符;固定资产过于追求更新和扩大,可能出现资产的重复购置,购入的资产又会闲置,这就导致其使用效率比较低,甚至普遍存在浪费的情况;内部控制制度欠缺,对于固定资产的管理不够严格,不计折旧率,设备利用率过低,资产价值严重缩水。

高校缺乏综合利用资产的系统性。高校的各个部门都要进行物资设备的加购和添置,一旦形成了资产,就会使用和占用部门资源,很难实现全校范围内的资源共享。比如,一些院系的实验用房相对来说是空闲的,甚至可以对外创收,但是一些院系的实验用房过于紧张和拥挤,难以进行调整。除此之外,缺少一定的资产购置评估机制,购置报告往往写得非常细致,看起来作用很大,但是实际使用效率比较低。一些资产有着较高的价值,但是比较容易淘汰,高校可以用租赁来代替购买。

高等院校在资产的管理制度上往往是不健全的。现在的很多高校在资产管理上共同的问题就是多头管理,产权界定不够清晰,隶属关系不够明确,这就导致职权划分不清楚,造成了"谁都管,谁都不管"这一局面。对于具体使用而言,其管理上又是多头分管的形式,缺少协调机构和统一管理。人员进行更换或是离职时,不进行办理财产转移授予,也就是物随人走。人们在思想上对于人力资源资产和无形资产是具有一定的误区的,就认为资产管理是对于物和财上的管理,却不知道人力资源资产和无形资产的管理在价值上是不可小觑的,这样的知识盲点就让很多人力资源资产和无形资产在其管理上欠缺,同时其利用效率也比较低。比如,一些有着一定经验的教职人员离职时,有些负责人觉得财和物是需要进行保留的,忽视了教职人员本身的人力资源和其所能产生的影响。

六、财务绩效管理存在的问题

一般来说,高校的财务绩效评价体系的重要组成部分就是其本身的财务管理模式,所以财务绩效评价体系对于高校财务管理模式是至关重要的。传统的集中管理的财务管理模式是"报账型"的,其重点是日常的核算,对于其他的会计职能是不重视的,所以在一定程度上缺乏财务绩效评价的理念。近几年来,随着各项改革的推进,高校本身办学过程的经济行为也是越来越多元化的,这就使得财务管理局面越来越复杂,高校在其财务管理模式的重构上对于绩效评价体系要进行相应的考量,要尽快地建立和不断地完善。

七、成本管理存在的问题

我国高校属于事业单位的一部分,是非营利性的,现行的高校财务管理模式对于教育成本没有进行明确的考量和核算,这就使得教育成本的核算与管理不断边缘化,没有得到应有的重视,没有纳入学校的财务管理体系中。目前,很多高校在财务制度安排及经费使用上缺少相关的评价制度,这就弱化了教育成本的核算。长期来说,这就使得高校经费在其使用效益上的评价慢慢变得不受重视。学校和政府相关部门对于会计信息的需求只是对于财务信息上的,教育成本的核算机制越来越不受重视。就目前而言,高校在对于成本进行核算的实践和理论上的障碍是比较多的,其成本核算体系需要相应加强。高校无论采用什么形式的核算成本,首先需要解决会计制度上的核算基础问题。目前,对于高校来说,不管是哪一种财务管理模式,其在进行会计核算都要遵循《高等学校会计制度》。但是,我国现在的高校会计制度所进行的核算基础不够科学,这对于高校成本核算的真实性有一定影响。之所以会出现这样的情况是因为我国现在的高校会计制度规定中说明:"高校会计核算一般应采用收付实现制,只有那些经营性收支业务的核算才可以采用权责发生制。"所以,现在所实行的收付实现制对于高校在其教育成本上的核算所导致的障碍是极大的。权责发生制之下,需要确定费用发生的归属和时间与其入账时间,同时要遵循成本核算和收入上的配比原则,进行教育成本核算就需要对于所涉及的预提问题和摊销问题进行设计。收付实现制的标准是对于费用和收入要根据实际收付款项进行,反映的就是高校在其现实上进行收支的情况,不存在预提和摊销这样的概念,这对于教育成本在其信息核算上的准确性是具有一定影响的。

高校教育成本核算是必不可少的,需要重点解决现在所实行的高校会计制度在其核算上的基础问题。高校固定资产的折旧方法是不合理的,会直接影响会计核算信息所具有的完整性。我国的高校会计制度规定,高校在当年所购置的固定资产要直接计入事业支出,同时在可以使用的收益年限之内不进行计提折旧。所以,高校现有的会计数据无法反映其本身的累计折旧和固定资产净值。固定资产所产生的消耗应该是高校教育成本重要的一部分。固定资产折旧如果不纳入教育成本核算,这样的教育成本信息本身也是不够客观和完整的。

目前,普通高校是在会计科目上进行设置,设置相对单一,弱化了高校原本应该具有的会计核算目标,不利于高校在其教育成本上进行工作核算。现在的高校会计制度对于会计科目体系的设置,重点反映的就是学校在其经费上的收支情况,同时需要考虑政府部门的预算管理,而没有考虑高校成本核算。现在的高校会计制度和高校支出分类不是根据支出的功能进行分类的,而是根据支出的性质进行分类的,分类方式有以下两种:一种就是根据支出内容的不同进行分类;另一种就是根据支出用途的不同进行分类,这在一定程度上反映了分类核算意识,但是这样的分类相比之下还比较简单,无法全面满足教育成本在其核算上的真实需要,给高校教育成本核算带来了一定的麻烦。在今后的教育改革中,成本核算应在现有的会计科目上进行相应的改革。

如果经费使用不恰当,就会导致资金运营的风险。就目前而言,学校资金不仅出现浪费与紧张并存的情况,也有效率过低和投入过少并存的情况,如经费使用计划不够合理,控制预算也不够严格,支出结构存在一定问题,科研和教学投入比例相对较少,资金使用效益缺乏财务分析。资金的使用现状是"重投入,轻管理;重项目,轻效益;重资金,轻物资;重购置,轻维护",这就导致办学资源隐性浪费的情况出现。在计划经济背景下,政府提供经费的财务管理模式具有单一性,财务管理的使用方式和分配方式才是至关重要的,收支合理也极其重要,而对资金使用效益、使用效果和科学性往往持忽视态度。传统财务管理模式的惯性对现在是有一定影响的,同时高校财务运作本身的变化也比较小,其中占据主导位置的还是消费型观念,管理模式还是被动理财的方式,还是保留着计划经济体制下比较保守的财务运作方式,"等、靠、要"的思想还是一直存在的,缺乏理财意识,同时在办学上缺少整体效益意识,浪费现象比较严重;资金在使用权和控制权上是分离的,这就使得经费使用率减少,导致经费不足的情况发生。高校财务管理忽视成本管理,权责发生制被收付实现制代替,成本管理也常常被收支管理代替。因为高校在资金的使用上不讲究效益,这就导致很多部门在购置教学设备和办公用品时,不重视本身的需要,所购买的都是好的和贵的,对于购买回来后是否用得上并不关心,这就导致资金浪费的情况出现。这样的浪费主要表现在大学内部在资源共享上是比较差的,重复购置现象严重。很多研究所购置的计算机和相关资料只能提供给其内部人员使用,学校作为资产的所有者不能对其进行调剂,这就导致物质上的浪费。一边物质被闲置,另一边又在重复购买物质,这就使得投资更多但是效率低下;设备购置缺乏整体规划,也具有一定的随意性和盲目性。一些学校在进行设备购买之前缺少可行性分析,购买后对设备的布局又不合理,这样就导致浪费的产生。对于很多高校来说,财权下放是很谨慎的,这就导致学校内部活力欠缺,基层抱怨是常见现象。

第三章

高校财务管理创新的国际经验借鉴

第一节

美国高校财务管理及其创新

一、不同的财务管理体制

对于美国的很多私立大学来说，其所采用的方式就是财务管理的分散型模式，高校所获得的很多经费都用于对其下属的学院进行进一步管理，而学校本身能掌握的经费所占比例较小，多用于人员工资福利支出和校舍建设维护及其公共支出。二级学院办学具有一定的主动权，同时其在财务上也是相对独立的，是学校办学的管理中心和办学实体。

美国的公立学校采用的主要是集中型财务管理体制，校级主要进行预算管理，具有控制经费来源和支出的权限，院级向校级申请经费，并纳入校级预算,需要政府进行审批才能执行。在传统情况下,政府对州立学校的预算控制是相对严格的,近年来,很多权限都已经交给了学校,但是其支出情况已经基本得到了控制。比如,州政府要对学校进行一定经费限额上的核拨,款项不直接向学校转付,学校支付所核定的范围需要向州政府进行报销。

集中型财务管理不仅对于校级管理有好处,同时对于政府的集中控制管理也是至关重要的,院级在经费筹集、预算管理和支出控制上的积极性是不利的。分散型财务管理在体制上发挥各个院级的积极性,但是对于校级的集中管理是不利的。所以,美国高校已经意识到了这些问题,同时正在进行中心制度的建立,保证校级的部门都是"支出中心"或者是"成本中心",保证实现预算管理和支出控制的有效性,同时提高其使用效益和经费。

二、财务绩效评价

美国对于高校财务绩效的评价有着悠久的历史,20世纪早期就开始开展高校声誉排行活动,其发展主要是从20世纪60年代开始的。因为所设立的新高校很多,对教育经费和学校物资管理对于美国的高校财务管理而言是重中之重,其资源配置方式也越来越多,也成为高等教育绩效评价的重要内容。同时,新的模型随之建立,也就是"资源需求预测模型",确定高校财务人员进行绩效评价和拨款的重点。20世纪80年代,政府更加关注高校中有着最大比例的州立高校,同时绩效责任考核制度的主要形式是绩效拨款、绩效预算、绩效报告,其资源使用率也比较高,同时其财务管理水平也有一定程度的提升。

三、宽松、灵活、开放的筹资环境

对于美国的高等教育而言,其政府拨款所占比例较小,占大学总体收入的50%左右,我国高等教育的现状是基本相似的,政府所提供的筹资环境本身也是非常灵活和宽松的。

通过税收的手段,鼓励私人机构对高校进行投资和捐款。美国法律曾经规定,任何人对于教育所进行的捐赠都可以抵扣其所得税。这一政策本身应该是针对所有的教育形式而出台的,但是其中最大的受益者往往是高校,这是因为高校本身是精英的重要摇篮,同时捐赠的主体又是精英。

降低高校支出可以通过税收上的优惠来实现。美国有相关规定,在进行采购时,销售税是可以减免的,这一项就为高校采购节约了8%左右的开支。

科研经费的争取是要通过多种渠道的。无论是美国联邦政府还是公司企业,每年都有很多的科研课题委托给高校,科研经费数额是巨大的。所以,各个高校都希望争取科研课题,对于办学经费而言,科研经费就是重要的经济来源。

要允许高校进行债券①的发行。高校的债券发行相比而言具有更小的风险和更大的社会效益,同时受到了民众的喜爱。对于高校而言,其债券发行机制和企业类似,出售方式和利润高低都与其信用有重要关系。所以,高校自身信用建设是至关重要的,同时要进行信用申请的级次评估,针对其信用等级上的不同,对社会发售债券。购买高校教育债券,可以实现税收上的优惠,对于高校债券发行而言,这一原因也是至关重要的。

鼓励和允许高校的投资创收。美国的高校财政部门具有专门的投资办公室,对学校的基金进行管理与投资,同时对学校闲置的投资进行一定程度上的增值。比如,诺亚纳大学,在各科上的投资总资产达到3亿美元,除此之外,还有2.25亿美元可以当作是养老金来让投资部对其进行运作。其投资最高回报的一年是2010年,投资净收益率为21%。根据美国法律规定,对于高校非营利性投资是免税的。所以,对于美国高校而言,投资收益成为其重要的经费来源。

学费管理具有一定的自主性,由市场机制来实现。私立大学学费标准的制定是根据教育本身的培养成本决定的,不需要批准;同时,公立大学学费的批准需要学校董事会进行,同时向州政府进行传送,然后

---

① 债券:政府、企业、银行等债务人为筹集资金,按照法定程序发行并向债权人承诺于指定日期还本付息的有价证券。

备案,基本来说也是学校本身具有决定权。但是,其与私立学校有一定不同,公立大学学费与州政府拨款是有一定关系的,同时这一关系的本质是此消彼长的。在没有特殊理由的情况下,如果学校提升收费标准,就会导致州政府拨款减少。所以,学校要对招生进行充分考虑,其学费标准一般情况下是不会提升的。

四、科学、严格的预算

美国高校有自己的经常费用预算①和建设性预算②,对这两者要进行编制上的区分,从而实现对高校财务运转的保障。经常费用预算本身是有一套比较简单的计算公式的,其主要是参考高校中所开设的专业,同时其计算标准为学分/时,同时对于招生,学校也会进行考虑,根据项目本身对建设性预算进行申报,州议会主要是对其本身的财政状况进行考虑。所以,各个高校需要设置筹资办公室,同时要游说议员和州长,希望他们支持高校所提出的预算方案。另外,对于预算要进行严格控制,设置控制预算的专门办公室,校内预算要设置专门的预算,还要对本单位的预算负责,无论是什么单位,都不能超过其预算。一定的启动资金可以由大学校长掌握,但是其没有动用的权力。这些资金是在比较特殊的情况下,由校董会允许后才可以使用的。

预算平衡。美国人力成本是比较高的,这是公认的事实,对于高校财务而言,人员的工资占比超过75%。所以,裁员是解决高校在预算和现实方面的矛盾的首要选择。通过对人员经费的调整和提高学费标准来实现整体预算平衡。同时,学校大型设备的基本建设和更新也是需要通过发行债券和募捐来实现的,还可以借助银行借款等,实现对预算平衡的调整。

预算的编制程序规范。对于美国高校而言,其认为在进行预算编

---

① 经常费用预算:指政府预算体系中为满足政府业务性活动的财力需要部分。
② 建设性预算:建设性预算的收入项目包括经常预算结余转入、专项资本性收入、企业收入、生产性企业亏损补贴、固定资产投资方向调节税、耕地占用税、排污费和城市水资源收入、基本建设贷款归还收入、各种专款收入。

制的过程中,预算管理是重要依据,也是进行财务管理的重要基础,所以美国高校预算具有相对严格的规范和要求。美国高校设立财务处预算管理办公室,这对于预算编制的实施有重要意义。美国高校预算在编制上需要提前一年,同时其编制时间也是相对充裕的。预算是从每年的 7 月 1 日到下一年的 6 月 30 日,在完成后,校长、校董事会、州高教委和州议会等还要对其进行审查,在 6 月前,州长对其进行最终的批准,预算一经批准,各个高校都需要遵守,具有较强的严肃性和强制性。高校收入预算结余更加合理,可以进行结转,并在下一年使用。

预算管理由专门的机构负责。除了对编制程序进行规范之外,美国的高校还设立专门的预算管理机构,对于学校进行预算上的检查和监督。美国高校预算常常以学年作为单位,会计年度是根据学年的编制年度预算和相关的财务报告实现的,也就是 9 月 1 日至下一年 8 月 31 日。这主要是因为很多学生在每年 9 月份入学,同时进行学费的缴纳,这对其财务的上报和预算的编制提供一定的便利性。同时,对于很多公立学校而言,其也是需要和政府的财政年度^①进行协调的,主要是在 7 月 1 日至下一年 6 月 30 日。

美国高校预算种类分为两种,也就是运营预算和资本预算。运营预算主要是对日常的支出进行计划。而资本预算则主要是对基建项目进行计划。对这两种预算进行汇总,从而实现了对学校的总预算。此外,对于美国各个州立大学而言,在 20 世纪 90 年代,其实行编制业绩上的预算,但是不包括夏威夷州立大学,也就是说,其预算不是按照工作量实现的,而是按照其工作业绩实现的,如科研成果或是教学,从而实现对支出计划的安排。学校根据学年进行预算,其编制往往是滚动式的,对于每年度的衔接是比较方便的。提升管理水平,同时发挥其预算作用,很多学校的预算是五年制的,如宾夕法尼亚大学。

美国有着较多预算方法,其中的典型就是纽约州立大学石溪分校的预算方法。这一学校支持总预算的收支对象、功能编制,也支持分编制收入预算,如根据校级各位领导(校长、教务长、副校长)管理控制的权限的不同,校级领导的不同,其在部门、院系及项目也进行不同的分配预算,从而构建一个完整的体系。对于这种预算体系而言,主要是因为学校本身有着较为明确的管理职责,进行严格的预算管理,同时对收

---

① 财政年度:也称预算年度,或预算期,指预算有效的起讫时间。

支上的控制进行强化,这些尝试都是有益的。

要进行全面的预算管理,美国的高校在预算管理上有以下两种方法。一种就是进行模型公式预算,高校所支出的项目主要有教学、科研、公共服务、图书馆和其他学术支持设施、学生服务、日常开支、设施运行与维护等,对于这些项目而言,典型的预算形式是适合的,同时公式的主要参考标准就是其学校的规模大小。另一种就是进行绩效预算,其导向就是目标,对于标准进行衡量就是项目成本,其预算和核心就是项目业绩本身。在美国高校中所实行的绩效预算就是现代企业中所使用的财务管理方法,美国高校正在建立责任中心制度,各院和学校的各个部门有重要的"支出中心"和"成本中心",主要是为了实现高校财务管理的支出控制和预算控制,从而提升经费使用效益。

五、重视支出管理与节约开支

需要严格执行采购制度。学校所采购的物资中零星的除外,根据其金额上限制的不同,对多家进行招标采购和报价。审计机构每年进行一次审计,保证其交易是合法的。

资产的维护和管理要引起重视,要增强资产的使用寿命,同时要减少资产的支出。比如,很多国外高校房子都是由红砖筑成的,建筑都是 100 多年前的,但是本身还很干净整洁,这是因为其本身的质量比较高,同时对其进行一定的维护和管理。对于学校而言,物业管理逐渐开始实行社会化,这就导致水、电、绿化卫生、安全保卫等开始面向社会,同时对于社会资源也进行充分利用,有较高的管理效率,也降低了管理成本。

利用预算对支出进行控制。美国高校对于支出的预算控制都是相对严格的,除了一些比较特殊的情况外,没有出现超出预算的可能。在预算出现收支不平衡的情况下,收入是无法满足支出需要的,这就需要采取裁员、缩减招生规模等多重手段。对于人员支出而言,有些公立学校会出现人浮于事和机构臃肿的现象。所以,要进行临时工作人员的招聘,减少福利待遇和工资上的负担,同时节约人员支出。

要集中控制采购支出。很多学校为了对支出进行控制,实行的方法是集中采购。比如,纽约城市大学的亨特学院所有的教学、科研、办公用品、设备及其维修物料的采购都是集中采购。院内的各个单位在需要进行采购时,要在一定限额内提出申请,并且需要主管校长对其进行审批,然后由院级进行对比,保证采购质量。

可以利用结算中心控制支出。对于分散型财务管理体制而言,如哈佛大学,其在各个学院中都进行了独立的预算,这就不需要学校进行统一的支出控制。高校建立结算中心,同时利用结算中心对全校的收入进行结算,从而实现对支出的控制。

建立信息管理系统,提高管理效率,同时节约支出。比如,宾夕法尼亚大学建立了信息网络管理系统,这就实现了对全校范围内的财务、人事等的网络管理,提升了学校的整体管理效率,同时节约了学校的支出。

鼓励招聘兼职教师。招聘兼职教师不仅可以节省支出,同时对于高校教学而言也增添了活力。美国的各个高校通常有兼职教师的招聘计划,每年都有一些专家和有一定经验的操作能手来担任兼职教师,这不仅使得大学生的课堂生活更加丰富,也使得大学生能更早地接触社会,提升其就业竞争力。

六、重视财务管理信息的分析与共享

比如,在北伊利诺伊大学的财务研究办公室,每一年都要进行 *Data Book* 的编印,其中包括6个方面,有招生、学生结构、录取与新生特点、学位授予、教职员工、财务与学生成本,同时提供学校本身的财务情况和信息管理情况,也介绍学校本身的财务政策,分析学校的财务运行效果。预算管理实现网上查询,每个人都可以利用手机对其进行查询,了解预算执行情况。财务部门每个月都需要分析预算执行情况,专项经费要进行单独的分析,从而形成分析报告,保证遵循公开、公平、公正的原则。

第二节

英国高校财务管理及其创新

一、拨款机制

英国大学大多数都是公立大学,这就说明这些高校教育经费大多数都来自政府,高等教育拨款委员会[①]（HEFCE）将经费分发给各个高校。在收到政府的经费后,高校根据之前的预算分配给二级学院。根据其所占有资源的不同,学院向学校提供其中一部分资金,保证学校的日常行政经费开支。在收到拨款后,高校扣除行政费用,然后对剩余资金进行利用,在各个学院中进行分配。

在高等教育条例中,英国在 1992 年成立了高等教育拨款委员会（下面简称为"高教拨款委员会"）。这个机构是官方的,高教拨款委员会对国家高等教育经费进行分配,其主要的经济来源就是政府的拨款。之所以要通过高教拨款委员会实现其经费拨款而不是通过教育部等对其进行直接拨款,是因为只有这样,学校经费才不会受到过多干扰,尤其是政治上的干扰,这也就使得其学术上是比较自由的。根据英国的法律,政府不能限制高校经费额度,高教拨款委员会保证拨款是合理且

[①] 高等教育拨款委员会:英格兰高等教育拨款委员会（HEFCE）是一个执行性（executive）的"非政府部门公共机构"（NDPB）。HEFCE 要在其主管部门即商业、创新与技能部（Business, Innovation and Skills, BIS）国务大臣（Secretary of State）所设定的政策框架下进行运作,但它并不是商业、创新与技能部的一个部门。

透明的。高教拨款委员会负责制定和执行政策,保证计划和项目的实施与高等教育和教育大臣所提出的要求是一致的;教育大臣对于相关问题可以进行解答,保证其意见是合理的,同时其资金分配是合理的;高等教育研究机构和大学,要实现其质量上的提升,保证其资金上的使用是有效的并且是发展性的。高教拨款委员会主要职能就是要满足学生的需求,同时提升教研质量和教学质量;鼓励教育的多样化,保证对其渠道措施的拓宽;高等教育机构要建立合作关系;高等教育机构在全国范围或是当地范围内增大影响;高等教育机构在资金的使用上应该保证其有效性。对于相关活动,教育大臣应该向高教拨款委员会及时进行汇报,在议会中要对其进行监督和检查。审计员要对数额和效应进行审计,对于拨款明细和方法要每年一次向公众公布,让社会对相关机构进行监督。

二、学生贷款

英国政府为学生提供贷款经费,为学生提供在高等教育中所需要的生活费用。但是,贷款不是无偿的,学生在向政府借款后,需要在工作后进行偿还。无论是私立大学还是公立大学,英国的大学生只要年龄未超过 50 岁,其每年贷款金额都在 300 英镑以内,这和学生本身的家庭情况没有关系,主要在于学生本身的想法。在毕业后,学生要偿还所借的钱,一般来说偿还期限为五年。对于一些收入低于国民平均收入的学生,其贷款的偿还可以推迟;如果学生在 25 年内不能还清或是其年龄已经超过 50 岁,要进行贷款的偿还与核销。在其年薪达到 1 万英镑时,其偿还可以使用所得税。此外,残疾、有小孩、路途较远、所学时间比正常时间长的学生不需要进行贷款的偿还,以上贷款只对欧盟学生适用。

三、校企合作

英国的大学与企业进行合作的模式在 20 世纪 80 年代初就有了。

其主要是因为,一方面,政府的教育经费是逐年减少的,这就促使高校与企业联合,保证自助;另一方面,学校和企业都明白对于国家发展而言,国民教育是至关重要的,只有学校和企业进行紧密联合,才能保证国家在竞争中占据屹立不倒的地位。对于人才培养、技术开发与转让等多个领域,企业可以利用大学的优势,同时,研究院在视野的扩大和专业水平的提升上是具有重要意义的。双方有了共识,同时有政府的支持,保证了大学与企业的顺利合作,也取得了一定成绩。为了加强大学与企业的合作,英国政府所采取的措施包括:(1)从外界资源的开拓进行支持。税收上,政府为大学提供一定的优惠政策,多方面增加收入,其中包括短期课程、管理培训、开展咨询服务、技术转让、科研合同、成果开发、出售专利及开展社会服务等,如果其收入是用于学校发展或是用于教学和科研,则不需要对政府缴纳税务。(2)要建立学校和企业间的联系。很多机构为大学和企业的联系提供了重要桥梁,如教学公司、工业和高等教育委员会、多学科研究中心以及科学园等。(3)同步推进私人投资,政府提倡私人基金投入,以解决教育经费不足的问题。

四、放权型财务管理体制

英国通过综合补助的形式对学校或是学院发放研究和教学经费,其主要是对研究、教学和相关活动的支持,学院和学校根据自身发展的不同,对经费进行自由支配,从而保证其自主的传统。也就是说,英国大学虽然在经费上很多都是来源于政府的,但是其实政府本身只对其进行补助,而不进行控制。

在当年或是下半年,高等教育基金委员会会对下一年的预算计划下发通知,在接到通知后,学校根据其所填报的预算进行相关数据的规划,在完成数据收集后,高教拨款委员会对其进行分析和总结,同时提出一些建议,返还到各个学校,根据其所提出的意见,各个学校进行相应的调整或是有针对性地提出建议,再次进行上报。多次反复后,根据基金分配方法,高教拨款委员会进行学校预算计划的审批,同时还要对其基础数据进行计算,得出高校资金需求,再与当地政府进行工作协商,保证政府的批准,从而实现其拨款进度的下发。

英国高校管理层的主要责任就是保证财政备忘录之下的政府拨款使用的正当性。各个高校也需要任命一个会计主管,其定期向高校管理层汇报政府拨款的使用情况,高等教育基金委员会的主管在议会上汇报高等教育的具体拨款情况和使用情况。

英国高校财务管理分为三个层级,也就是校级、院级和系级,其所对应的分别是校长、院长和系主任。校长对整个学校中的预算进行掌控;院长主管学院中的预算,同时负责向各个系主任分配经费;各系的开支情况由系主任来控制。资金预算主体就是学院,分配机制与工作体系应该是紧密联系的,院长和系主任在财务、人事和管理上应该具有一定的自主能力。学校中的各个管理部门都具有相应的职责,但是不具备决定权。

五、财务绩效评价

英国高校财务绩效的评价系统在20世纪80年代末开始得到发展。当时英国经济的衰退是相当严重的,生产力下降,财政上出现赤字的情况,由于政府的财政拨款是高校经费的主要来源,很多英国高校被指责效率过于低下,无法提供社会所需要的人才,使得工商分离,缺乏竞争,于是撒切尔政府对成本进行核算。撒切尔和梅杰时期,各种报告书层出不穷,如高等教育报告书、绿皮书、白皮书和相关法律等,其中1985年的《大学效率研究指导委员会报告》是最出名的。这一报告对高校绩效评价指标进行分类:内部指标主要是对学校自身特点的反映;外部指标主要是对高校学科发展情况与社会发展吻合度的反映;运行指标主要是对高校办学运营效率和效益情况进行反映。其中的财务绩效评价主要是针对其运行指标的。英国政府认为这一绩效评价方法有利于财务管理,同时认为将绩效指标定期公布是对高校比较有益的,有助于改善高校财务管理情况,对于高校合理使用公共资金具有重要意义。1986年,大学校长委员会联同大学拨款委员会对绩效指标也进行了一定的分类:输入指标主要是对高校人力资源和经费资源等的反映;过程指标主要是对高校在办学过程中的资源使用效率情况的反映;输出指标主要是对高校教育产出质量的反映。上述目标在整体上对高校办学的多个方面进行反映,其影响是比较深远的。

六、董事会监督高校理财

英国的每个大学都是独立的,大学校长不是政府任命的,而是由社会名流组成的校董事会决定的。校董事会对高校建设、发展和整体管理以及教师聘用等负责。大学董事任期约 4 年,可以连任,但是一般情况下只任一届,这对于吸纳新人具有重要意义。校董事会人数大约为30 人,其中包括学生代表、学术代表和商界人士。

英国高校资金的主要来源就是英国高等教育拨款委员会拨款、公共资金筹集和学费。英国高校在内部管理和预算安排上是很严格的。比如,伦敦大学在校外社区和高校教职工中成立校董事会。校董事会要对学校的年度预算进行讨论,实现对学校财务收支的监督,听取审计工作和财务工作汇报,确保学校财务管理工作符合相关法律。国王学院根据法律要求,将管理主体分成两个部分,即学术理事会和管理理事会。负责财务管理的就是在管理理事会之下的财务管理委员会。财务管理委员会主要对学院财务运营情况进行管理。财务管理委员会还包括投资管理委员会,其主要是对学院的资产进行运营和管理。学院院长和财务部负责人是这一部门的主要人员。根据相关规定,指定负责人就是学院的院长,财务预算和结算报告都需要院长批准,财务部则需要负责日常财务管理。

七、科研经费的管理

对于科研经费的管理,各个院系不能独立设立银行账户,所有的收支需要学院对其进行统一的管理。科研经费主要就是政府的拨款,高教拨款委员会要保证其款项是专款专用的。比如,伦敦城市大学国王学院,在其经费正式进入国王学院之前,需要相关负责人的签名,如学院财务主管、总会计师或者相关负责人等。学院为了课题的通过，要开设学院内账户，账户相关内容要告知课题负责人。和这一项目相关的费用主要都是从学校的项目账户上支出的。签名人和申请开支人不应该是同一个人。若是其开支超过一定金额，则需要至少两个签名人同时签字，并且还需要得到财务主管的同意，这样才可以进行下一步。学院的教育资产主要是政府的捐赠、拨款和自身资产增值，保证其产权的所有者是学院，资产管理每个年度都要进行财务预算和总结。

第三节

日本高校财务管理及其创新

因为文化和地缘上比较相近，日本大学的建设能够为中国高校的建设提供一定的经验，日本有着较高的国际化程度，这是因为其很早就开始向欧美高校学习，同时其与美国和英国等大学在合作交流上比较紧密和广泛，高等教育实现了大众化。在财务管理上，日本的大学对于提高财务绩效有一些不错的做法，值得我们学习和借鉴。

一、日本国立大学财务管理

（一）国立大学法人化

在 2004 年 4 月，作为改革的重要一环，在《国立大学法人法》的要求下,日本国立大学①实现了法人化,这就说明其完成法人化后,所有的收入直接属于大学本身的收入,同时其政府财源措施也是大学收入的一部分,学校支付活动也是需要法人来进行安排的。在实现法人化后,大学在其财务上进行了主导性强化,大学在教育研究的强化上利用制度进行引导,保证其更加努力,实现自我收入的增加,增强了办学的活力。

(二)合理进行预算分配

日本国立大学根据本身的实际情况和思路来对预算进行安排,其有一定的审查制度和相关程序。除了借款和设施的维修补助金之外,其余的所有收支需要国立大学分配使用,其每年的收入根据学校在未来发展上的事业需求,进行基金的安排,这也就相当于是事业基金,从而实现以收定支,保证收支的平衡性。国立大学中期目标是要制订6年的收支计划和相关预算,其需要主管部门进行相应的认可,在目标期结束后,要对业绩进行相应的评价,其结果会反映在下一个中期目标在资产的分配上,对于预算分配系统而言,其主要是节约经费,同时增加收入,从而保证其竞争资金更多,如科研经费等。

(三)严格资产负债管理

在实现了国立大学法人化后,除了可以无偿使用国有资产,高校的设施费用补助金和附属医院都可以从特别会计财政融资中长期借款,资产的维持是需要法人实现的,法人对于非交付金等多项财源进行管理。"国立大学财务经营中心"的新借款需要根据计划偿还。

(四)灵活的学费管理

为了提升经营的灵活性,同时发挥其所具有的特色,日本大学执行灵活的学费制度,这一制度保证大学在其标准费用上可以上调10%,运营交付金计算方式是根据政府标准进行计算的,所以超过学费标准的

---

① 日本国立大学:指日本国家政府直接设置的大学,由国家全额出资建立。2004年4月1日开始,所有日本国立大学根据《国立大学法人法》成立独立的日本国立大学法人。

部分对于大学来说是多余的收入。同时,政府对于学费是没有下限的相关规定的,所以大学学费标准可能比较低。

(五)节余利用效率高

日本大学除了对交付金没有用途限制之外,还规定上一年度没有用完的资金可以在下一年度继续使用,这种有弹性的资金使用方式有利于提高资金的有效流通,大大提高了资金利用效率。

二、日本私立大学财务管理

(一)健全的危机意识

日本的私立大学倡导"健全的危机意识",要求重视改革,同时提升教学质量,实现大学经营科学化,提升资产和资金的利用效率。

(二)重视资金调配与资金运用的综合效率

私立大学学生的学费缴纳是其主要收入。私立大学更加重视对资金的分配和综合使用效率,还要保证银行储备金和折旧金的合理运用和调配。同时,对于资金的利用需要有风险意识,保证资金状态是平衡的,同时处于最佳状态。

(三)战略性地设定支出政策基准

"中央教育审议会^①"使日本大学的"全人时代"从原来的 2009 年

---

① 中央教育审议会:简称"中教审",是日本文部大臣咨询机构。1952 年 6 月设于文部省内。任务:根据文部大臣的咨询,就有关教育、学术或文化的基本措施进行调查审议,并提出咨询报告。委员须得到内阁承认,由文部大臣任命,总数不超过 20 名。还可根据需要,设临时委员及专门委员,任期两年。会长、副会长各一人,从委员中选出。

提前至 2007 年,同时一起改变的还有国家补助金政策,要想取得补助金是需要进行竞争的。日本私立大学逐渐发现自身经营是至关重要的,会在社会环境发生变化的同时实施与收支相符的财政政策。在战略上,学校开始制定支出政策基准,对于经常性支出进行政策上的抑制,保证人事费、管理费和教研费等具有支出性的费用和学费收入等都是相吻合的。除此之外,基础的经费是需要去除的,同时还包括教研管理费和劳务费,必须遵守"费用对成果"的原则,这对于学校的经常性支出具有重要意义。

(四)注重财务分析

日本私立大学每一年都要详细编制资金收支计划书、消费收支计算书、损益计算书、资产负债表等,在对大学进行财务分析时,可知其对于资金持有率是比较重视的,也对资金的收支情况进行详细分析。与此同时,对于单年度的情况进行相应分析,足够重视中长期的财务状况。精准的财务分析对其战略方向可以进行科学预测,有助于强化私立大学财务管理。

(五)有完善的财务监察制度和财务公开制度

比如,立命馆大学,其在日本私立大学中是比较重视财务监察和财务公开的学校。财务监察有三个层次:首先是预算,根据相关法律规定,引入注册会计师中的会计监察制度;其次就是根据《私立学校法》的规定对于学校法人进行财务状况上和业务上的监察;最后就是要通过业务监察室来实现对业务的监察工作。对于会计监察而言,其监察是有计划性的,同时还要根据理事长所提出的指示进行专项的监察工作。财务公开制度主要包括:对会计师事务所、学校及其他关系者(如教师、学生等)定期提供财产目录、资产负债表和收支计算表。对于事业报告书监察机关的报告书要进行记录,同时要对职员、教师和学生进行面对面的问询,对于学校在财务上的状况进行网络上的公布或是通过杂志进行宣传。这些举措在一定程度上有助于提高资金运行效率。

第四节

荷兰高校财务管理及其创新

一、政府拨款为主与其他收入为辅的经费来源

荷兰政府非常重视教育上的投入,荷兰的教育总经费在国民的生产总值中占6.4%。大学的预拨款中有60%是根据荷兰本身的经济状况和教育经费上的总数来考虑的,同时剩下的40%是根据学生的人数确定的。荷兰大学经费的一个重要的渠道来源就是学生学杂费的收取。其中阿姆斯特丹大学①的经费来源主要就是政府在预算上的拨款,同时起到辅助作用的就是欧洲共同体所提供的赞助和各个公司的捐赠。1994年,在全校范围内,其经费预算是6亿荷兰盾。其中有4亿荷兰盾是由政府拨款得到的,其占据全部经费的67%,同时学生收费和各方的赞助费约为19亿荷兰盾,其占据经费总来源的32%,同时还有一些其他来源,占据总经费的1%。对于政府预算拨款而言,其主要是对学生进行学杂费的收取,其标准为2000荷兰盾/生/年。

---

① 阿姆斯特丹大学:简称UvA,是一所坐落在荷兰首都阿姆斯特丹的世界级顶尖研究型大学。阿姆斯特丹大学下属的商学院(Amsterdam Business School)是荷兰乃至欧洲最好的商学院之一,取得了EQUIS、AACSB、AMBA三项世界顶级认证,世界上只有1%的商学院同时拥有这三项皇冠认证。

二、分权型的财务管理体制与集权型的财务管理方法

阿姆斯特丹大学对于会计机构的设置是两级的。校级会计机构是重要的中心部门。其设置财务主管一名,还设置预算科、管理信息科、会计核算科和办公室四个科室。每个科室科长为一名,配置相关的财务人员。阿姆斯特丹大学财会人员大约为 100 名,同时其财务中心的财务人员大约为 30 名,系部有 70 名。每个部门的财务人员大约为 2 ~ 10 名,其数量的大小是由系部规模进行决定的。学校财务中心财务人员主要由财务主管负责,财务活动管理是集体制的。经费支出的预算要进行严格的授权和审批。一次费用不超过 50 万的经费,其审批由系部领导进行,超过 50 万的经费,需要校财务中心主管对其进行审批。与此同时,系部核准科研经费收支,禁止擅自开设银行资产的情况,需要经过校财务中心批准才能设立对分账户,这保障了校财务中心财务活动和监督工作的顺利进行,同时保证了资金的集中度。

三、预算管理的强约束机制

阿姆斯特丹大学强制性实行预算管理系统的约束机制。在确定每年的预算时,需参考国家的拨款数额和系部下发的预算指标草案;系部在进行充分讨论后,编制本系部的预算,并向校财务中心上报;校财务中心需要了解学校的经费实际来源和全校经费预算的编制情况,并且对其进行及时汇总,向校务委员会呈交并且实现其审批。校务委员会由 30 个人组成,有 10 人是有着一定学术成就的教授,有 10 人是相关的教育人员和管理人员,还有 10 人为学生代表。校务委员会在每四年中可以进行一次改选,对于学生代表的改选可以提前进行。在年度预算上,全校的经费都需要校务委员对其进行讨论,这样才是有效的。若是讨论通过,就无权对其进行调整和变更。若是出现特殊原因导致超支,财务主管、与财务管理工作相关的副校长和校长无权进行预算调整,需要经过校务委员会研究批准。为了实现对预算的执行情况的及时掌握,

校务委员会每两周用半天时间对执行过程中存在的重大问题进行研究,保证及时解决。在荷兰,很多大学对教育经费预算具有一定的强制性。从整个国家的角度来看,其对于预算管理是相当严格的。比如,学校经费超出预算的,不能进行进一步追加,但是可以通过法律形式对教师进行调资,这样的经费预算增加才是可以实现的。因为经费预算在编制和执行上的约束力都是比较强的,这就导致对于各个系部而言,其需要对预算指标进行合理的安排,保证经费预算的合理性,这样才能保证预算本身的严肃性。

四、财会人员的工作质量评价

阿姆斯特丹大学对财会人员的工作质量进行相关的评价和考核,这一工作主要是由主管领导和社会中的相关部门进行的。一般情况下,对于校财务中心而言,进行考核的就是学校领导;对于各个科室的负责人而言,负责考核的就是校财务中心的主管;对于本科室的职员而言,负责考核的就是各个科室的负责人。对于财会人员,其工作质量可以根据相关的部门进行相应的评价。社会审计部门对大学进行定期的财务报告和会计核算,同时对财务工作质量进行相应的评价。上述措施在客观上促使财会人员不断学习更新业务知识,提升工作质量,保证自身业务素质的不断提升。

五、绩效评价与绩效管理

荷兰高校的绩效评价主要是解决高校中出现的经费问题,这种措施是自发性的,可以追溯至 1980 年,当时,莱顿大学制定科研经费绩效评价标准,也就是要在量化和客观指标的基础上对各个院系进行自我评估,从而实现对科研经费在使用上的评价,为下一年度在各个院系中进行科研经费的划拨提供了重要依据。荷兰高校在科研经费的拨款形式上学习莱顿大学的"有条件拨款",废除之前的"双重支持"体制。

1985 年和 1988 年,荷兰的教育部发表《高等教育:自治与质量报告》,同时制定了《高等教育与研究计划》。对于前者而言,主要是对高校实现国家层面的控制,这对于其自治是一个重要条件;对于后者而言,是需要落实高校绩效评价的。对于政府而言,绩效评价对于教育拨款是一个重要的参照,高校因为受到了教育部和政府在政策上的支持,其绩效评价对于高校财务管理而言也应该是其重要手段。财务绩效评价体系因为需求的增多导致其慢慢增加,从总体上来看,其指导思想为效率、经济,同时,对质量进行相应的对比,保证多个方面的对比是全方位量化的,如资源使用效益、办事完成率、人均经费额、预算支出效果等。

六、学生助学金与贷款另行拨款

荷兰政府的经费拨款是不包括助学金和贷款的。同时,贷款和助学金是政府进行另外拨款的。助学金按照 500 ~ 600 荷兰盾 / 月进行发放,如果助学金不够,可以进一步申请贷款,其贷款的最高年限是10 年。

七、无校办产业

为了提升学校的科研水平和教学质量,荷兰的大学不开展创收活动,不兴办产业,同时其后勤服务也是由社会组织承担的。

第四章

高校财务管理系统及其创新

财务管理领导决策指挥系统及其创新

　　高校财务管理是高校管理层的最高组织,领导和负责全校财务管理工作。管理层一般是由校级领导成员组成,其内部在经济工作上的分工是不同的,但是不管采取哪种分工形式,其第一负责人都是高校校长。管理层的决策指挥系统主要是解决多方面问题,如对财务领导制和其相关管理机构、财务管理模式的选择,分级管理经济责任制的落实,内部财务管理和控制制度设计等,也就是说,要解决财务管理在其体制上和内部控制上的问题,决策对于全校财务工作的领导具有积极意义,对于其他系统的有效控制也是至关重要的。高校财务管理体制主要是对财务活动进行组织、划分财权和经济责任、处理财务关系,是一项重要的制度,其中包括财务工作领导体制、由什么机构负责管理、采取什么样的管理模式等方面。

一、财务领导体制及管理机构

（一）管理层财务领导体制的相关规定

高校财务管理工作校长负责制,是由法律赋予校长的职责。

《中华人民共和国高等教育法》明确规定了"国家举办的高校实行中国共产党高校基层委员会领导下的校长负责制"。

《中华人民共和国会计法》规定了"单位负责人对本单位的会计工作和会计资料的真实性、完整性负责"。

《高校财务制度》也提出了"高校财务工作实行校(院)长负责制。符合条件的高校应设置总会计师,协助校(院)长全面领导学校的财务工作"。

从上面的相关法律法规我们可以发现,对于学校而言,法定代表人是校长,其对学校的全面领导和对学校的管理是具有法定权力的,是学校相关工作的总负责人。所以,为了理顺财务关系,落实经济责任制,同时保证权责结合的原则,对于高校财务工作进行负责的就是校长,这样一来,对于财务工作的真实情况,校长才会了解,同时对财务活动进行监控。

（二）管理层领导财务工作的实施形式

1.校长直接领导学校财务工作

校长直接领导学校财务工作的方式主要就是需要校长亲自负责全校的财务工作,指挥财务部门的财务管理工作,同时财务部的负责人需要直接向校长进行财务工作汇报。

2.学校领导班子共同管理学校财务工作

学校的财务工作需要领导班子共同进行管理,也就是校长把学校财务工作托付给分管财务的副校长,委托分管学院和部门的副校长管理本学院和本部门的财务工作,在校长的领导下,学校财务工作是需要学校领导班子共同管理的。

3.财经委员会管理学校财务工作

财经委员会由了解财务工作的人组成,协助学校领导对学校财务工作进行严格的管理。

(三)财务管理机构的设置

确立财务领导体制后,管理层需要设置财务管理机构,负责财务工作的日常管理。二级财务机构需要一级财务机构对其进行领导,同时还要保证检查和监督工作的开展。

二、财务管理模式选择

财务工作领导体制问题落实后,管理层还需要解决财务管理模式选择的问题,即选择什么样的管理模式来实施财务管理。

(一)"集中管理"的集权管理模式

集中管理模式是最早、最简单的,其优点是对财权的高度集中,可以随时调用资金,有利于学校的总体管控;其缺点就是灵活性较差,不利于调动各级财务机构的积极性。这种规模对于资金少并且规模小的高校是适合的,这是因为规模小的高校的财力是更加集中的,对于某项事业可以重点关注,如果其将财力和财权进行分散,反而会对学校的发展产生一定的影响。

（二）"分级管理"的分权管理模式

1.二级管理模式

二级管理模式主要是健全经济规章制度,同时对于其内部的单位在权责关系上进行明确、实现统一领导,从而对财权进行划分、对财权和事权进行结合,保证学校和学院所实行的管理模式是两级分权管理,二级学院有权对学校进行预算经费和对资源分配上的使用和统筹安排。但是因为其监督和管理本身在成本上和高校的财务收支上,学校的一级机构是对其进行集中核算的,所以二级学院可以进行报账员或是财务联络员的设立,对学院在财务报账上进行负责,同时保证了其与一级财务机构进行工作上的联络。

二级管理模式优点就是能调动二级学院的积极性,同时集中全校的财力,保障学校建设;其缺点就是二级学院权限是有限的,同时无法实现自主理财。对于这种模式而言,中等规模的高校是更加适合的,同时适合有着较大规模但是其资金量本身不大的高校。

2.三级管理模式

三级管理模式主要是指健全财经规章制度和明确其内部各个单位的权责,实现统一领导,从而对财权进行划分,同时保障财权和事权结合的原则,其三级分权管理是由学校、学院和系进行管理的,同时学校在预算经费上的下达和对资源的分配上,二级学院和三级系对其都能进行使用和合理安排,财务收支进行二级管理与核算。二级核算是指学校在统一的财务收支计划和资源配置下,将预算拨给二级学院,由二级学院负责预算本级及所属的三级系的财务收支活动,在学校统一领导下,由二级学院管理本级和所属三级系的会计事务,实行学校和二级学院两级预算管理,财务部门派出会计人员或会计机构对二级核算进行监管。

三级管理模式是随着高校合并及规模扩张而出现的管理模式,优点是扩大了二级学院的财权,能充分调动二级学院的理财积极性;缺点是学校财力分散,不利于资金调动,有可能出现二级学院为了自身的利益损害学校的整体利益,以及各学院发展不平衡等问题。这种管理模式适合规模超大并且资金实力雄厚的高校,有利于调动学校各级的理财积极性,避免资金集中管理带来的低效率。

(三)集权与分权相结合的"混合管理"模式

混合管理模式就是高校财权一部分采用的是集中管理,另一部分采用的是分级管理。其基础就是学校的统一领导,实现财权分化,对学校在需要统一进行管理的事项上进行集中管理,如人员工资等由学校的相关部门进行;同时,财权和事权的结合,从而实现日常性业务在预算等形式上对学校进行分拨,保证二级学院对其进行分级管理,其中包括教学业务费、科研费等。

混合管理模式本身是比较灵活的,同时根据需要的不同,对于其要进行相应的管理或是进行分级管理中的经济事项上的调整,对于需要控制的财权能进行合理控制,并且能调动二级学院的积极性。这种模式更适合有着灵活调控力度的高校。

以上三种管理模式各有优缺点及适应性。规模小、在管理上只设置学校一级管理机构的高校,一般选择集中管理模式;规模大且设置了学校、学院、系三级管理机构的高校,一般采取分级管理模式,其中规模较大的高校一般实行学校、学院二级管理,规模超大的高校实行学校、学院、系三级管理。

因为有了校长负责制的统一领导,根据其规模的大小和其资金的多少,高校可以对其进行分级管理或是集中管理模式进行灵活选择,根据高校在自身发展上的不同,根据具体情况对其管理模式进行适当的调整。

三、分级管理体制建立

在高校规模扩大的同时,更多采用的就是"二级管理"中的分权管理模式,同时还有可以与分权管理结合的"混合管理"模式。分权管理就是明确学校统一领导的内容,了解向二级学院管理放权的内容和程度,同时明确其经济责任,了解二级学院在经济管理上的考核方法。

（一）统一领导的内容及权限设定

在校长负责制下,高校的财务工作实行学校(管理层)统一领导。统一领导的内容和权限包括:

1.实行统一的财经方针政策和财务规章制度

在国家的财经方针政策框架下,高校管理层根据学校的具体情况和发展规划,制定和颁布学校的财经政策和发展方针。同时,高校应根据高校财务制度和会计制度等要求,建立健全财务规章制度,明确学校、学院的职责和权限。二级学院统一执行学校的财经方针政策,遵循国家财经法律法规、会计制度,以及学校根据实际情况制定的财务管理和会计核算具体办法,不得另搞一套、政出多门。

2.执行统一的财务预算和资源调配

高校管理层应根据年度收支情况和学校发展需要,统一编制年度收支预算,学校的各项资源纳入统一调配。年度收支预算经管理层批准后统一执行,二级学院必须根据学校年度预算,执行本学院年度收支计划。根据各学院承担的教学科研等任务情况,教学科研用房、设备等资源由学校统一进行调配使用。

3.实行财会业务统一领导

学校财会业务统一领导一般都是由一级财务机构进行的,同时还包含财务管理、会计人员从业管理、业务培训和业务指导等。二级财务机构需要接受学校财务部门的业务指导和统一领导。

（二）分级管理的事项及权限设定

如果二级学院所实行的是分级管理,根据学校的统一领导,其进行自主管理的内容及其权限为:

1.制定具体实施办法

在学校统一领导这一前提下,二级学院可以根据其本身情况的不同有针对性地确定实施方法和相关措施。

2.统筹使用预算资金

在学校的统筹预算和相关的资源配置之下,二级学院对学校的预算经费进行分配,其中包括对于学院中相关人员在教学、科研等相关工作的开展过程中的经费安排,根据各个学院不同的教学情况,对其进行计划,同时实现其安排的合理性和使用的合理性,提升资金的使用效率。

3.财务收支管理

在财会业务统一领导下,二级学院可以设立报账员或财务联络员,负责学院与一级财务机构的联络和报账工作。二级学院有权管理本学院日常经费收支,组织本学院的各项收入,并负责学院各项预算支出的审批。

(三)分级管理的考核及评价设计

如果要进行分级管理,学院需要进行相应的考核,根据考核的最终结果来对管理的效果进行最终的评价。二级学院在考核上分为定性考核和经济指标考核。

1.定性考核

主要考核财务管理能力即遵守财经法律法规的情况,以及财务管理秩序情况。

2.经济指标考核

(1)教学经费投入比重和仪器设备投入比重,即学院所有支出中用于教学方面的耗费性支出和用于仪器设备资本性支出所占的比例。该指标可反映用于教学方面的经费是否合理。

(2)经费投入与产出情况。该指标可反映经费支出的使用效益。

(3)学院筹资能力,即除了学校预算拨款外,其他收入占学院总收入的比例。该指标可反映学院筹措其他资金的能力。

四、分级管理经济责任

分级管理责任就是指参与学校经济管理活动的负责人,对于其管理范围内的经济活动或是需要进行审批的经济事项承担相应责任。为了体现权责对等的原则,防范职权偏离,控制运行过程出现的经济风险,规避掌控"经济权人"偏离正常的经济轨道,必须建立经济责任制度,实行经济职权经济责任相统一,进行内部控制管理,从而降低经济风险。下面主要讲述高校各级负责人经济责任的经济内容和责任重点,以及如何建立高校多层次的经济责任制。

(一)经济责任的经济内容和责任重点

根据《教育系统内部审计工作规定》[①]和《党政主要领导干部和国有企业领导人员经济责任审计规定》,高校要对各级负责人在其任期期间内所具有的经济责任上的内容和责任上的重点进行确定。

1. 经济责任所涉及的经济内容

高校在经济责任上的经济内容包括了对于高校的经济工作在进行运行的过程中所关系到的多项经济业务,其中包括:

(1)财务收支及有关经济活动。

(2)预算执行和决算。

(3)资金的管理和使用,包括债务的举借、管理和使用情况。

(4)专项教育资金的筹措、管理和使用。

(5)固定资产的管理和使用。

(6)建设、修缮工程项目。

(7)对外投资项目。

(8)内部控制制度的健全、有效及风险管理。

---

① 《教育系统内部审计工作规定》:是为加强教育系统内部审计工作,提升内部审计工作质量,充分发挥内部审计作用,推动教育事业科学发展,根据《中华人民共和国教育法》《中华人民共和国审计法》《中华人民共和国审计法实施条例》《审计署关于内部审计工作的规定》及其他有关法律法规制定的规定。

（9）采购和招投标情况。

（10）经济管理的效益情况等。

2.经济责任的责任重点

高校经济责任重点就是要监督各级负责人遵守法律,同时保证尽责,在其任职期间,对于本单位在财务上的收支和相关的经济活动,应该是合法、真实并且具有一定效益的,对于经济责任进行依法界定。

经济责任审查基本包括：本单位在预算执行情况上和其财务在收支上是合法、真实和具有效益的；重要的投资项目的建设情况和管理情况；重要的经济事项进行制度的管理、建立和执行的具体情况；监督和管理单位在财务收支和相关的经济活动。

（二）建立多层次的经济责任制

1.经济责任的确立形式

经济责任的确立需要一定的形式,它可以是通过内部文件确立的,也可以是通过委托或是协议而确立的。高校用文件的形式明确分级管理中的负责人的权限和职责,财权和职责要向二级学院下放,或者管理者和二级学院相关的负责人签订管理协议,明确经济责任。学校管理层协助校长进行财务管理工作,通过书面委托和文件分工等方式对于总会计师进行委托,保证其日常在经济管理上的职权,明确双方的权利和责任。

2.经济责任体系

在明确各级负责人的权限和职责后,应该对多层经济责任体系进行明确,包括校长、进行分管工作的副校长或是总会计师、财务部门负责人、二级学院负责人,实行这样的多层级经济责任制,保证其管理制度是一级管一级的,同时,下级要对上级进行负责,经济责任制要具体落实到财务管理工作的过程中。

（1）一级经济责任人

校长负责制确立了校长为高校财务管理的第一责任人。

（2）二级经济责任人

分管财务的副校长或总会计师受校长委托全面领导全校财务工

作,为财务管理的第一经济责任人;分管其他部门的副校长若有委托管理经济职权,则分管其他部门的副校长,对所分管部门的财务工作承担相应的分管经济责任。

(3)三级经济责任人

学院院长和管理部负责人为三级经济责任人。二级学院院长是本学院财经工作的直接责任人,对本学院的财务收支及经济活动承担经济责任;管理部门负责人是本部门财经工作的直接责任人;财务部门负责人除了对本部门的财经工作负责外,对学校的财务管理工作承担具体管理责任;审计部门负责人除了对本部门的财经工作负责外,对学校的财经工作承担主体的审计监督责任。

(4)四级经济责任人

各三级单位的负责人负责本单位的财经工作,是本单位财经工作的直接责任人。

五、管理和控制制度设计

(一)各管理系统的制度设计

制度设计主要是为了实现对财务管理上的各个环节和系统的有效运转而进行制定的制度体系。也就是说,管理层进行设计制度,如授权审批管理系统、财务部门管理系统、内部审计监督控制系统的有关价值管理和行为控制等。价值管理实现是来自财务部门管理系统的,利用行为控制实现对整个系统的控制。财务部门要进行价值管理制度的建立,同时要进行行为管理控制制度的建立,其中包括经费收支、预算、决算资产负债等,同时还要实现对于财务管理人员在行为上的管理与控制;审批管理系统、内部审计监督控制系统要相应地建立管理控制机制,如在进行财务审批时,要对审批权限和审批责任进行制度上的建立和控制;内部审计监督控制系统要对内部审计工作规范进行建立。

此外,管理层应建立各系统之间的信息沟通与交流制度。比如,授权审批管理系统与财务部门管理系统之间的审批与审核信息沟通,内部审计监督控制系统与授权审批管理系统和财务部门管理系统之间的监督与被监督的信息沟通等。

（二）制度设计内容

规章制度主要是对财务管理进行规范,同时控制财务风险,从而进行制定的管理办法,内部控制制度实现依赖于内部规章制度。俗话说得好,"没有规矩不成方圆",规章制度的健全对财务管理活动的开展而言是重要前提。对于高校中的财务管理而言,规章制度的健全对其起着至关重要的作用。

高校需要建立规章制度,其中包括管理层决策制度、经济责任制度、经济审批管理办法、内部预算管理办法、收支核算管理办法、资产管理办法、负债管理办法、财务信息及数据管理制度、内部审计制度、会计人员管理办法等。

第二节

财务授权审批管理系统及其创新

一、授权审批和审批管理制度

授权审批是高校财务管理的一个重要环节,对高校财务管理的效果有着直接影响。同时,要进行高校授权审批管理制度上的建立和运行,对授权审批和审批制度管理在基本概念上进行区分。

（一）授权审批的内容

授权审批是对于高校中的学院、部门进行独立核算的单位,根据学校在经济审批上的管理方法在权责上的约定和管理层所进行的委托和授权,其职权审批的范围包括财务收支和经济合同,还包括很多其他经济活动上的决策。

授权审批的内容有财务收支审批、经济合同签订、经济活动决策审批等。

（1）财务收支审批。根据学校在审批管理上的不同办法,对范围内的审批权限进行审批管理,对于相关范围内的资金收支和预算资金收支进行审批。

（2）经济合同签订。学院、部门和独立核算单位的负责人接受管理层的委托和授权,同时签订本学院、本部门或者是本单位汇总的对外经济合同。

（3）经济活动决策审批。在授权管理范围内,对于相关经济活动事项进行决策上的审批。

（二）审批管理制度

审批管理制度是建立高校管理职责,同时与经济支配权是具有一致性的,是一种重要的经济审批管理办法,其主要对管理制度中的构成要素进行审批。

1.审批管理制度的构成要素

审批管理制度构成要素包括审批人、审批事项、审批金额及审批责任等。

（1）审批人,也就是各级的经济管理负责人,审批人的设定是从上到下进行分级的。

（2）审批事项,也就是审批的业务内容,其中包含了收入、支出、经济合同、资产购置和处置等。

（3）审批金额,也就是每一个级别在进行审批时所具有的最高金额,如果超过这一金额,需要上一级对其进行审批。金额从小到大,审批也是从下级向着上级逐级进行的。

（4）审批责任，也就是在进行审批的过程中，审批人对经济事项的审批应该是根据相关经济法律法规和财务的规章制度进行的，对于出现的违法违规的审批要承担相应责任。

2.审批管理制度的分类

因为财务在管理体制中包括分级管理和集中管理，所以审批管理也可以分为两种，也就是集中审批管理制度和分级审批管理制度。

（1）集中审批管理制度。很多高校采用的就是"集中管理"体制，其对于集中审批管理进行集中审批的制度，也就是其主要成员为校长、总会计师或分管财务的副校长、财务部门负责人，从而实现对于财务的集中审批，是一种重要的管理制度。

（2）分级审批管理制度。还有很多高校采用的就是"分级管理"体制，其所采用的管理制度就是分级审批，也就是根据其内部在管理层上建立的多个层次的负责人进行审批的分级管理制度，其中包括校长、分管副校长或总会计师、二级学院负责人、三级单位负责人等。

将审批管理制度进行分类，有利于高校选择适合本校实际情况的审批制度类型，建立自己的审批管理制度。目前，大多数高校选择了建立分级审批管理制度。

二、分级审批管理的建立

为了调动高校财务工作积极性，同时为了保证财务管理本身是更加科学的，很多高校都实行了分级管理，除了要进行全校性的经济事项之外，管理层可以对经济性的经济事项的审批权力进行授权，让各级的负责人分级管理审批工作，也就是说，要根据权责对等的要求，实现从上到下的授权，授予各级负责人经济审批权，同时，其需要担负责任。高校建立分级审批管理就是保证审批人审批事项的审批级次、审批限额、审批责任等构成要素符合高校实际情况。

（一）设定分级审批人

根据分级授权审批管理办法的规定,高校审批人进行审批,负责人是具有相关的审批权限的。分级授权审批的管理负责人的组成包括多个层次,如校长、分管副校长或总会计师、二级学院负责人等。

（二）设定分级审批的审批事项和限额

高校的经济审批事项包括预算审批、收入审批、支出审批、银行贷款审批、投资审批、经济合同签订审批等。审批限额主要是确定审批金额的范围,根据各个高校资金情况的不同而确定。对于一些经济事项没有进行审批限额的设定,其在进行审批时不需要根据其金额的不同进行区分。

（三）界定分级审批责任

1.审批人审批责任

审批人所进行的审批在收支上是合法、合理并且真实的。各个管理部门和学院对于非法乱收费和私自设置小金库的情况进行控制,对于其中存在的情况,由学院或者是相关部门的责任人来承担。

不能为了审批方便,将单项的支出进行化整,对于审批和签订的经济事项而言,审批人或是相关的受委托签订合同人是具有效益性责任的。如果对于审批内容弄虚作假,或者是出现知道其本身是不合法的,但是依旧进行审批的情况,其法律责任应该由审批人来承担;因为进行审批出现不当的情况或是越权的情况而出现经济上的损失的,相关的审批人应该承担责任。审批人应该实现对其他负责人的审批工作,也应该担负连带审批责任。

2.财务部门管理和控制责任

对于没有根据程序对财务收支进行审批的财务部门,要在对其进行纠正。已经进行审批人审批的经济事项,在财务部门进行审核后,如认为其和国家财经法规或是学校内部管理制度是不符合的,则应该对审批人进行说明,同时要求其纠正和制止,若是纠正无效,则要及时报告管理层,提出对相关部门的指导,并且进行进一步处理。对于不进行纠正也不报告的情况,财务部门要承担财务管理上的责任。

三、收入管理和控制

（一）高校收入的分类

1.按收入取得方式分类

根据收入取得方式的不同,可分为四类:拨款类收入、收费类收入、合同类收入、分配类收入。

（1）拨款类收入是从政府获得的拨款,其中还包括财政拨款和其他补助拨款。

（2）收费类收入的收费标准和相关的收费项目各不相同,其包括学费、住宿费、培养费、考试考务费等。

（3）合同类收入是根据合同约定得到收入,还包括联合办学分成、科研立项合同约定的经费、出租或使用学校资产合同约定的租金或管理费,以及对学校的资产进行投资从而产生一定收益的收入。

（4）分配类收入包括成人教育办学收入培训费等,是由二级单位扩展筹资渠道取得的收入。

2.按收入用途约束分类

按照收入用途约束分类,可分为经常性收入和专项收入。

（1）经常性收入主要是指一些没有具体的用途,学校可以对其进行统筹使用的收入,其中包括财政教育经费补助拨款、财政其他经费补助拨款、学生收费、其他收入等。

（2）专项收入主要是指专门的项目所产生的收入,其中包括财政专项经费拨款、其他政府专项补助、基建项目拨款、科研课题经费等。

（二）收入管理岗位分工

收入管理的过程应该是连续的并且日常的,为了保证款项回收,要设置相应岗位,同时人员分工是至关重要的。收入管理包括:各类收入的收取和管理归哪个科室负责,包括哪些内容,负责人是谁,对于收款责任的落实是否到位。只有保证了其分工是合理的,其职责得到了有效履行,收入管理工作才是有序的。

收入管理岗位的设置一般来说都比较分散,一部分职责在预算管理科,部分设在收费管理科,还有部分设在核算科等。比如,对于拨款类的收入管理职能,一些学校在预算管理科进行设置,一些在综合管理科进行设置,还有的设在核算科;收费类收入的职能设在收费管理科,捐赠收入和其他收入又设在核算科。

因为岗位本身具有一定的分散性,这就使得收入管理出现一定的漏洞,收入出现一定的遗漏。所以,如果对收入能进行向"收入管理科"上的统一管理,其业务上会更加清晰,同时其权重也会更加明确,这样才能保证其管理效果。

（三）收入管理的基本要求

1. 收入应该统一管理

高校收入包括各类拨款、补助、各类收费、科研课题经费、服务性收入、资产有偿使用费、捐赠、投资收益等。对于这些收入,需要学校对其进行统一管理和核算,杜绝私设小金库和账外账的情况。

2. 收入必须符合法律法规

高校收入应该是和国家的相关法律规定相符合的,其中高校学生的收费如果涉及对教育费用上的分担和学生本身的利益问题,其涉及面较广,同时其政策性比较强,这就需要遵守国家的相关规定,根据规定对其进行收取,同时根据物价部门对收费项目和相关标准进行审核,实现收费的合理性。科研、教学、后勤服务、资产出租、投资等,应该符合财经政策和法规,同时非法经营也是不可取的。除此之外,合法的办学捐助是可以接受的,但是非法的活动所提供的捐款是不能接受的。

（四）各类收入的管理和催收

在对高校收入进行分类之后，要根据其特点的不同进行分类管理，各类收入款项按时定期地催收，未收款要及时进行清理。根据收入取得方式的不同进行分类，对于催收和日常管理而言是有利的。

1.拨款类收入的管理和催收

拨款类的收入包括财政补助收入、其他政府补助、财政专户拨款等。拨款类收入的催收和管理应该由与其相关的科室进行承担，专职人员或者是兼职人员进行负责，对于教育行政部门和相关的财政部门，要进行定期预算补助的申请，同时对于专项经费拨款等多种款项进行申请。上交学费，保证财政专户在事业上具有收入，同时申请财政专户进行拨款返还。

对于财政教育经费的拨款补助，要进行日常管理，根据财政预算上的拨款总额和学校本身的工作进展，对经费进行相应的审核，根据财政在支出上的预算入账。

2.收费类收入的管理和催收

学费收入在高校的总收入中超过50%，对于高校收入而言是主要来源，所以学生收费管理是至关重要的。同时，学生的收费管理与学生的缴费进度是紧密联系的，其中的收入项目包括学费收入、住宿费收入、委托培养收入等，校级收入属于分级管理。

3.合同类收入的管理和催收

合同类收入是指根据合同对其合作关系和资产进行出租和出借或是进行承包的协议约定，其中包括生产的收入、联合办学收入、横向科研课题、科研协作科技成果转让、科技咨询、国有资产有偿使用费等。

4.分配类收入的管理和催收

分配类收入的管理根据高校内部的管理办法的不同而不同，学校、二级学院和相关部门要进行两级分配的收入，其中还包括成教办学收入、培训费、考试考务费等所提供的学费和培训费等，主办单位对其应该按时收取，考试考务费则需要相关的考试部门在进行报名时进行收取,保证其向财务部门统一缴纳,从而进行收入分配。

(五)收入的管理方式

1.统筹管理方式

统筹管理方式可以通过学校进行收入上的安排,也就是说要进行经常性收入管理。因为经常性收入没有指定用途,这就说明其管理是不需要分级的,所以学校可以对其进行统筹安排,财务管理也比较简单,根据会计科目进行相应的核算即可,同时可以选择项目核算,也可以不进行项目核算的设置。对于财政的经常性拨款和政府的启发经常性经费补助而言,其所采用的管理方式包括:关于本专科学生学费、住宿费等,学校对于其收费收入要进行统筹使用,同时其管理方式也是统筹的;对于非限定性捐赠收入而言,因为其在用途上是没有限制的,所以学校对其可以进行统筹使用,其管理方式也可以是统筹的;对于资产出租收入、投资收益、附属单位缴款、资产盘营利得等,如果学校的使用是统筹的,这就说明两级分配的情况是不存在的,统筹的管理方式是适合的。

2.专项管理方式

专项管理方式主要是对各类专项收入包括对专项拨款、政府专项补助、基建项目、课题经费等的管理。专项经费必须做到专款专用,所以其财务管理是比较复杂的,要保证科目进行的同时保证对其进行管理,对于其收入来源而言,要根据相应的分类进行设置,保证其科目的核算,同时根据其收入的名称对该核算项目进行管理,对于项目支出控制进行管理。

财政专项经费拨款及政府的其他专项补助在用途上是特殊的,其资金也具有特殊用途,也就是专项资金,可以采用专项管理方法,根据财政补助和政府的其他补助对科目的收入进行核算,根据其补助的名称对其项目金额进行控制和管理。

基建项目拨款要根据其收入科目进行设置,同时根据其基建项目的名称对其进行核算的管理。

科研课题经费应该采用的是专项管理的方式,也就是说,不仅根据收入对科目进行核算,还要根据课题项目和主持者进行项目核算设置。在课题经费已经到账后,应该及时公布相关信息,对于项目,主持者应该对其进行及时确认,同时将其分配给相关学院。

限定性捐赠收入对其捐赠收入的用途进行限定,其需要进行专门的管理。所以,应该采用专项核算管理方式,根据其项目对其进行准确核算。

3.分级分成管理方式

收入分级分成管理方式对于实行分级管理的高校来说是适合的。为了从多渠道筹集科研和教学资金,高校采取的方法是对收入进行分级分成。其中包括培训费收入、考试考务费收入、其他教育收入,以及科研开发与协作收入、科技成果转让收入、科技咨询收入等,其与学校的校院两级分配是适合的。

四、支出管理和控制

支出是指高校开展教学、科研及其他活动发生的各项资金耗费和损失。高校是非营利的事业单位,合理、合法和有效使用资金是支出管理的重点,有效的支出管理是维持高校正常运转和发展的前提。支出是资金使用环节,容易滋生各种不良现象,因此支出管理也是财务管理的难点。支出管理和控制的主要内容包括支出的分类、支出管理的基本要求、支出审核原则和注意事项、支出的控制办法、基本支出管理、项目支出管理等。

(一)高校支出的分类

1.按功能分类

高校支出按功能分类可分为教学支出、科研支出、管理支出、后勤支出、学生事务支出、离退休保障支出、其他支出。

2.按经济分类

高校支出按经济分类可分为工资福利支出、商品和服务支出、对个人和家庭补助支出、基本建设支出、其他资本性支出等。

3.按支出对象分类

高校支出按支出对象分类可分为人员支出和公共支出。

（1）人员支出是用于工资福利、社会保障、补贴、补助等的支出，即支出经济分类中的工资福利支出以及对个人和家庭的补助支出。

（2）公共支出是针对公共事业上进行的支出，也是针对商品和服务支出、基本建设支出、其他资本性支出等。

4.按资金用途分类

高校支出根据资金在用途上的不同，可以分为两种：一种是基本支出，另一种是项目支出。

（1）基本支出主要是高校为了完成教学任务、维持对学校的正常运转所产生的支出，其中还包括两部分，也就是人员支出和日常支出。

（2）项目支出主要是完成指定的科研工作和教学工作，或是实现事业发展目标的支出。项目支出包括两种，也就是建设性项目支出和事业性项目支出。对于建设性项目支出而言，基本建设支出是其主要部门，事业性项目支出还分为科研项目和教学项目。

（二）支出管理的基本要求

划清资金的支出范围、把握支出的政策界定是支出管理的基本要求。

1.划清资金的支出范围

高校要根据国家的法律法规和相关的会计制度建立符合高校实际情况的支出管理办法，与高校在人才培养上是紧密联系的，包括教学经费支出、科研经费支出等，对于各类资金在其支出范围上进行划分。

2.把握支出的政策界定

高校支出重要的特点就是有着较强的政策性,出台与支出相关的部门各类文件,如政府、财政部门、教育主管部门、人事部门等。其中要涉及员工本身的保障待遇和工资福利。科研和教学上的支出,其中主要是对于出差旅费、出国费用、电话费、交通费等支出,可能会与个人利益产生联系,要对其政策进行准确把握。

在进行管理的实践中,涉及个人利益的支出可能会导致引发矛盾或是失控情况的产生,支出控制难点。从一方面来看,对于管理者,其职权的使用是不符合国家在政策上的要求的;从另一方面来讲,对于一些财会人员而言,因为其对政策的理解不够深刻,或者是其法制观念有一定欠缺,这就导致对一些不应该进行支出的行为进行了报销、跨越政策界限超标准报销费用、个人费用冒充公用支出等。所以,对于支出的政治权限要进行精准把握,对于什么是该支出的,什么是不该支出的进行管理。

(三)支出审核原则和注意事项

1.支出审核的原则

财务部门应根据各类经费使用范围的特点,把"事和人"相结合加以考虑,把握支出报销的原则。

(1)真实性、合理性原则。在报销审核过程中,如果出现报销事项真实合理,但程序或做法不符合有关政策规定的应告诉报销人如何整改补充完整或整改后符合要求的,要给予报销处理。属于真实合理的费用,财务人员要想办法予以解决。明显不真实、不合理、不合法的报销事项不应受理,但要给出相关的政策依据和让人信服的理由。

(2)重要性原则。在报销审核过程中,要"大事大做、小事小做",要避免疏忽大意或延误时机,如金额几百万的工程款、设备款等必须作为大事仔细地做;也要避免小题大做,如对价值只有几元或几十元的小额费用等纠缠不休,要从金额大小、经济事项本身重要程度、时间紧迫性程度等方面进行判断。

(3)灵活性原则。凡是政策明确规定不能列支的事项,不要去踩高压线;凡是按政策规定能够列支的事项,不能按个人好恶而不予审核报销；对于政策没有明确规定的事项,要灵活处理,财务人员要视具体情况进行判断。

（4）有据可查原则。在报销审核过程中,给予报销或不予报销,都要有理由和依据,既能够说出给予报销的原因,又能够说明不予报销的理由。

2.支出审核的注意事项

财务部门及财务人员在具体报销审核操作中,要注意将"事与人"结合起来考虑,体现良好的职业道德和职业能力。

（1）宣传法律和政策。对于经费使用者来说最好是什么费用都要报销,但这个愿望显然与现行的国家支出政策冲突。为了让教职员工更好地了解国家的财经法律法规、地方和学校的报销政策,避免报销人与财务审核人员直接发生冲突,财务部门应采用校园网公布、印刷材料、会议或培训等措施对教职工进行政策宣传,让大家更好地理解政策并配合财务部门的支出审核工作,将抵触情绪降到最低,同时有利于防范因不了解相关法律和政策而发生违法、违规的情况。

（2）不使用刺激性语言。在支出审核过程中,财务人员不能使用刺激性语言,如"不能报销""做假"等,应改用"不在报销范围内""是自费项目"等。没有充分证据,财务人员不能随便说报销经办人"做假"。

（3）防止两种倾向。在支出审核过程中,既要防止财务人员"低声下气",过分讨好某一报销经办人,让其他经办人感到不舒服,也要防止财务人员"趾高气扬",与报销经办人说话用"法官审犯人"似的语气。财务人员审核支出事项要做到不卑不亢、平等待人,使用平等缓和的语气、谈话式的语言。

（4）不应推卸责任。对于审核范围内的工作,财务人员不能因怕麻烦而推卸于他人,应根据会计原则,做出自己的职业判断并处理问题。

（5）区分法律问题和规范问题。在支出审核过程中,如涉及法律问题,要认真对待;如未涉及法律问题,而只是操作规范问题,则不要纠缠不休。属于规范化问题的事项,如格式不规范的,能当场补充完整的,应让其当场补充完整后予以报销;如确实无法补充,应先给予报销,但应告诫其下次使用规范的格式。

（6）补充材料可以说明问题即可。在支出审核过程中,如果报销事项需要做具体补充说明的,应不拘一格,只要是能说明情况的各种具体证据,都可以采用。

(四)支出的控制办法

1.审批控制

审批控制主要就是对于每一项支出根据其负责人的权限进行审批,同时其负责人应该把握支出的合理性和真实性,对于其效益性进行把关。对于审批而言,禁止提前列支费用,只有在其费用审批通过后,才能在财务部门进行列支的审核。

审批控制是根据高校在审批管理上的制度规范来实施的。为了明确经济责任,高校经费支出实行的是授权审批制度,负责人根据其授权范围对其金额进行相应的审批。所以,授权审批制度负责人首先要确认授权审批的金额和范围;之后,还要确定审批职责,对于因此出现的经济问题,相关的负责人要承担相应的责任。这样一来,对于支出进行有效的控制。授权审批管理需要在"授权审批管理系统"中实现。

2.会计岗位控制

财务部门在进行费用确认和支付过程中,必须对会计岗位和出纳岗位进行分工。随着高校资金额的不断增加,传统的会计岗位分工越来越细,如会计岗位细分为审核岗位、凭证制单岗位、记账岗位、复核岗位、数据库管理岗位等;出纳岗位细分为现金出纳岗位、非现金出纳岗位等。不管怎么分工,会计不能兼出纳岗位,出纳不能兼会计岗位,一项费用的确认和支付必须经过会计和出纳等两个以上岗位来完成,以实现不同岗位之间互相监督控制,进而控制支出的目标。

3.支出手续控制

为了保障支出手续的真实性,在付款和确认时要办理相应的手续。这些手续包括费用的具体经办人、证明人或资产验收人、设备等固定资产入库手续等。此外,夫妻关系或直系亲属应当回避,不能作为经办人、证明人或资产验收人。为确保经济责任的落实,经办人、证明人或资产验收人必须为学校的正式工作人员。

4.系统设置控制

系统设置控制是利用现代信息技术为财务管理服务的、人为因素最少、最有效的控制手段,高校支出的财务管理系统设置是通过财务软件进行的。在财务系统支出设置中,每一项经费的支出范围和支出内容都是通过在项目中设置科目代码进行自动控制的。系统设置控制与支出经费的来源密切相关,每项支出都要根据预算的支出内容和范围进行控制,而这一控制手段主要是通过对财务系统设置来实现的。设置预算经费大类支出科目,可以控制支出的范围;设置预算经费明细科目,可以更加具体地控制支出结构和支出内容;设置预算经费金额,可以控制超预算的支出;对于没有设置科目的项目,支出系统会提示不能列支,从而实施对支出的完全控制。

第三节

财务部门管理系统及其创新

一、高校的财务管理体制

高校在财务管理上应该实行"统一领导、集中管理"的财务管理体制,对于一些有着较大规模的学校而言,"统一领导、分级管理"的财务管理体制是适合的。根据我国的具体国情,高校在财务工作上可以实行校长负责制,要设置总会计师的岗位。总会计师对于学校是副校级行政领导成员,协助校长的日常学校财务管理工作,同时要承担其中的领导责任和管理责任。设置了总会计师的高校,不需要设置与总设计师在职权上有重叠的副校长。

高校要进行一级财务机构的单独设置,同时需要校长和总会计师的领导,统一管理学校财务工作。学校内部的非独立法人单位,因为其工作的需要设置财务机构,是学校的二级财务机构。对于二级财务机构而言,要遵守和执行学校统一制订的财务规章制度,做好检查和监督的工作。高校财务机构中要配备专门的财务人员。财务人员工作岗位和其能力与资格应该是相匹配的。

高校在财务管理上要遵循以下原则:首先就是要执行国家的相关法律法规和财务上的规章制度;其次,其办学的方针应该是勤俭办学;最后,要正确地把握事业发展和资金的供给关系,同时要把控经济效益和社会效益之间的关系,对于国家、个人和学校之间的关系要进行利益上的平衡。

高校财务管理的主要任务就是:合理编制学校预算,同时有效控制预算的执行,保证学校做出的预算是准确和完整的,真实反映学校的校务情况;开拓筹集资金的更多渠道,保证其是合法的,同时节约支出;健全和管理学校财务制度,加强经济核算,同时实施绩效评价,提升资金的使用效益;加强资产管理,完整地反映资产的使用情况,还要有效利用和合理地配置资产;加强对学校的经济活动的监督和控制,防范财务风险。

二、高校的财务管理系统

根据《高等学校财务制度》的规定和高校财务运行的实际情况,高校的财务管理系统应该是由预算管理、收入管理、支出管理、资产管理、负债管理、成本费用管理、财务报告和财务分析、财务监督等环节组成一个完整的循环。

(一)预算管理

高校的预算主要是指高校根据其事业发展目标和计划编制年度的财务收支计划。高校预算的组成为支出预算和收入预算。

高校预算编制所需要遵守的原则就是"量入为出、收支平衡"。收入预算编制应该是积极的、稳妥的,支出预算编制应该做到统筹兼顾、保证重点、勤俭节约。对于上一年度的预算执行、结转和结余情况,高校要进行适当参考,同时根据年度事业的发展目标,联系其财力和计划对年度收支措施和因素进行增减,同时根据其预算编制进行预选。高校进行预算的目的应该是收支平衡,不应该出现赤字预算的情况。

高校的一级财务机构要提出预算建议方案,学校的领导班子进行集体审议后通过,向主管部门上报,主管部门进行审核汇总,一级预算单位主要是直接上报财政部门。根据财政部门下发的对编制预算的控制,高校需要通过主管部门的审核,进而对财政部门进行汇报,在相关的法定程序后,对其进行审核批复,并严格执行。

高校应该对预算进行严格的批准。在对预算进行执行的过程中,财政补助上的收入和财政的资金预算应该是一样的,不应该进行调整;对于上级所下达的预算要进行一定程度上的调整,也需要根据国家相关政策的不同对其进行相应的减少或是增加,在对预算有着较大影响的执行上,高校向主管部门上报审核,同时对其预算进行调整。财政补助收入和财政专户核拨资金之外的预算如果需要调整,学校可根据收支情况进行适当调整,并且向相关的主管部门进行汇报,同时需要财政部门进行备案。在对其预算进行调整后,其预算要相应地增加或是减少。

高校的决算主要是指根据高校对预算执行的年度报告。在编制决算报告时,对于决算要进行适当的分析和审核,保证决算数据的准确性和真实性,规范决算管理的工作。

(二)收入管理

高校收入就是高校在开展教学和科研或其他活动的过程中取得的非偿还性资金。

1.高校收入构成

高校的收入构成较为复杂,归纳起来可以分为以下六类。

第一类就是财政补助收入,也就是高校需要从政府部门的各类财政拨款中获取得收入,其中包括:

（1）财政教育拨款，也就是从财政部门获取的各类财政教育拨款。

（2）财政科研拨款，也就是从财政部门获取的各类财政类科研拨款。

（3）财政其他拨款，也就是从财政部门获取的除了以上拨款范围之外的财政拨款。

第二类就是事业收入，也就是高校开展科研和教学活动及其他辅助活动所得到的收入，其中包括：

（1）教育事业收入，指的是高校开展教学活动和其他辅助活动所取得的收入，其中主要包括学生或是相关单位在学历和非学历教育上所收取的住宿费、学费、委托培养费、考试考务费、培训费和其他教育事业收入。

根据国家的相关规定，要上缴国库或财政专户的资金，不统计在教育事业收入中；财政专户对学校资金的核拨以及审核后无须上缴国家的资金，就是教育事业收入的一部分。

（2）科研事业收入，指的就是高校开展科研工作或相关的辅助活动取得的收入，其中还包括承接科研项目、科研协作向科技成果的转化、科技咨询等的收入。

第三类是指上级的补助收入，也就是高校从主管部门和上级单位所获取的非财政补助的收入。

第四类指的是附属单位的上缴收入，也就是高校附属单位按规定上缴的收入。

第五类指的就是经营收入，也就是在除了科研、教学和相关的辅助活动之外，高校所开展的非独立的核算经济活动中所取得的收入。

第六类指的就是其他收入，也就是除了上述收入之外的收入，其中包括利息收入、投资收入和捐赠收入等多种收入。

2.高校收入管理

高校收入应该是合法合规的。各项收费应该严格遵守国家的规定，保证其收费范围上和标准上是统一的，同时要合法使用票据；对于各项收入，要加入学校预算中，实现其统一核算，同时还要进行统一管理。对于高校而言，根据相关规定对国家进行上缴，或是对财政专户的资金进行上缴，根据国库对于其中的集中收缴进行按规定的上缴，不能出现隐瞒、滞留、截留、挪用和坐支的情况。

（三）支出管理

高校支出是指高校开展教学、科研及其他活动发生的资金耗费和损失。

1.高校支出构成

高校的支出，根据其使用途径的不同，可以划分为五类。

第一类就是事业支出，也就是高校开展科研、教学和相关辅助工作的项目支出和基本支出。

（1）基本支出主要是指高校为了正常运转和保障教学科研工作的完成，同时保障其他日常工作的进行所需要的支出，其中还分为人员支出和公用支出。

（2）项目支出主要是为了实现高校特定工作和事业发展上的目标，产生的支出是基本支出之外的支出。

第二类就是经营支出，也就是在科研、教学和相关的辅助活动的开展中，高校在进行非独立的核算经营活动时所发生的支出。经营支出与经营收入应该是相匹配的。

第三类就是对附属单位的补助支出，也就是高校用财政补助之外的收入来补助附属单位所需要的支出。

第四类就是上缴上级支出，也就是根据主管部门和财政部门的相关规定，高校对上级单位按规定进行的支出。

第五类就是其他支出，也就是除了以上范围内的支出外的支出。其中包括捐赠支出和利息支出等。

2.高校支出管理

高校应该将各项支出纳入学校预算内，同时健全支出的管理制度。高校支出应该严格执行国家的相关财务规章制度，同时遵守其所规定的开支标准和开支范围；对于相关的财务规章制度而言，国家对其没有统一的规定，其规定是由学校本身的实际情况确定的，同时根据实际情况，学校对财政部门和主管部门进行备案。对于法律制度和国家政策上出现违反情况的，相关的财政部门和主管部门要对高校进行责令，并监督其改正。

主管部门和财政部门专门项目或是专门用途的资金，应该保证是专款专用的,同时要进行单独核算,根据相关的规定,对主管部门或是财政部门进行专项资金的使用情况的报送;在完成项目后,对于所报送的资金,其在使用效果和支出决算上应该进行一个书面的报告,接受财政部门和相关主管部门的验收与检查。高校要加强支出管理,不能出现虚列虚报等情况;应该及时进行支出绩效评价,保证提升资金使用的有效性。

高校应该依法加强对各类票据的管理,保证票据来源的合法性,同时还要保证其内容是真实的、使用是正确的,不应该使用虚假票据。

(四)资产管理

资产就是指高校所占有的或是能进行使用的经济资源,主要是货币,同时还包括了相关的资产和债券等多种权利,如流动资产、固定资产、在建工程、无形资产和对外投资等。

1.流动资产

流动资产就是一年内可以实现变现的或者是可以进行使用的资产,如现金、各种存款、零余额账户用款额度、应收及预付款等。高校应该完善现金和相关的存款的内部管理制度。要及时地处理应收款项和应付款项,不能出现长期挂账的情况;如果该款项无法进行收支,要查明其原因,对于其中的责任,根据相关的程序进行批准,从而进行核销。对于存货,要进行不定期或是定期的盘点清查,保证其账务是和事实相符合的。如果存货存在盘盈或是盘亏的情况,要对其进行及时处理。

2.固定资产

固定资产指的就是那些已经超过一年,同时其单位价值超过 1000 元的在使用过程中保持物质形态的资产,如果是专用设备,其单位价值不少于 1500 元。其单位价值如果没有达到相关标准,时间上超过了一年的大批同类物质,按固定资产管理。高校的固定资产管理分为房屋及构筑物、专用设备、通用设备、文物和陈列、图书、档案、家具、用具、装具及动植物。高校固定资产的明细是教育部制定的,由财政部进行备案。高校需要对于固定资产进行定期或不定期的盘查工作。在年终前,要对其进行一个全面的盘查,保证其中的事物和明细是相符合的。对于固定资产的盘盈和盘亏,其处理要遵守相关规定。

3. 在建工程

在建工程主要是指必要支出已经发生,但是其实尚未交付的工程。在建工程若已经处于交付使用的状态时,要根据相关规定,办理工程的竣工财务决算,同时要办理资产交付使用。

4. 无形资产

无形资产指的是没有实物形态的,但是能为使用者提供一定权利的资产,其中包括专利权、商标权、著作权、土地使用权、专利技术以及其他财产权利。通过自行开发的方式和外购的方式取得无形资产,同时其计价应该是合理的,保证其入账是及时的。学校要对无形资产进行转让,应该对无形资产进行资产评估,并遵守相关规定,使收入符合国家的相关规定。对于高校而言,无形资产在取得过程中的支出要在事业支出中进行计算。高校无形资产在其使用年限内,无法实现摊销。对于使用期限不确定的无形资产而言,其在进行摊销时要遵守国家的相关规定。

5. 对外投资

对外投资主要是指根据相关法律,高校以实物、货币和无形资产等方式对其他单位的投资。高校应该对其投资进行严格控制,保证学校本身的正常运转和事业的发展,同时在进行对外投资时应该是与国家规定相符合的,履行相关的审批程序。不允许高校利用财政拨款进行对外投资,也不允许股票、期货、基金、企业债券等方面的投资。除了国家的相关规定之外,对于以非货币形式的资产进行对外投资的,如实物、无形资产等,高校应该遵守国家的相关规定,实现对资产的评估,并对其资产的价值进行确定。

对于对外投资的收益和利用国有资产进行出借和出租而产生的收入,高校应将其加入学校预算中,进行统一的管理和核算。根据国家的相关规定,高校应该健全资产管理上的制度,加强资产管理,根据科学规范和从严控制的原则保证事业发展,同时合理分配资产,建立资产共享制度和资产共用制度,保证提升资产的使用效率。

（五）负债管理

高校的负债主要是针对其所能承担的通过货币来进行计量,同时通过劳务或是资产对其债务进行偿还。高校的负债包括借入款项、应付及预收款项、应急款项代管款项等。

1.借入款项

借入款项主要是指高校从银行等金融机构借入的各类款项。

2.应付及预收款项

应付及预收款项主要包括高校支付职工薪酬时的应付票据、应付账款、预收账款和其他应付款等款项。

3.应缴款项

应缴款项主要是指高校需要上缴到国库的资金或是财政专户的资金、应缴税费,同时还包括很多根据国家规定需要上缴的相应款项。

4.代管款项

代管款项主要是指高校接受相应的委托,对于各类款项进行代理。

对于高校而言,不同性质的债务要进行相应的分类管理,同时也要及时办理结算,并且保证遵循规定,对于各项负债要在规定期限内进行归还。高校应该建立财务风险控制机制,同时要进一步进行完善,对于借入款项加强管理和防范风险,应该严格执行审批程序,不能出现违反相关规定的情况,同时要进行担保。对于其审批上的具体办法,主管部门会和其他同级的财政部门一同进行制定。

（六）成本费用管理

高校根据事业发展的不同需要,应该进行内部成本的费用管理。根据其用途,对费用进行分类,其中包括教育费用、科研费用、管理费用、离退休费用和其他费用。

1.教育费用

教育费用主要包括高校在教育活动发生过程中所产生的费用,如教学、教辅、学生教务等。

2.科研费用

科研费用主要是指高校为了完成所承担的科研任务而出现的费用。

3.管理费用

管理费用主要包括高校完成行政管理任务而产生的费用,其中包括其校级行政管理部门在进行管理时所需要的费用,高校要统一承担的工会经费,还有诉讼费、中介费、印花税、房产税和车船使用税等。

4.离退休费用

离退休费用主要是指负担高校的离退休人员的福利和保障方面所产生的相关费用。

5.其他费用

其他费用主要是指高校无法在上述的费用中对其款项进行归类的费用,如对附属单位的补助、上缴上级支出、财务费用、捐赠支出等。

高校对于实际所发生的费用进行正确的归集,对于那些不能进行直接归集的,需要根据相关的规则和规定对其进行分摊。高校要对其实际需要引起重视,对其成本核算进行细化,同时开展学校、院系和专业教育总成本和生均成本的核算工作。对于科研活动而言,其成本核算工作应该在科研项目中进行细化。

(七)财务报告和财务分析

财务报告是对于高校在一定时期内的财务工作进行反映,对事业成果和财务成果进行总结的书面文件。高校要定期对报表使用者提供财务报告。对于高校而言,其年度财务报告中包括了多个主表,如资产负债表、收入支出表、财政拨款收入支出表、固定资产投资决算报表等,同时和附表相关的财务说明书也包括在内。

财务报告说明书主要是对高校的支出、收入、结余、结转、分配、资产负债变动、对外投资、资产出租出借、资产处置、固定资产投资、绩效评价等情况进行说明,对于在本期内或是在下期中出现的有着重大影响的事项和一些需要进行说明的事项予以说明。

高校财务分析是财务管理工作至关重要的一部分。根据相关部门的规定,高校需要设置财务分析指标,同时进行分析,保证财务分析工作的开展。

财务分析指标主要是指在多个方面的指标,如预算管理、财务风险管理、支出结构、财务发展能力等。

(八)财务监督

高校的财务监督内容分为六个方面:第一就是要对编制进行预算,保证财务报告本身的真实性、科学性和完整性,预算在执行时应该是具有均衡性和有效性的;第二就是支出和收入应该是合规合法的;第三就是结余和结转的情况;第四就是资产管理中的有效性和规范性;第五就是负债的合规性和风险程度;第六就是对财务规章制度出现的问题要进行检查和相应的纠正。

对于高校的财务监督而言,其要做到事前监督、事中监督、事后监督的结合,同时还要将日常监督和专项监督进行结合,进一步健全内部控制制度,同时重视其中的经济责任制度和财务信息披露制度,做到依法公开财务信息。与此同时,对于主管部门、审计部门和财政部门的监督也要同时进行。

三、高校财会队伍建设

为了打造一支优秀的财务管理队伍,形成具有特色的团队文化,高校必须做好以下几个方面的工作。

（一）加强职业道德教育，讲究原则性和责任感

对于会计职业道德而言，诚信是其重要根本，好的会计职业道德是一位财会人员需要的重要品质。这就需要每一位财会人员都应具有一定的事业心和责任心，同时院校进行工作计划和制度上的制定，对其进行把握、理解，要做到将其吃透，在执行的过程中应该是坚定不移并且不折不扣的，对于其过程中的细节和其他任务的流程，都应该在实处落实。因此，对于财会人员而言，其所具有的职业道德水平对于其工作完成上的责任心和原则性上都具有一定影响，同时其主要就是对"操守为重，坚持原则"的重要体现。对财会人员的职业道德教育，是任何一所院校都必须常抓不懈的工作之一。在这方面，我们要进一步落实《中华人民共和国会计法》规定的"会计职业道德规范"条款，根据院校的财会人员职业操守准则，结合财会人员绩效考评办法，做好财会职业道德考核评价工作，完善财会人员本身的自律机制，并在日常工作中不断强调职业道德的重要性，使得每一位财会人员都具有强烈的职业道德意识。

（二）推进财务工作和财务管理的制度化、规范化，提高财务管理效率

为了加强财务管理工作，规范会计工作秩序，提高会计核算质量和财务管理水平，高校要建立一系列的内部财务管理制度，形成一套良好的体系，为推进财务工作和财务管理的制度化、规范化、专业化奠定基础。高校落实这些制度，给财务工作提出了更高的要求，财务人员必须充分理解和熟悉制度，规范今后的工作程序，从传统的财务核算逐步向财务控制、财务管理方面转化，以有力推动财务工作的开展。

（三）加强团队学习，不断提高专业技能管理水平，打造专业化职业团队

国家新颁布的《事业单位会计制度》《事业单位会计准则的实施》，与原会计制度、会计准则有较大的区别，同时高校发展面临转型机遇，这势必给财务工作带来巨大挑战。这就要求高校必须坚持对新的会计

制度和准则进行学习、培训和研讨,财会人员自身也积极主动熟悉、吃透现有的管理制度,学习、领会新的财经制度,进一步适应新的形势变化,为高校全新概念的财务管理打下坚实的基础。人在一起是团伙,心在一起是团队,要想加强财务队伍团队建设,必须人心合一,把财务决策、财务执行力、财务绩效评价通盘考虑。

第四节

内部审计监督控制系统及其创新

一、信息化时代下高校内部审计工作创新

我国的审计信息化应用开始发展的时间是在 20 世纪 80 年代末,这是因为其在资源上受到了一定的限制,如政策环境、审计人才、硬件设备以及基础条件等,导致其在信息化发展上是相对较慢的。但是在信息技术加速发展的今天,很多信息化元素在社会的多个领域中实现了其应用,如云计算和大数据等,给大众的生活和工作都带来了一定影响,同时,高校也是信息化的受益者和体现者中的重要一员。但正是因为这几年高校建设更加完善,同时其在教育投资和办学经费上投资巨大,导致其出现资源的大量流入,使其内部的审计工作难度加大,这就体现出了高校审计工作的重要性。信息化这一新格局对于发现和处理内部审计工作中的问题,并对其进行改革和创新具有重要影响。

（一）信息化时代对高校内部审计工作的影响

1.给高校审计工作带来发展机遇

信息时代的到来对于高校的内部审计工作而言，是其进行革新的重要机遇，通过信息技术来帮助内部审计人员创新思维，不仅减轻了高校审计人员的工作压力，还提升了审计效率。同时，对于其高校传统的审计工作来说，信息化的方式使审计在信息上更加全面和广阔，同时更加有效和准确，对于审计过程中可能出现的漏洞和问题，其也能进行及时的规避，促进审计工作的专业化。

2.促进高校审计格局的转变

就目前阶段而言，我国在高校的内部审计上具有两种制度上的审计，也就是基础审计与风险审计，高校内部的审计在资金的来源和去向上的主要工作内容就是其合规性和合法性。对于信息化时代而言，高校引进大量的信息设备，这拓宽了审计工作的内容载体，同时对于其内部审计进行整合，实现对其审计评价和审计控制，在审计风向管控上也实现了信息化的处理，对其内部的发展方向上提供了更多的可能，如"信息化审计""线上审计""数据化审计"等。高校要借助信息技术，从而解决传统审计上的弊端，保证审计组织和被审计单位在接口上建立连接，使审计的格局也发生一定转变。

3.给高校审计工作带来相应挑战

对于高校而言，因为信息化时代的到来导致其在内部审计工作上有了新的机遇和发展，也带来了很多挑战，高校对于传统的内部审计方式还在沿用，显然，这样的审计方式对于现在的工作要求是无法满足的，同时对于审计中的要求，其也渐渐暴露出来。其中包括，审计人员在其知识结构上是比较单一的，也就是对基本的财务专业知识有一定的了解，但是对于新的技术而言，还是了解过少，同时对于计算机的操作也有所欠缺，限制了审计工作的顺利开展。除此之外，对于内部审计模式而言，其也是一个重要挑战。

（二）信息化时代下高校内部审计工作中的问题

1. 审计人员综合素质有待提升

部分高校在进行内部审计的信息化改革的过程中,出现一定的问题,如其人员在综合素质上的欠缺,内部审计业务是具有一定特殊性的,这就需要相关的工作人员具有工作经验和较高知识体系,同时还要保证其道德水平,但是现在符合相关规定的人比较少,同时仅让这几位员工进行轮流的工作往往会导致其精力不足,可能出现分身乏术的情况,不利于内部审计工作的长期开展,有一部分审计人员是会计专业的毕业生,其在信息技术的操作上具有一定基础,同时还掌握一定的专业知识,但是因为缺乏高校审计工作上的经验,这就导致其对不同类型的审计上手较慢,导致其审计出现质量不均等的情况。

2. 审计制度体系存在模糊问题

高校内部审计的改革在制度和体系上出现的问题还是不够明确的。很多高校在其内部的审计制度上内容是比较空洞的,缺乏实际的管理目标和管理条例,对于审计项目和怎样审计等多种问题的标注不够统一。除此之外,对于实际的审计工作而言,部分高校没有制定和本校相适应的审计信息化工作规定,同时缺失国家在行政事业单位上和企业的内部审计上的标准,这就导致在进行审计工作的执行时,工作人员缺乏一定的可操作性,对于审计工作在其进度上和程序上的执行情况无法进行把控,不利于审计流程的运行。

3. 审计工作方式方法偏向单一

随着高校审计信息化改革进程的不断加快,逐渐暴露出高校内部审计工作中方式方法不够多元的问题,以往高校采用手工审计模式居多,受这一因素限制,内部审计工作一般采取事后审计法,但其临时性、间断性的特点无法满足审计工作所需的连续性要求,因此使得内部审计工作方式单一、固化现象十分明显。另外,部分高校还未全面普及会计电算化技术,导致校内虽然有审计使用的软件,但未经专业鉴定,专业性以及全面性有待实证,而且此类软件都为固定的单机版模式,无法实现审计信息的传输与共享,使得内部审计人员只能仍旧采用原来的审计方式开展工作,减缓了审计效率。

(三)信息化时代下高校内部审计工作的改革与创新路径

1.强化人员信息意识与综合技能

信息化时代既然为高校内部审计工作创造了发展机遇,那么利用大数据革新高校内部审计工作便是必经之路。但审计信息化改革需要技术型人才配合,因此高校的首要任务便是提升审计人员的综合素质。一方面,需根据高校内部审计工作需要,建立专门审计工作队伍,队伍人员可聘请社会相关人士到校内任职,同时积极引进社会专业信息技术型人才,共同与审计人员组成审计团队。另一方面,高校还应对现有的内部审计人员进行教育,尤其应注重对信息设备的操作技能进行培训,全面提升人员综合素质。

2.建立健全审计监管系统建设

信息化时代虽然能为高校内审计工作提供革新指引,但工作中的基本数据全部需由计算机代替运行,存在不稳定性,因此高校应当设置内部审计监管系统,实时监控审计工作数据运行状况,保证内部审计信息化流程正常运行。一方面,高校内部审计工作人员需根据审计工作规模大小确定审计人员配比,便于日常监管工作的开展。同时,还需建立健全内部审计考核机制,如合理区域内的激励和竞争机制、线上综合评价方式等,为审计人员提供公平透明的晋升平台。另一方面,高校还可创建校内审计委员会,专门负责校内审计项目及外包工作,与高校审计处、管理层之间形成制约关系,多管齐下,有效提升审计人员的工作效率。

3.结合信息化技术创新审计方式

高校内部审计工作需结合信息技术,不断丰富与创新审计方式,方能提升内部审计效率,提高审计工作质量。一方面,高校内部审计部门可借助会计电算化方式对审计数据进行智能化整理,通过电算化得出审计预算数据,并根据数据分析结果对审计项目进行跟踪调查,及时修改学校预算与实际支出差异,解决信息化审计工作中的潜在问题。另一方面,高校还应自主开发一些经济实用的审计软件,如云审计模式。审计人员可利用云审计将审计数据资源储存到网络服务器中,提前设置好程序,让其自行运转,能够实现高效的审计过程。而且,云审计与校内其他系统网站能够使用同一个网络服务器,如此既能实现资源节约又能实现资源共享,最终确保以最低的成本完成高质量的审计工作。

二、新形势下高校做好内部审计工作的措施

(一)完善制度建设,提高工作效能

制度建设是依法治校的重要保障,为加强制度建设,规范审计工作管理,切实改进工作作风,提高审计工作效能,高校审计部门应组成由审计处牵头,财务处和科研处参加的联合调研小组,针对制度建设中存在的问题及解决措施深入学校二级学院及各行政部门进行调研。通过调研充分掌握高校在制度建设中存在的问题,对照国家、省市各级审计文件要求,不断规范学校审计权力运行、强化审计质量控制、防范审计作业风险,以规范审计程序提升审计质量为目标,结合学校工作实际,进一步完善审计管理、财务科研经费管理以及干部队伍建设等方面的规章制度,并加大制度执行力,将依法审计贯彻始终,使审计工作更加制度化、法制化、规范化。

(二)加强理念创新,丰富审计方法

高校内部审计工作要以习近平新时代中国特色社会主义思想为指引,积极适应新形势、落实新要求,坚持把创新作为事业发展的坚强引领,始终坚持解放思想,实现审计手段创新。

1.深化审计信息化,提高审计效率

内部审计信息化建设是实现信息化环境下审计"免疫系统"功能的必然要求,是提升审计监督能力和完善教育治理体系的重要途径。为提高服务水平,应该在实际工作中建立"学校审计服务工作微信群",

为师生提供最新的政策及查询服务,每天工作人员实行值班制,线上及时解答教职工提出的各类审计业务问题;推出省属高校审计处首家新媒体信息化服务平台——"审计处微信公众号",公众号陆续推出了审计相关制度、工作流程等内容,进一步加大了审计的宣传力度。

2.准确定位,注重与被审计单位沟通交流

审计工作开展的成效在很大程度上依赖于被审计单位的支持与配合,为此,要牢固树立服务意识,加强与被审计单位的沟通交流。在工作中与被审计对象共同研究、分析,探讨解决问题的对策,共同关注解决问题对策执行的效果,提出旨在提高健全制度、完善管理、提高效益、易于整改、针对性强的审计意见和建议。实践证明,开展审计调查,有效促进了学校管理、防范了资金适用风险,推进内审工作的进展,初步形成了具有学校特色的内审工作新特点。

3.办讲座,加大政策宣传力度

为提高师生的风险意识、加强风险控制、完善内部管理、规范业务活动、加大审计政策法规宣传,应该适时开展审计讲座。讲座内容贴近工作实际,对提高教职工业务知识及实务操作能力起到了积极的推动和促进作用。

(三)强化审计监督,提升审计成效

1.强化审计风险防控功能

一是坚持审计监督有重点、有深度、有成效的"全覆盖"。审计质量是审计工作的生命线,在保证审计监督领域基本涵盖学校主要业务部门和业务门类的同时,不断加大对权力运行、工程管理、财务收支管理、预算管理、采购管理、合同管理等领域的审计监督力度,在促进学校完善内部控制、提升发展质量、推动深化改革、促进反腐倡廉等方面发挥了更为积极的作用。二是进一步将审计重心从"查错防弊"向推动完善制度和加强管理转移。重点完善内部控制审计机制建设,进一步加大内部控制评价比重,不断促进审计在"职能制度化,制度流程化、流程信息化"中的建设性作用。其间,特别注重以落实审计整改任务为落脚点。

三是进一步前移审计"关口",做到"风险早预防、问题早纠正"。在工程审计方面为进一步加强学校建设工程管理和项目审计工作,降低工程建设成本,提高建设资金使用效益。以学校重点建设项目为切入点,进一步深化工程全过程跟踪审计,防范风险发生。

2. 突出审计促进改革效果

一是开展政策落实跟踪审计,更好地发挥审计在助力深化改革中的建设性作用。开展财务收支等专项经费审计,从促进经费预算执行、确保经费规范使用、推动学校政策落实和提出决策参考建议角度科学确定审计内容和重点,适时提出的加快预算执行进度、加强专项经费支出力度、积极推进绩效奖励决策、防范经费支出潜在风险等管理建议得到了校内有关部门的积极采纳。二是开展科研预算执行审计,促进高校提高资金使用效益,并对科研项目预算的执行效果情况进行了重点抽查。审计中既关注经费支出合理性,又关注经费支出绩效性,在规范预算管理、促进预算执行,特别是在促进干部担当作为、干事创业方面发挥了积极作用。

(四)加强队伍建设,提升服务能力

在工作中严格按照好干部标准和"忠诚于党、恪尽职守、团结共事、严于律己"的要求,从"强信念、提素质、讲规矩、正作风"四方面加强队伍建设。一是强信念。就是要坚定理想信念,正心修身,进一步增强政治意识、大局意识、核心意识、看齐意识,自觉忠诚于党,做到修身慎行,怀德自重,永葆共产党人政治本色。二是提素质。就是要加强审计业务学习,补齐知识能力短板,熟悉国家省等新政策法规,提升自身能力,不断提高专业化水平。三是讲规矩。就是要严守党章党纪党规,严格按照各项规章制度办事,进一步健全完善各项制度措施,健全对制度执行情况的审计监督检查。四是正作风。就是要自觉践行"三严三实"标准,不忘初心、牢记使命,勇于开拓进取,担当有为,始终保持审计干部清正廉洁本色。

第五章
高校财务管理技术和方法及其创新

高校财务预算管理及其创新

一、创新预算制度

　　相比于传统的预算制度,创新预算制度要在此基础上增加动态的前期预算计划、事中监督与事后评估。对于可能发生问题的各个环节,我们要严格把控,主动寻找这些问题及其出现的原因,并制定合理的解决方案。只有做到这些,才能在财务部门强力协调、监督与控制的作用下,促进集体目标的实现,同时保证全局利益的稳定性,使高校教育事业获得健康、稳定的发展。

　　第一,完善高校财务预算制度。对于高校财务管理工作而言,预算管理是重要的组成部分,因而不可忽视其作用。同时,预算管理是高校开展经济活动的前提与理论依据,好的预算管理有助于高校经济活动的开展,而存在缺陷的预算管理很可能会阻碍高校经济活动的有序进行。对于高校财务管理来说,高校财务的预算工作是必须重视的,当预算工作与实际情况有较高程度地结合时,能够在很大程度上确保高校财务管理的实现。需要指出的是,我们不仅要重视预算工作的严肃性与权威性,还要保证预算工作具有较高的透明度。当预算工作的透明度得到保证后,学校能够对本学期的财务分配有更为清晰的认识,一种被约束的氛围会在内部逐渐形成,在一定程度上起到指导行为的作用。此外,对于具备一定条件的高校,可以成立以校长为中心的财务预算编制委员会,在校长的带领与宏观指导下,组织相关部门做好学校内部关于财务的预测与协调等工作,并监督与控制整个预算执行过程,确保学校财务预算工作的有序开展,以及预算工作不受形式主义的侵蚀,最终发挥出其真正的作用与理想的效果。

第二,制定中期或长期目标管理体系。一般而言,传统预算管理模式下的预算编制的有效性为一年,主要目的是确保学校财务一年内的正常使用与运转,在学校及其各个部门的长远发展以及学校资金供给关系的协调上的考虑不够充分。随着时代的不断发展与高校改革的日益深入,预算管理不可只重视学校当下的发展,还要放眼未来,注重中长期发展战略目标的制定与相关履行,坚持中长期发展计划结合于年度预算的原则。中长期计划是以年度计划为基础进行的,应在稳步推进中谋求新发展。在长期计划的制约下,年度预算将更具合理性、科学性,并在实施过程中完美地展现其作用。

此外,中长期计划制度必须具备科学可行性,尽可能适应学校的发展规划。在中长期计划中,对基础建设与项目投资应有严格的审核与把控,根据实际条件与需求,明确基础建设与项目投资的具体计划与规模,并通过合理的前期分析与论证,尽量保证项目实施的有序开展。同时,对目的资金需求有充分的考虑,提高建设项目预算与实际的契合度,确保中长期发展技术与年度预算之间具有可调节性,进而保证预算管理质量。

第三,建立高效的部门预算控制体系。部门预算的实施,不仅是高校预算管理的基础工作,也是高校预算管理最为重要的环节,具有相对强大的控制能力。随着部门预算的高效性与可控性的不断提高,能够保证工作计划的有序开展,进而缓解或解决高校预算的软约束与权力分配问题。如果高校预算具有较高的可行性,但相关部门对预算管理的控制力较低,并且领导的重视程度不高,很有可能导致预算的执行过程出现无法预估的消极影响。在预算进行编制的过程中,应保证宣传力度维持在较高水平,让相关部门及其工作人员意识到预算的重要性,从而全身心地投入预算编制的工作中。同时,要对上级部门预算的具体执行情况以及长期财务收支的各种因素进行合理的事前分析,在执行部门预算时建立有效的跟踪、分析与评价制度,以正确、合理地评价各个部门的预算经费使用情况与效果。

二、改进预算编制

第一,采用合理的方法保证预算编制的科学性。在国家政策的宏观指导下,教育改革日益深入,使得高校预算及其相关内容越来越繁复,这时,高校就要对自身的实际情况有充分的了解,并以此为依据,对于不同的预算项目,选择合理、有效的预算编制方法。比如,采用滚动预算法、增量预算法、零基预算法等,甚至是结合多种预算方法,以保证预算项目更加契合高校的当前情况。具体而言,在编制专项经费预算支出的过程中,零基预算法是很好的选择,先是对高校各项工作的重要性及其影响因素进行充分考虑,然后对各项经费的具体支出及其必要性进行预算,最后在全局视角下,进行总体协调。在编制人员经费支出与日常经费支出的过程中,可以采用增量预算法,以上一年度预算的具体执行情况为参照,对本年度的预算数额进行分析与预算。此外,通过综合运用多种方法,有助于支出结构的优化,提高资源配置的合理性,进而节约一定的高校经费,避免各个部门虚报数额,导致预算与实际情况有较大差异现象的发生。

需要指出的是,以高校发展规划为依据,编制相匹配的滚动预算,能够将预算的特殊作用充分发挥出来。

第二,贷款资源成为财务预算管理的重要组成部分。目前,很多高校都会有一定的负债,即使某年在收支中营利,但未必能按期还款。在编制预算的过程中,可以引入现金流量模型,将借与还的贷款资金纳入财务预算,从而将学校财务的具体情况真实地反映出来。当迎来还款高峰期时,在基本支出得到保证的情况下,对项目支出进行合理安排,确保资金链的衔接。在学校加大建设力度,谋求跨越式发展时,要尽快集资,以确保学校重点工作的有序开展与顺利完成。

第三,通过对零基预算①的合理运用,凸显预算管理的合理性。高校对校内财务预算进行编制的过程中,经常以往年的具体收支情况为基础,这是难以真正做到以收定支的,这些预算编制思维与方式相对简单,并且有些落后于高校财务管理的新发展。同时,一些高校会采用“基数 + 增长”这一分配方法,也就是以上一年度的技术为基础,再对本年度的增减因素进行分析,从而得到本年度的支出规模。总体而言,这种方式是具有简便易行的优势的,但是与透明、规范、公平的原则不符合,对下属预算单位下发的指标基数缺乏科学论证与量化分析,在具体的实际管理中,这种弊端已经越来越明显。因此,高校应深化预算改革,对资源配置进行不断优化,对编制预算的方法进行不断改进,将“基数 + 增长”法取消,使用零基预算。零基预算是一种以零为基础对计划与预算进行编制的方法。在进行成本费用预算编制的过程中,无须考虑过往的费用数额或费用项目,只需以零为基础进行预算,对于其他数据与信息不做考虑,一切以具体的实际情况为出发点,对预算期内的各项费用内容及其开支标准进行有序审议,并确定其合理性。总体而言,零基预算虽然相对复杂,但大大提高了预算编制的科学性。

由于预算注重的是以现实为基础,更好地迎接未来,并且对预算管理的前瞻性思想有所反映,因而与目前的财政政策形式较为适应。在进行具体执行时,相关人员应将学校的全部活动视为新的起点,然后以高校的总体目标为依据,对各项活动的效果以及在总体目标实现过程中的意义进行审查,并以费用效率的分析为基础,确定各项管理活动的先后顺序。根据确定的先后顺序,排列资金与各种资源的具体分配,同时根据预算年度全部事项与因素的重要程度,对各个部门的支出需求进行测算,而后将预算编制到具体的项目中。对于赤字项目,需要建立

---

① 零基预算:不考虑过去的预算项目和收支水平,以零为基点编制的预算,具体指不受以往预算安排情况的影响,一切从实际需要出发,逐项审议预算年度内各项费用的内容及其开支标准,结合财力状况,在综合平衡的基础上编制预算的一种科学的现代预算编制方法。

滚动项目库,以重要程度为依据,进行相应的排序,然后根据当前的财力情况,进行逐步落实。在预算编制的全过程中,相关工作人员都要以高校的总体目标与依据为基础与前提,总体目标分解后的各个部门目标通过反复沟通,或是自上而下,或是自下而上,最终形成预算初稿,当得到学校财经工作领导小组审核通过后,正式预算就形成了,然后下达各级部门进行具体的执行即可。相对来说,零基预算的科学性较高,不仅能够对高校资金的具体支出起到限制作用,还在一定程度上提高了资金的使用效率。

第四,高校预算管理应注重"以人为本"[①],强调群体性参与。对于高校财务预算管理,不可只由财务部门进行决策,而是需要整个学校的协调配合。一般而言,各个预算单位获得的信息是有一定差异的,这就需要各个部门共同参与财务预算管理,也就是在进行预算编制时,财务部门不能"独断专行",要让更多的预算单位参与进来,进行共同探讨,以提高预算编制的科学性。随着预算参与群体的增多,零基预算的应用条件更加充分,使得预算指标的可行性得到进一步提高。在进行具体预算的过程中,各个预算单位对部门预算进行初步编制,并上报财务部门,进行初步审核;审核结束后,财务部门提出具体的修改意见,并向预算单位及时反馈;预算单位以反馈意见为依据,通过合理分析对部门预算进行调整,如果对财务部门的反馈意见有所质疑,可与其协商,得到双方认同的结果,然后上报财务部门;财务部门对部门预算进行整体汇总,最终形成预算初稿。随着预算参与性的不断提高,可以听到更多预算执行者的心声,这对预算编制具有重要意义。

第五,对于高校编制预算,应始终坚持"量入为出,收支平衡"这一原则,合理使用学校的全部资金,同时综合平衡学校内部的自有资金与国拨资金,对这两种来源的资金进行统筹规划,这不仅能提高各项资金使用的合理性,还能使教学与科研服务的不断优化获得更强有力的支撑。收入预算要重视积极稳妥这一原则,也就是在收入预算的编制过程中,不仅要对经费来源增减与收入的变化有充分的考虑,还要尽可能地对收入进行核实,以免赤字隐患的潜伏与爆发。总而言之,支出预算要始终坚持勤俭节约、保证重点、统筹兼顾等原则。

---

① 以人为本:是胡锦涛同志提出的科学发展观的核心,体现了中国共产党全心全意为人民服务的根本宗旨。

第六，加大编制预算范围，实行全面预算。在很长一段时间内，高校编制预算只是对本校财力的预算，不包括非本校资源的预算，并且截至目前，大多数高校依然如此。此外，虽然一些高校进行了综合预算编制，但大多是为了符合上级部门下达的要求，并没有经过科学、合理的论证，与预算执行结果的差距极大。为了实现预算内外资金的融合，对学校各项资金进行统筹考虑，实行预算资金的统一使用与调控，提高预算调控力度，就要加大预算范围，实行全面预算。

第七，高校预算管理的重点内容编制科学的综合财务计划。综合财务计划指的是以事业发展计划与任务编制为依据的年度预算。预算编制与预算执行是一个系统的工程，在这个过程中，为了提高预算管理的水平，要保证这几点要求。一是预算项目的细致性。相关工作人员不可粗略估计经常性项目及其专项经费，更不能只重视总额的控制，而要保证收入与支出的准确性、真实性。二是预算内容的完整性。财务计划中，要对校级与院系二级单位的所有资金收支计划有所反映，以确保预算考核具有可比性与依据。三是预算效力的权威性。当年度预算得到确定后，要进行严格的执行，职能部门不可在理由不充分的情况下改变预算。四是预算过程的民主、公开、透明。在编制预算的过程中，要系统、深入、广泛地调查分析学校内外的环境影响，对学校的各项建设需求进行综合，提高预算编制的科学性与公正性。五是促进预算能够有效结合于决算。决算是对收支完成情况的汇报，预算只有与决算结合，才能全面反映财务运行效果。因此，预算与决算在内容与口径上要保证统一，应根据核算口径对已编制预算进行还原与归集，从而达到考核可比口径预算项目的目的。六是建立预算跟踪、分析与评价制度，并对预算控制制度进行不断完善，对资金的支出结构进行优化，保障资金的正确使用，通过提高资金的使用效益，进而提高预算的民主、公开、透明。

三、改进预算执行情况

想要改进预算的执行情况，相关人员需要注意以下几点。

第一，确保预算的严肃性，对于预算的调整保持谨慎。当预算处于执行阶段时,一般不可随意改变,但高校年度预算的运行时间较长,出现一些问题是在所难免的。比如,学校财政政策有了巨大改变,或是学校实际情况较从前的差异过大,这时高校预算应以实际情况为依据,做出适当调整,但也不可做出大幅度或经常性调整,只做出细微调整即可,以更好地满足学校的实际需求。同时,预算调整应有相应的制度,想要对预算进行调整的部门要向财务部门及时反映,并提交正式书面申请。在申请书中,反映当前预算执行情况以及必须进行调整的原因,并通过分析指出需要的额外资金。当财务部门经过严谨的审核后,应着力于预算调整方案的编制工作,得到学校大会的认可后即可执行。

第二,实行绩效预算,追踪预算资金,提高资金使用效益。贯彻资金使用责任制,采取合理的方法,对资金进行检查,调查是否出现浪费、挪用、挤占等问题。预算管理的专业要求较高,需要科学地分析很多指标性数据,建立和完善执行力度较高的监督组织机构,制定科学的预算执行方案及其考核方法,提高财务核算与分析相关软件对管理的应用能力,提升管理体系的技术性。想要保证实施预算管理的有效性,一定要有完善的监督机构,高校领导层、组织部成员、审计部门人员等涵盖其中,同时,通过加大权力设置的层次性,起到均衡各方利益关系的作用,从而形成客观、公正、公开的监督系统。预算执行为预算方案应用与实际提供了保障,它是预算管理最为直接的目的。如果一个靠考评方法具有合理性,能够在很大程度上保证各个部门对预算方案的深度应用,进而促进资源的合理配置。对于预算而言,应构建一个具有严谨、公正等优良特质的预算监督机制,以更好地实现整个预算过程。需要指出的是,这个预算监督机制要做到三点:一是在事前进行审核;二是在事中进行监督;三是在事后进行检查核证。另外,各个部门也要对自身的预算监督工作予以充分的重视,以保证预算执行的顺利开展。

第三,重视过程控制,对预算管理的严肃性进行维护。将预算约束硬化,实行围绕预算的财务管理运行机制。各高校应以实现财务预算为中心,将财务决策落实,保证财务制度的严谨性,提高财务的约束力与控制力,当高校财务预算得到肯定后,在学校便具备"法律效力",在理由不充分的前提下,预算是不可擅自调整的,即使得到允许,也不可以进行大面积更改。当前,由于部分学校的预算约束力较弱,经费使用部门为了追加预算,总是会在预算指标执行时制造理由,使得学校财务压力增大,甚至雪上加霜,赤字越来越大。因此,应将收支审批程度规范化,对于预算支出的内容、范围、限额等要一一明确,当某项目超过预算时,应向校领导或是财政部门提交书面申请。当得到反馈后,应根据反馈内容调整预算执行,以确保预算管理的统驭性、权威性。财务部门应以预算方案为依据,对财务预算控制与管理进行跟踪实施,对资金投向的预算执行情况进行重点监督与检查,在必要时,实施一定的财务手段,促进财务管理方法、策略等与预算执行过程的有机融合。预算管理工作是严谨的,也是严肃的,不论是从预算指标的控制到预算项目的调整,还是从预算目标的制定到预算方案的审批,都要时刻意识到预算的严肃性,并进行自我约束。当与预算规定相违背的行为发生时,不可姑息迁就,要进行严厉的惩罚,并不断强化对预算项目的监管力度。

建立规范、科学的支出项目绩效评价分析体系,保证考核机制的规范性与完整性,并对预算执行情况进行及时的分析,借助考核流程,明确执行过程中存在的各种问题,通过采取有效应对措施进行纠正。考核结束后,应公开考核结果,并以此为基础,进行相应的奖励或惩戒,将预算项目对预算管理的导向作用与制约作用充分发挥出来,在后续中强化对绩效考核结果的权衡。对于预算管理而言,预算控制这一环节极为重要,预算方案执行力度的大小,在一定程度上是由监控预算执行过程的力度决定的。因此,应通过超预算预警机制,根据正式预算或追加预算,及时监督各个部门的支出情况,随时掌握预算执行的均衡性与进度。只有加大对预算执行过程的监管力度,才能避免挪用专项经费、经费过剩或预算超支等现象的出现,确保高校各个项目的顺利开展与完成。

四、依靠绩效评价对财务预算进行考评和修订

完成预算管理目标的制定后,高校财务管理者还要对高校管理需要进行充分考虑,保证预算管理的科学性与适用性,通过预算调整机制进行内部控制。在调整预算的过程中,应注重规范化,不可随意更改预算,也不可使预算过于僵化,可以依靠目标在内部调整。此外,高校财务管理者应注重自身财务预算管理能力的培养,以提高资金使用效益,通过不断地增加营收节支,促进高校经济效益的提高;以高校现有资源

条件为基础,结合高校的长期发展,同时,在预算管理体系中重新归纳整理各类预算,并向管理者及时传递重要的决策信息,从而使管理者的决策更具科学性、合理性。

五、建立全面预算管理体系

全面预算管理就是全方位、全过程、高覆盖面的管理,它需要全员参与关于高校经济的全方位的全过程。以此,对于预算内容体系的安排,要对其全面性持极高的重视。这里所说的全面,是指预算必须包括高校财务与经营业务的全部内容。当前,高校预算管理并不能反映全部的高校财务活动与经济活动。对于高校全面预算管理而言,内容相对较多,具体如下。

(一)要加强高校全面预算管理的组织保证

对于全面预算管理有效性的提高,可通过高校预算工作组织领导的加强来实现。为了确保全面预算的顺利制定与执行,应建立以高校领导阶层为中心的全面预算管理机构,中坚力量为各院系主任、专家教授代表以及教职工代表等,主体为财政部门的工作人员。全面预算管理机构的主要职责是:以学校战略目标为指导,组织相关人员预测、审查、研究、协调各个部门的工作目标,以及预算调整各种预算事项,通过各个组织的预算会议来确定预算目标。此外,全面预算管理机构有整合学校资源的权利,并对各院系进行相应的控制与分配。

(二)成立专门的预算管理的职能部门

各大高校应以财务部门为基础与核心,设立专门的预算管理办事机构,用于有关日常事务的处理与预算工作。这一机构的主要职责是:将战略目标下的各部门任务逐一分解,初步审查各部门的预算编制草案,并将其转化为财务分析数据,对各部门提交的预算与预算草案进行协调、平衡与汇总,并向预算管理机构提出关于预算及其分配的各种想法与见解。同时,管理预算的执行控制、差异分析与业绩考评。

(三)建立预算管理责任网

高校财务管理者应将预算责任逐级分配给学校内部的各部、各处、各院、各系、各科室以及个人,以建立预算管理责任网,每个责任中心承担一定责任的同时,会享有一定的权利,从而降低责任带来的压力与负担。在建立预算管理责任网的过程中,应注意以下两点:一是明确责任中心的划分,从而更好地进行预算责任的逐级分配;二是明确各级的责任目标,形成较为完善的责任指标体系。

(四)对各责任中心的执行情况

以责任指标体系为依托,进行评价分析,需要建立预算评价分析机构,用于获取各级责任中心进行预算执行后的效果。每年年末,围绕各级责任中心的预算目标完成情况,由学校财务部门与审计处进行检查、分析。一方面,这是以预算目标为基础,对各级预算责任单位的具体财务情况进行的全方位审查;另一方面,是对各个预算管理机构管理效果的测验。当前,学校的内控循环能够将内部审计与指标分析的作用充分发挥出来。

1.全面预算的编制方法

首先,要明确服务于学习整体战略的各级责任中心的预算目标。预算目标的明确有助于学校战略目标财务数据化,进而成为各级部门与教职工的工作任务。其次,以责任单位的工作任务与职责范围为依据,逐层分析预算总目标,进而更好地对绩效预算考核的内容与指标进行设计,同时规定各项指标高质量完成后的指标值,经过上下的一致协商,制订学校各个部门或单位以及各级教职工的目标,进而采用总目标对分目标进行指导,采用分目标对总目标起到保证作用,形成互联关联的责任预算指标。最后,开展预算的编制工作。以各个分解指标为基础,分切学校内部的各级责任中心。

2.全面预算的实施与控制

各级责任中心的年度业务活动是以预算指标为基础的,根据预算责任体系,逐一分解学校总体预算目标,而后各级责任中心负责相应的分配任务,进行归口管理,基于财务预算提高具体程度,并有序实施。对于预算执行,学校要通过组织机构加以控制,使预算得到保证。同时,为了确保学校总体预算目标的实现,学校应于内部建立多层责任网络。在预算执行时,应确保预算组织结构的科学性,以及明确责任界限与责任层次,从而使各级责任中心更好地开展关于预算的各项活动。财务部门应对财务数据进行定期汇总、分析,并向各个业务部门及时反馈得出的各项指标,通过这种对预算执行的宏观监控,在一定程度上提高预算执行的准确性,进而使预算目标的完成得到保证。

高校全面预算执行的考核指标体系与激励机制。在高校全面预算执行的过程中,高校应如企业一般,通过方法与程序的设立,提高高校内部机构与相关人员对预算方案的全面落实,进而促进财务预算更好地实现。为了全面落实财务预算,企业财务控制应以制度保证、组织保证、预算目标、会计信息、奖罚制度、信息反馈系统为基础,以现金流量控制、综合经济业务、价值控制等为目标。为了更好地实现预算,高校应参考企业,建立合理的财务控制制度。预算执行考核指标指的是对指标体系单位内部各级责任中心与个人预算执行的具体情况进行一定的考核,最终得出的评价结果。当预算执行经过指标考核后,其具体执行情况与各种存在的问题会浮出水面,进而更好地解决关于预算执行的各种问题。同时,可以清晰地看出各部门责任人完成责任标准与责任目标的程度,以及对学校整体预算目标所做的贡献。实际上,高校可以将预算执行考核指标视为部门工作考核的一个重要指标,进而提高奖惩制度的合理性。此外,建立学校部门预算执行的奖惩机制,并将考核结果结合于预算执行各级部门与个人的经济利益,在奖惩机制的作用下,能够促进这些部门或个人更好地开展关于预算执行的各种活动,进而实现高校的总目标。

第二节

高校成本管理及其创新

一、高校的社会定位

根据我国当前国情,各类组织的类型大致可划分为两种:一种是营利组织;另一种是非营利组织。顾名思义,营利组织的主要宗旨就是营利,在不违背国家法律的情况下,尽量通过现有资源来换取最大回报。而非营利组织与营利组织正相反,其存在的目的并不是营利。根据涵盖范围,非营利组织又可以分为广义上的非营利组织与狭义上的非营利组织。广义上的非营利组织指的是除企业组织外的全部社会组织,而狭义上的非营利组织指的是除政府部门外的全部社会组织。根据美国会计学会与其他国家的会计学术组织的相关研究,并结合我国实际国情,通过以下方面,可以对非营利组织的特征有更加深刻的理解。

（1）非营利组织提供的公共产品及其相关产品是具有公益性质的,同时,其提供的服务具有整体性,可能是专门服务于某个社会,也可能是服务于某一行政趋势,甚至是为全体国民服务的。

（2）相比于营利组织,非营利组织最大的不同是提供的产品与服务不具备营利性质,即营利组织之所以提供产品与服务,主要目的是营利,非营利组织并不是这样。也正因如此,非营利组织会更好地考虑一个整体的利益得失,提供的产品与服务多是不收取费用的,即使其所提供的个别产品与服务需要收取费用,也是远低于该产品与服务的成本的。而非营利组织的这一显著特征,营利组织是完全不符合的。

（3）非营利组织的服务是不求回报的。在组织运转的过程中，非营利组织需要的费用多是政府拨款或是地方拨款，也可能是其他组织或个人的捐赠等。这也是非营利组织不求回报的原因之一，其组织人员不必为了组织的正常运转而谋求经济效益。

（4）作为非营利组织的管理者，在资金的使用上会受到限制。一般而言，非营利组织的资金多是来自政府、其他组织或个人的捐赠，这使得非营利组织的管理者不仅要对资金的使用情况进行记录，还需要标明资金的取得方式、处置及其效果等，从而保证资金委托人的资金能够用在正当的地方。

（5）对于非营利组织财务报告，是不需要提供财务业绩信息的。由于非营利组织不具有营利性质，因而只需要确认、计量、记录、报告财务收支活动情况以及对受托责任的履行情况即可。对于非营利组织而言，向其捐赠的资金并不是用于投资的，因此没有所有者权益要素。同时，由于出资人对利润计量没有要求，也就是不求经济回报的，因此在会计要素中不存在利润要素，并且在对外财务报告中不需要提供关于财务成果与经营状况的信息，只需要明确自身财务状况以及出资人的资金支出、结余等情况即可。

以上述非营利组织的特征为参照，并结合我国高校提供关于教育服务的准公共产品特征，以及产品的属性与消费特征，可以看出我国高校属于非营利组织，这与当前世界对高校的社会定位是相同的。

二、高校教育成本核算的目标

第二次世界大战前，非营利组织虽然已有一定起色，但发展缓慢，直至第二次世界大战后，世界上大多数国家与地区大多时间内都处于和平状态，这为非营利组织的高度发展带来了契机，这是因为非营利组织本身就需要耗费大量的资源，而和平年代，国家或地区的整体发展往往平稳中向好，甚至会迎来高速发展阶段，繁荣的经济也促进了非营利组织的发展。正是因为非营利组织的利是大于弊的，使得人们对非营利组织的发展越来越重视，这种情况下，很多人开始指责非营利组织的低效率及其原因，要求这些组织将它们的报告业绩公之于众。在这样的社会背景下,政府部门与会计界对非营利组织提供运营业绩的关注度越来越高,同时重视与成本信息相关的问题。此外,在非营利组织会计准则研究与制定的过程中,世界各国对非营利组织的业绩与成本信息问题的涉及程度逐渐提高。

根据美国财务会计准则委员会[①](FASB,1992)在"非企业组织财务报告的目标"中做出的列示,非营利组织财务报告的目标具体如下。

(1)当现有或潜在出资者对非营利组织的资财分配进行合理决策与要求时,需要向他们提供有效信息。

(2)当现有或潜在出资者对非营利组织进行关于劳务的评估时,需要向他们提供提高评估准确性与全面性的信息。

(3)当现有或潜在出资者对非营利组织进行关于管理者履行经营责任的评估时,需要向他们提供对评估有利的相关信息。

(4)应能够提供某一非营利组织经济资财与净资财的具体情况,以及受到某种交易、事项或某些情况的影响,导致的资财及其相关权利的变化情况。

(5)应能够提供对某一非营利组织报告业绩及其关于劳务耗费的力量与获得的成绩进行有效评价的信息,并能够对该非营利组织的净资财的各方面变化进行分期计算。

(6)应能够提供某一非营利组织的流动资财的获取、使用、借款、偿还等情况,以及影响资财流动的各种因素的相关信息。

(7)对于各种财务信息,应进行解释与说明,从而方便用户的理解。

美国政府会计准备委员会认为,包括学校在内的非营利组织财务报告是其首要目标,还认为,在经济责任性目标上,非营利组织财务报告的重要性远远高于具有营利性质的企业财务报告。基于此,学者荆新[②](1997)对这一目标的表述如下。

(1)应便于经济责任的履行,以及能够让使用者对这种经济管理责任做出评价,其具体表现是这样的:应提供关于当年收入是否能够让当年支出得到满足的信息;应确定资源的获取、运用与法定预算是否相

---

① 美国财务会计准则委员会:是一个独立于美国注册公共会计师协会和其他任何利益集团的民间职业组织,成立于1973年。

② 荆新:1957年出生,博士研究生学历,教授。历任中国人民大学会计系教授、德勤国际会计公司研究员、美国密歇根州立大学高级访问学者。

符,与其他契约要求与财政法规是否相符;应提供方便使用者对服务业绩做出评价的信息。

（2）应当便于使用者对当年政府单位的运作成果做出评价,其具体表现是这样的:应提供政府单位对业务资金的筹措以及使现金需求得到满足的相关信息;应提供关于资财来源与运用的各种信息;应提供会计主体运作后,财务状况得到改善或是恶化的有效信息。

（3）应便于使用者对政府会计主体的职能履行能力与服务水平做出评价;应提供政府单位各种资源及其剩余使用年限的相关信息,包括能对这些资源服务潜力进行评价的相关信息;应提供政府单位财务状况及其详细变化的信息;应对资源施加的契约限制与法定限制以及资源的潜在风险进行说明。

根据我国《企业会计准则》的相关内容,财务会计报告的使用者属于债权人或投资人。以政府及其有关部门与社会公共的分类为基础,结合我国行政事业单位会计准则与高校所具备的非营利特征,可以得出会计信息的使用者包括以下5大类型。

第一,政府部门、单位与个人在内的捐资人与出资人。

第二,将贷款服务提供给学校的金融机构,将货物提供给学校的供应商,对学校享有债权的其他单位的债权人。

第三,学校内部的教职工或管理部门等。

第四,与学校关联性较强的包括综合部门的有关政府管理部门。

第五,作为出资人或非出资人的家长或学生。

根据我国《企业会计准则》可知,财务会计报告的目标是将关于企业财务状况、经营成果、现金流量等的会计信息提供给财务会计报告的使用者,以向其反映受托责任履行情况,进而使财务会计报告使用者更好地做出经济决策。

根据上述我国高校会计信息使用者情况,以及我国《企业会计准则》规定的财务会计报告的目标,并对我国关于非营利组织财务报告目标的各个方面进行借鉴,可以得出我国高校财务会计报告的目标,具体如下。

（1）以评价学校财务状态的目的为基础,为财务会计报告的使用者提供学校资产与负债的结构、规模、变化等情况的信息。

（2）以评价学校收支情况的目的为基础,为财务会计报告的使用者提供学校的收支、成本、高校教育服务业绩与效果等情况的信息。

（3）以预估学校现金流量前景与持续运作能力的考虑为基础，为财务会计报告的使用者提供学校现金流入、流出、变化以及关于净资财等的信息。

（4）以评价捐资人或出资人是否继续投资等的考虑为基础，为财务会计报告的使用者提供学校对出资与资金的使用以及净资产及其变化等情况的信息。

根据上述目标可以看出，提供高校教育成本信息是高校财务报告的重要目标。而提供高校教育成本信息成为高校财务报告的重要目标后，高校就要建立高校教育成本核算制度，并开展高校教育成本报告的编制工作，从而将有助于决策的信息提供给财务会计报告的使用者。

三、高校教育成本核算的对象

成本核算对象指的是确定归集与分配生产费用的具体对象，通俗来讲，就是生产费用承担的客体。对于企业而言，各种资源的消耗都是以一定的产品为中心开展的，所以成本核算对象就是导致资源耗费的指定产品。同理，对于高校而言，各项资源消耗都是围绕各类高校教育服务进行的，因此其成本核算对象就是指定的高校教育产品。

在学术界，对高校教育产品有不同的认知与理解。一种观点认为，高校教育产品指的是学生技能的提高、知识的增加，以及学生在接受高校教育的过程中形成的社会行为规范的养成、价值观念的树立等；另一种观点认为，由于高校教育是对人进行培养的社会活动，那么高校教育产品理应是学校培养的各种不同质量与类型的人才本身。

对于高校教育产品的定义，经济学家厉以宁认为："高校教育产品是指高校教育部门和高校教育单位所提供的产品，这种产品又称高校教育服务。"本书认同这一观点，因为对于高校教育产品而言，这一定义较为全面，并且与高校教育成本核算对象的高校教育产品内涵较为贴切。基于这一定义，可以将高校教育成本核算对象视为高校向学生提供的不同专业、不同层次的高校教育服务。因此，为了保证高校教育成本核算的准确性，高校应分专业、分层次地进行核算与分析，既要根据学生的学历层次对高校教育成本进行分别核算，又要以不同的分类方式为依据,将高校教育成本进一步细化。

四、高校教育成本核算项目的确认

(一)高校教育成本与高校支出的联系与区别

1.高校教育成本与高校支出的联系

对于高校教育成本与高校教育支出,两者的主要关联在于内涵相同,都包括以工资形式支付的劳动价值与所消耗的物化劳动转移价值。同时,以经济用途为出发点,两者都包含科研支出、教学支出、学生事务支出、行政管理支出等内容;以经济内容为出发点,两者都包含公用支出、人员支出等内容。

2.高校教育成本与高校支出的区别

(1)高校教育成本与高校支出的外延不同

高校教育成本是将高等教育服务提供后的支出总和,高校支出则是高校在一定时间内的经济支出总和。相比于高校教育成本,高校支出的外延要大得多。具体而言,高校支出是包含高校教育成本的,凡是关于高校教育服务的相关支出,都可以属于高校支出,而高校支出却未必属于高校教育成本。

(2)高校教育成本与高校支出的核算基础不同

权责发生制是高校教育成本的核算基础,根据权责发生制原则,只要是本期支出,不论是否现金支出,都属于本期高校教育成本;但如果不是本期支出,即使已经进行现金制度,也不属于本期高校教育成本。目前,收付实现制是高校支出的核算基础,只要是本期发生的现金支付,不论这部分支付是否属于本期,都可以视为本期支出;但如果没有在本期内支付现金,即使发生于本期,也不能视为本期支出。

(3)计算高校教育成本与高校支出的期间不同

通常情况下,对于高校教育成本的计算,是以一学年为单位的;对于高校支出的计算,是以公历年度为单位的。

（二）高校支出的分类

1.按照《高等院校会计制度》要求的高校支出分类

根据教育部出台的《高等院校会计制度》，高校支出划分为6大类型，即事业支出、经营支出、上缴上级支出、对附属单位补助、拨出经费、结转自筹基建支出等。

（1）事业支出

事业支出主要包括科研事业支出与教育事业支出，它是高校开展科研、教学及其他活动生成的支出。因此，在事业支出中，能够鲜明反映高校在科研活动中发生的直接成本与间接成本。

根据支出用途，事业支出可分为8种支出类型，即科研支出、教学支出、行政管理支出、业务辅助支出、退休保障支出、学生事务支出、后勤支出、其他支出。

根据支出的经济内容，事业支出可分为12种支出类型，即公费、助学金、业务费、修缮费、基本工资、补助工资、其他工资、社会保障费、职工福利费、设备购置费、业务招待费、其他费用。

按内容划分，事业支出有3大类型，即公用支出、人员支出、个人和家庭补助支出。

按性质划分，事业支出包括基本支出与项目支出。前者主要是对事业单位能够正常运转与教学工作任务完成后的支出的核算；后者主要是对事业单位完成特定事业发展目标产生的支出的核算。其中，按性质划分的事业支出与美国高校的基金会计有很高的相似度，美国高校将基金支出分为两大类，即限制性基金与非限制性基金。限制性基金与我国的项目支出较为相似，但核算内容更为丰富，以学校核算需求为依据，可划分为多种类型，如捐赠基金、科研基金等，这样能够使各类限制基金收入、支出、结余等情况的核算更为清晰；而非限制性基金与我国的基础支出在核算方面基本相同。

（2）经营支出

经营支出指的是除科研、教学、辅助活动外，高校开展非独立核算经营活动生产的各项支出。

（3）上缴上级支出

上缴上级支出指的是根据一定的比例或标准，高校在上缴上级单位中发生的支出。

（4）对附属单位补助支出

对附属单位补助支出主要包括专项补助与非专项补助,它是高校用除财务补助外的资金对附属单位进行补助而发生的支出。

（5）拨出经费

拨出经费指的是根据相关规定,高校向附属单位拨付的财政补助经费。

（6）结转自筹基建支出

结转自筹基建支出指的是经批准后,高校用财政补助收入外的资金进行基础建设发生的支出。

2.按经济内容分类

从经济内容的角度出发,高校支出能够划分若干支出要素。为了更好地对高校教育成本进行核算,可将高校支出分为 5 大类型,即人员支出、公用经费支出、资本性支出、对个人和家庭的补助、其他支出。

（1）人员支出

人员支出指的是在职教职工的工资与各种福利的支出。具体而言,人员支出包括学校向科研人员、教学人员、行政人员、教辅人员、后助产业人员等支付的资金、奖金、补贴等绩效工资与其他工资福利支出,如伙食补助费、社会保障费等。其中,其他工资福利支出主要是对除国家规定外发放的津贴、课时费等的反映。

（2）公用经费支出

公用经费支出指的是在提供高等教育服务的过程中,高校发生的商品与服务支出,也可以称为与日常运行与管理相关的支出。公用经费支出的涵盖面相当广泛,包括办公费、招待费、租赁费、培训费、会议费、维护费、差旅费、交通费、取暖费、邮电费、水电费、手续费、咨询费、印刷费、劳务福利费、专用材料费、物业管理费、其他费用等的支出。

（3）资本性支出

资本性支出包括基本建设支出、图书资料购置费、交通工具购置费、专用设备购置费、办公设备购置费、各种大额度的维修费等,它指的是高校本期生成的所有资本性支出。

（4）对个人和家庭的补助

对个人和家庭的补助指的是高校用于离退休人员的支出,以及面向个人的各种补贴,如离休费、退役费、退休费、抚恤金、救济费、奖励金、生活补助、提租补贴、住房公积金、购房补贴、助学金、医疗费、其他补助支出等。需要指出的是,托幼补贴、计划生育补贴等其他补助支出主要核算尚未列入上述各项支出。

(5)其他支出

其他支出属于收入转移支付性质的支出,与高校的日常业务并无直接关联,包括经营支出、拨出经费、对附属单位的补助、上缴上级支出等。一般情况下,这部分支出在高校教育成本核算体系中具有一定的独立性质,应作为单独的支出类型进行反映,不隶属于总支出。

(三)高校教育成本的分类

基于高校支出与高校教育成本的关联性,结合高校支出的类型,可以对高校教育成本做出以下划分。

如果将高校教育成本看作一个整体,而不是一个部门,那么,可以将其细化并分为多种类型的教育成本,并且以这些教育成本为构成的基础与前提。根据各类支出的经济用途,高校教育成本可划分为5大类型,即教学成本、科研成本、教辅成本、行政成本与学生成本。

1. 教学成本

教学成本基本等同于高校支出中的教学支出口径,它是高校提供的关于教育服务的教学活动中生成的支出。需要强调的是,教学成本不包括非学历教育的教学支出,因为非学历教育在高校教育成本的核算范围之外。在高校中,教学活动是最为基本的活动之一,教学成本能够反映高校提供的教育服务及其过程的教学消耗水平,有助于对教学活动中的具体资源耗费进行合理化分析。

2. 科研成本

科研成本指的是国家与省部级单位、高校科研机构组织的科研课题生成的支出。高校的科研活动一般是比较复杂的,有些是为了技术咨询、技术转让等进行的科研活动,如研制开发科技产品的活动;有些是为了完成相关部门下达的任务进行的科研活动,如"973"项目、"863"项目、社会科学基金项目、自然科学基金项目等;有些是为教学服务进行的科研活动,如高校开展的关于提高教学质量的科研活动、专门科研机构开展的各项科研活动;有些科研活动是为了解决一些特定单位的特殊问题。

为了保证高校教育成本的科学性与合理性,应将专门服务于教学的科研支出以及国家或省部级单位设立重大项目中产生的科研支出列入高校教育成本,对于因科技咨询、技术转让、横向课题研究而发生的科研支出排除在高校教育成本外。

3. 教辅成本

教辅成本指的是在网络中心教学辅助部门、电教中心、图书馆生成的支出。顾名思义,它是辅助教学服务的一种支出。

4. 行政成本

行政成本指的是高校行政管理部门在宏观上维持高校科研、教学与其他活动而发生的管理支出。行政成本与成本预算对象的关系较为模糊,但在高校提供教育服务的过程中,行政成本仍是极为重要的。所以说,这部分支出也是高校教育成本的重要组成部分。

5. 学生成本

学生成本指的是高校为学生发放的奖学金、助学金等支出。当前,对于这部分支出是否应成为高校教学成本的一部分,学术界有不同的见解:一种观点认为,学校之所以将各类经济资助提供给学生,目的是促进学生的全面发展,而这种以学生发展为中心的必要支出,对于整个教育过程是极为必要的,因此学生成本理应是高校教育成本的一部分;另一种观点认为,高校为学生提供经济资助,这属于转移支付,学生获得经济资助后会将其用于日常的生活与学习,结合入学需要缴纳的费用,这种转移支付是具有折扣性质的,本质上是减少对学生的收费,因此学生成本不可以计入高校教育成本。对于上述两种观点,本书对第一个观点较为认可,因为不论如何,学生成本都造成了高校的经济支出,并且对学生的发展是有促进作用的,计入高校教育成本也算合理。

高校教育成本是由以上 5 大成本组成的,不仅包括成本核算对象发生的直接成本,还包括成本核算对象发生的间接成本。相比于工业制造业的一般产品成本核算,高校教育成本核算的不同之处在于不对期间费用进行单独核算,这是由高校教育成本核算的主要目的导致的,即对各个成本核算对象的耗费水平进行反映,而不是对经济损益进行计算。因此,在核算高校教育成本的过程中,成本核算对象反映的重要性远远大于经济得失。

(四)高校教育成本项目的设置

从经济内容的角度出发,教育成本支出可分为人员经费成本、公用经费成本、资本性成本、对个人和家庭的补助成本、其他成本,这种划分方法是与高校教育成本项目设置方法相适应的。

1.人员经费成本

人员经费成本是高校提供给在职人员的具有工资性质的支出,包括基本工资、补助工资、职工福利费用、其他工资等各种工资性费用。

2.公用经费成本

公用经费成本是高校提供的关于教育服务的日常运行与管理的支出,主要包括办公费、取暖费、水电费、招生费、会议费、交通费、体育用品购置费、毕业设计费、实习费、印刷费、资料讲义费、用于教学的实验材料费等。

3.资本性成本

资本性成本指的是固定资产的折旧费。根据《高等院校会计制度》的相关内容,对于固定资产,高校大多只对其原值有所反映,对于其现值难以进行反映。但是,财政部已经明确提出关于高校固定资产计提折旧的要求,其中必定充分考虑了教育成本的正确核算。这是因为用于教学的固定资产的价值损耗对高校教育成本组成的正确性具有重要作用。为了合理地将固定资产消耗计入本期高校教育成本,应重新评估固定资产,明确其当前价值与使用寿命,以正确计算应计提于本期的折旧费。

4.对个人和家庭的补助成本

对个人和家庭的补助成本指的是高校发放给个人的各项补贴,包括助学金、医疗费、抚恤金、住房补贴、生活补助、其他补助支出等。

5.其他成本

其他成本指的是除上述成本以外的关于教育服务的其他支出,如养老保险支出等。

第三节

高校资产管理及其创新

一、高校资产管理概述

高校资产管理是优化与完善高校全面有形资产与无形资产的过程。通过高校资产管理,有助于三个方面的任务的实现:一是优化资产配置,能够提高各种资产在高校运营管理中发挥的作用,从而促进高校的整体发展;二是完善管理功能,能够在很大程度上避免资产管理出现缺失或遗漏,为高校的全面管理提供一定的保障与支持;三是稳定资产价值,能够在一定程度上避免贬值的发生,同时大幅降低因资产价值损失带来的负面影响。

为了保证上述管理目的能顺利完成,在进行资产管理的过程中,高校可以从这几个方面入手:一是通过科学、全面的资产管理,提供资产的自身价值与发挥的作用,通过整合并完善整个高校资产的价值与作用,使高校运营得到保障;二是对资产的内容与结构进行详细的调查分析,特别是无法通过肉眼估计具体价值的无形资产,通过对资产价值的保护与发挥,促进资产有效保护作用的形成;三是将高校财产管理的各个环节逐一优化与完善,在这些资产管理环节的作用下,促进资产管理水平与资产管理技术应用的提高,通过充分发挥大幅提高后的技术与管理的优势,使高校运行的整体性更加顺畅。

二、高校资产管理实施基础分析

(一)高校资产管理的必要性

在高校职能发挥作用的过程中,资产管理有着极为重要的意义。随着资产管理水平的不断提高,高校职能作用的发挥能够得到基本保障。同时,对于教育教学、行政管理、科研等工作,只有得到资产管理的充分支持,才能确保这些工作任务的顺利完成。当前,我国高校已经进入建设的转型阶段,这时,各大高校应通过高质量建设,促进整体管理运行能力的提高。本质而言,高校资产管理等同于国有资产管理,也就是说,高校资产内容归属于国家。因此,提高高校资产管理水平的过程,也是加强国家固定资产与无形资产保护的过程,这对国家建设是有积极意义的。当资产管理具有充分性与科学性时,资产管理的作用才能更好地发挥出来,这既是管理效益的直接体现,又是高校竞争力不断提升的基本保障。

根据当前我国高校的发展情况,高校管理水平的发展空间较大。从现代社会的具体发展上看,高校建设应紧跟时代的发展,通过将各种管理的方式与方法与实际管理相结合的方式,在不断实践中提高高校的社会地位与作用。相比于企业资产管理,高校资产管理有自身的独特性,因此如果一味地将企业资产管理套用在高校资产管理中,对高校产业管理的发展不会起到多少积极效果,甚至很难发挥其作用。高校资产管理应与高校自身的科研与教学特点充分结合,特别是对于非固定资产的管理,应将其独特价值充分体现出来。在这些有效管理手段的支撑下,提高高校资产对实际运行管理的作用。

需要指出的是,高校资产管理还涵盖了关于资产投资的内容,将高校有形资产与无形资产投入市场,通过满足市场需求,提高高校资产的价值,这不仅对高校资产的保值与升值是有益的,而且能够对社会的建设与发展起到一定的促进作用。从当前形势来看,整合高校科研资源或以高校的名义进行市场化发展的很多集团或企业都获得了成功,高校的科研与创新优势向实际利益转化,这是能够促进高校建设与发展的,并且对实际的科研与教学水平的不断提高起到积极影响。建设实习基地有助于提高学生的实践与创新能力,还能够促进企业与科研机构的技术创新,使资源整合效果逐渐形成。而相关管理的强化,能够激发高校资产的活性,同时能够促进整个社会的建设与发展,这既是高校改革的重要方向,又是促进高校与时代发展的根本动力。

(二)高校资产管理的方式方法

高校管理者应针对高校资产管理的方式方法去进行适当的调整,从而提高其合理性,这对高校的整体管理具有重要意义。传统的高校资产管理侧重于对财务的考虑,尤其重视设施、设备等固定资产的管理,这类资产可以通过账面方式进行资产评估,并形成高校总资产的基本标准。固定资产大致分为两种形式,即内部固定资产与外部固定资产。内部固定资产注重高校科研、教学等内部需求的满足,在对其资产价值进行评估时,需要参考类似资产的市场价值,从而得出一个参考性数值。外部固定资产主要是借助对外投资、出租出借等方式,使高校获得经济效益的资产形式。通过对市场价格的参考,能够有效衡量这些固定资产的管理,使其价值评估的准确性更高。同时,通过专门的资产代理公司实行外包的管理方式,不仅大大提高了资产管理的有效性,而且在一定程度上提高了资产管理的经济性。

对于无形资产管理,由于其价值衡量的难度较高,并且具有时效性,使得管理难度较大,特别是关于无形资产的所属权问题,还存在很多争议,如一些高校的无形资产成为教职工实现个人创收的工具;一些校办企业以高校的名义无偿占用高校的无形资产,并且高校的名义本身也是一种无形资产。受到种种问题的影响,高校的无形资产急速流失。为了缓解或解决这些问题,很多高校开始通过一些有效的管理手段对资产管理不断进行强化,具体如下。

一是整理统计无形资产。不论是高校声誉的管理,还是科研项目的应用,都成为资产管理的重要内容,同时设立了相应的管理机构或部门,使管理模式越来越制度化。

二是很多高校将资产管理信息系统引入校园,用于统一、规范地评价高校的有形资产与无形资产,并对其价值进行衡量,将其归属明确,这种方法极大地促进了高校资产管理的建设与发展。

三是系统化管理模式初步形成,既包括高校内部与高校之间,又涵盖了高校与企业、其他社会机构之间,关于资产管理的全部内容纳入一个系统的机制,极大促进了资产管理的正规化与科学化发展。

对于高校资产管理的方式,主要包括配置处置、出租出借、对外投资、清查、核资、评估等方面,这些管理细节已经成为高校资产管理与财务部门具体物业内容的重要组成部分。而在相关建设的发展过程中,应将高校资产管理的系统化、科学化在资产管理中充分体现,促进其技术上与方法上的整合,这样才能更好地使高校资产管理的需求得到满足,进而实现高校资产管理的快速发展。

三、高校资产管理中存在的问题分析

当前,我国高校资金的主要来源是国家或地方拨款,还有一些是个人捐赠以及高校通过创收项目获取的经济效益。这些资金多用于高校的固定资产方面,如设施设备的购置、校园建筑的建设等,从而确保科研项目与教育教学的正常运转。当然,很多高校并未完全忽视本校无形资产的建设与发展,也引进了相对先进的执行模式与管理理念,但在具体实施时,效果却不太理想。高校管理者要对无形资产建设不理想的问题进行分析,从而找出原因并确定合理的解决方案,这有助于提高高校资产管理的正规化程度。

(一)资产管理体制不完善

对于高校资产管理而言,高校资产管理体制不仅是其管理行为规则,还是其基本架构。目前,我国部分高校资产管理整体建设已经达到较高水平,但是还有很多高校对资产管理体制建设处于摸索阶段,各种问题频繁出现。一是管理专业化程度不高,使得有关管理机制发挥的职能作用不够理想,距离预期的资产优化配置相去甚远。二是管理制度建设的科学性有待提高,高校资产管理中的职能分工不够明确,特别是在无形资产管理方面,所呈现的状态较为混乱。三是资产管理较为随意,在实际管理中,一些体系化、制度化程度较高的管理模式不能充分发挥其应有的作用,同时,一些高校管理者对资产管理的认知有限,使得资产管理的具体实施不尽如人意,即使这些高校相继建设了不少信息系统以及其他相关的软件与硬件设施,但在实际应用上始终有较大的提升空间。

(二)资产配置不合理

在高校资产管理实施的过程中,应以其职能为中心,如科研、形成、教学等,从而使高校能够更好地完成本职工作,并在此基础上使资产得到良性的升值循环。有些高校在资产管理时,对这一核心目标的重视程度不高,资产配置的科学性有待提高。一是对资产内容的认知较为模糊,不论是对高校资产的自身价值,还是对高校资产能够发挥的作用,都理解得不够深入透彻,在实际管理中,不能着眼于未来,只能考虑眼前,使得资产贬值问题较为严重,甚至有资产废弃的可能。二是过度投资无关于教育服务方面的建设,并且投资风险管理能力有待提高。有些高校由于将资金投入无关于学校近期重点发展或潜力有限的项目上,使得高校的管理与发展受到一定限制。

(三)资产管理方法缺少创新

在高校进行资产管理的过程中,随着资产管理方法的不断创新与完善,整个过程及最终结果都将得到保障。在管理创新的作用下,资产管理的针对性与准确性得到提升,从而促进高校资产管理作用的充分发挥。为了对资产管理进行创新,很多高校不仅引入了信息系统,还引入了智能化的管理手段,但在实际应用时,由于指导思想与理念建设不够健全,使得这些方法难以充分发挥自身的作用。总而言之,在实际管理的过程中,现代化程度较高的资产管理方法不能充分发挥自身的价值,这是对方法的埋没,也是对实际管理的限制。同时,这些用于资产管理的系统与方法,由于不能将功能充分应用,对于系统与方法本身而言,这也是资源浪费的形式之一。

四、高校资产管理措施的创新与完善分析

（一）树立高校资产管理责任意识

通常情况下，高校资产的来源渠道主要是财政款购置与无偿调拨，虽然这些渠道有助于高校的发展，但由于资产的主要使用者是高校教职工，使得他们在不承担任何经济责任的情况下就可以使用国有资产，这反映了国有资产管理的薄弱、高校对资产管理的重视程度有限以及"重购轻置"观念深入人心等种种问题。随着国民经济的不断发展与人民生活的日益富足，高校的办学自主权在间接扩展，在这种背景下，不论是从高校自身发展需求的角度看，还是从国家对高校的发展要求的角度看，高校都应该重视资产管理，并在不断探索中加深对资产管理的认知。这时就需要将高校资产看作具有促进高校可持续发展能力的经济资源，不论是通过对高校资产的合理使用，以保证高校资产的保值与增值，还是以高校的长期发展为视角，促进国有资产的责任意识与管理意识的树立，都是有助于高校的建设与发展的。在具体实践的过程中，高校各部门在重视资金管理的同时，不可忽视资产管理的重要性，这样才能通过科学的资产管理将高校建设得更好，以实现高校竞争力不断加强的目标。

（二）建立完善的资产管理体系

资产管理是需要通过相互协作来促进其科学性、合理性的，但站在当前实际情况的角度上，高校资产管理模式的相互关联性与完整性并不高。由于负责高校资产、财务、基建、后勤、设备等的部门隶属于不同的校领导，使得各部门事项在领导层面不能得到统一，直接导致了资产管理与各个部门之间的分离，甚至管理责任难以明确等问题的发生。为了解决这些问题，高校应在不断的实践中完善资产管理体系，提高资产管理模式的有效性，以促进高校的建设与发展。

（三）加强制度建设

管理工作的有效实施需要借助管理制度的不断建设与完善，随着

管理制度的健全,高校国有资产管理会逐渐清晰,进而摆脱混乱不堪的局面。对于管理制度的建设,不仅要不断健全各项规章制度,还要创设确保规章制度落实的内部控制管理机制,通过两者的相互协调,促进高校资产管理水平的提高。当前,一些高校由于未能健全资产管理制度,使得资产管理过程没有依据。还有一些高校虽然有较为完整的规章制度,但由于执行力度不足,使得资产管理的有效性不高。

当制度健全但执行力度不高,或制度不健全时,必然会给资产管理工作带来消极影响与不可预料的后果。同时,当缺乏制度约束时,管理责任一般难以落实到具体部门或个人,使松散程度急剧攀升,甚至出现资产损坏的情况。为此,高校应根据国家财务部门出台的相关法律法规,结合自身的实际情况,制定与本校相适应的健全的资产管理规章制度。同时,为了保障各项规章制度的有效落实,高校应以实际情况为出发点,建立高质量的内部控制管理机制与管理体系,将管理责任逐一明确,通过相互监督等手段,促进高校资产管理水平的提高。

第四节

高校财务人员与会计管理及其创新

一、高校财务人员

(一)高校财务人员的现状简析

我国高校的财务管理体制是在不断对其进行改革发展的,这种发展就要求高校的财务工作人员具有极高的政治素质和优质的专业素养,但是有许多的高校依旧没有在财务人员方面提出高要求。高校在招聘教师时,最重要的一项招聘标准是应聘人员的学历,如果学历不符合标准的话,直接就会筛选掉许多的应聘人员,但是在招聘财务人员时,招聘的标准明显低了很多,并且对在校工作的财务人员也没有进行专门的素质培训,从而导致财务人员的整体素质较低,因此对于高校的财务管理工作也无法适应。之所以会产生这种现象,原因如下。

第一,缺少足够的忧患意识,没有足够的服务意识。高校的经济命脉就在于高校的财务部门,该部门所包含的资金是用于建设高校的经费,是为高校其他部门提供业务费用,是为教师提供科教费用。高校的财务资金是由财务部门的工作人员进行审核和记账的。因此,各高校要对该部门以及部门的工作人员加以重视,不要让"门难进、脸难看、事难办"成为人们对高校财务部门所留下的最终印象。同时,财务工作人员也要摆正自己的位置,提高自己的服务意识。一般财务工作都是非常稳定的,如果工作中没有重大失误也很少会有被辞退的现象,因此该岗位的有些工作人员态度极不端正,没有忧患意识和竞争意识,一再降低对自己的要求,使工作素养得不到提升。

第二,财务工作人员缺乏学习的主动性,没有优质的业务素质。随着社会经济与信息技术的发展,社会对于财务人员的要求也在逐渐提高,再加上如今许多高校都在努力地扩招与扩建,这就使得财务工作的特性不再像以前那么简单,而逐渐变得复杂起来。现在许多的财务工作都是利用信息技术和计算机系统完成的,但高校许多的财务人员只会用从前的办法开展财务工作,这使得他们的工作效率急剧降低。财务工作人员需要对新的技术方法、新的计算机理论知识进行学习,并尝试着应用,如果在工作中依旧使用落后的思想,就会使财务工作得不到创新,这甚至会阻碍高校的发展。

第三,高校没有意识到财务工作的重要性。由于高校对财务工作没有足够的认识,因此在招聘财务人员时也没有做到认真对待,最后去财务部门工作的可能会是非专业的人员。一些财务人员的学历较低,对业务的知识内容也没有足够的了解,在人员素质有高有低的情况下,高校也没有组织培训,财务人员自己也没有提升专业知识的想法,并且一些财务人员的知识结构和年龄结构之间没有一个协调的比例,这些都是高校财务部门亟须解决的问题。高校在重视教师团队的同时也要重视财务团队,并为财务人员制定长远的发展规划。

（二）高校财务人员的综合素质要求

会计具有很强的政策性以及专业技术性,这是社会对会计人员提出的最基本的要求,一共有四点:第一,会计人员的身体素质,要能够符合会计工作的要求;第二,会计人员要热爱本职工作,并严格遵守职业道德规范;第三,会计人员对财经制度要足够熟悉,所做的工作要求符合国家的法律法规;第四,会计人员要遵纪守法,不能做一些违法乱纪和知法犯法的事情,要对贪污、盗窃以及任何危害国家利益的行为进行抵制与举报,要不怕被打击报复,严格按照会计工作的原则和法律法规开展工作,最重要的是,会计人员还要熟练掌握会计的专业知识以及会计工作的方式方法。鉴于此,要成为一名优秀的高校财务人员,至少要满足以下三点要求。

1.掌握并能运用高校财务的基本理论和基本知识

一名合格的高校财务人员要能完全掌握高校财务的基础知识理论内容,并能进行灵活的运用,同时,这也是高校财务人员能做到科学理财以及依法理财必须要掌握的最基本的条件。例如,高校财务人员面对会计核算工作要能掌握以下三个方面的内容。

第一,对高校财务的基本假设有所理解。该基本假设一共包含了四个假设内容:会计主体假设、持续经营假设、会计分期假设以及货币计量假设。其中,将会计服务的特定主体所进行的经济活动同其他特定主体的经济活动区分开来,是掌握会计主体假设的基本要求;将高校的活动按照一定的制度与原则上的要求,对其开展连续的记录计量并报告,是掌握持续经营假设的基本要求,需要注意的是,对会计要素进行计价时,按照正常的方法以及正常的秩序进行即可;对会计核算的内容进行报表编制或分期结账是掌握会计分期假设的基本要求;在记账的过程中,其本位币使用是同一种货币,是掌握货币计量假设的基本要求。

第二,能够掌握高校财务信息的质量。高校财务信息一共有八点基本要求:在会计核算的过程中要始终保持客观性,即财务信息内容要实际,财务信息中的数据是真实的,财务信息的相关资料是可靠的;财务信息要具有有用性,无论是领导所提出的要求还是管理方所提出的要求都要能使其得到满足,人们也称为相关性;财务信息要具有可比性,在纵向范围上要保证其前后一致,即拥有一贯性;财务信息要具有及时性,收集信息、加工信息以及传递信息的过程都要及时;财务信息要具有明晰性,所展示出来的内容要简明扼要,让人们容易理解;财务人员在进行会计核算时要应用权责发生制,并在有需要时应用收付实现制;财务信息的内容在配比上要保持一致,即项目的收入和项目的支出费用在其间上要具有一致性;财务信息要记录重要的信息内容,如金额数量、信息意义以及性质等,同时财务资金要做到专款专用。

第三,对高校的财会制度要有充足的了解,包括制度的内容以及制度的政策变化。会计制度包含有五项重要内容:第一项内容为资产的核算;第二项内容为负债的核算,代管款项也算在其中;第三项内容为净资产的核算;第四项内容为收入的核算,收入的内容包括上级补助收入、财政补助收入以及其他类型的收入等;第五项内容为支出的核算,支出的内容包括科研事业的支出、教育事业的支出以及其他类型的支出等。财务制度包含七项重要内容:第一项内容为核算的管理;第二项内容为收入管理、支出管理、结余管理以及其他相关内容的管理等;第三项内容为专用基金的管理;第四项内容为资产与负债的管理;第五项内容为财务分析报表和财务报告;第六项内容为财务监督;第七项内容为财务清算。

2.了解并熟悉校内外情况及理财环境的变化

关于校外的情况以及环境变化,我们需要详细了解三个方面的内容。

第一,经济全球化。随着经济全球化的发展,各国在经济政治以及教育文化等方面不断地进行交流与合作,在服务贸易行业中,高等教育之间的竞争也逐渐显现了出来,这为各大高校的发展带来了挑战,促使其发展全新的理财观念,并更新财务管理的理论方法,以适应当前全球化的背景。

第二,知识经济和信息社会的发展。当前,高校的会计管理工作采用的是信息化、网络化以及电算化,在进入网络信息时代后,传统的财会工作也在发生着改变。培养创新型人才的高校在这个社会中得到了发展的机会,但这些学校的财务管理工作却面临着巨大的挑战。

第三,高等教育体制的改革。在我国的社会主义市场经济体制进行改革的同时,其对我国的高等教育体制也产生了一定的影响,我国现在的高等教育体制已经变成由政府领导管理,并采用高度集中的办法实现政府的宏观管理,并让高校面向社会进行自主办学。各高校在这样的体制下能够获得自主进行财务管理活动的机会,高校的财务管理也迎来了更多的挑战。我国的"十二五"教育规划,将教育发展的重点任务规定为提高质量,并注重人才培养质量的提升、科学研究水平的提升以及社会服务能力的增强,同时还要在优化高校教育结构时突出其特色。这些内容也是调整财务管理的重点保障和目标内容。

关于校内的情况以及环境变化,一共有三个方面的内容需要我们进行详细的了解。第一,了解高校所在地的社会发展趋势以及社会经济发展现状;第二,了解高校的基本情况,包括高校的历史、学科优势、资产状况以及人员状况等情况;第三,了解高校的教学活动和科研活动,包括教学的流程、教学业务、科研流程以及科研活动全貌等。

只有将高校的情况了解清楚,才能进一步了解教师与学生在学校内所产生的诉求,才能按照不同的情况提供不同的优质服务,才能提高财务管理的水平以及财务服务的水平。

3. 具备较高的职业道德与专业素养

对于会计这个行业,一共有三种人不适合进入这一行业:第一种是对数字不敏感的人,看到太多的数字,尤其是在计算中就头晕没办法进行计算的人;第二种是见钱眼开的人,对金钱有太多的欲望,并且可以为了金钱而不择手段的人;第三种是不熟悉主营业务的人,这样的人是不适合做会计这项工作的。

财务人员要热爱自己的本职工作,对金钱也没有那么多的欲望,还能做到对数字敏感,尤其愿意处理数据信息。一位优秀的财务人员需要具有以下三点职业素养。

第一点,财务人员要拥有良好的思想政治修养以及正确的财会法制观念。财务工作通常都是比较枯燥比较辛苦的,并且也没有过高的待遇,因此财务人员需要主动去加强自身的道德修养,想要做好这份工作就要拥有正确的"三观",这是最重要的前提条件。会计工作发展到今天,其工作人员所扮演的已经不再只是算账、记账和对账目进行管理这样的简单角色,在各个高校中,会计也参与到了管理之中。财务人员要遵纪守法,讲究会计原则,不做违法乱纪的事情,不做触犯国家利益的事情,时刻遵守岗位职责,不提供虚假财务信息和财务报告,时刻保证数据的真实性,不故意销毁证据等。

第二点,财务人员要具有职业道德,还要拥有诚信。根据国家财务部门的相关规定,要求财务人员需要遵守的职业道德有爱岗敬业、依法办事、客观公正以及保守秘密等内容。因此,想要做好财务工作就要对财务事业有足够的热情。判断一位财务人员是否具有职业道德,其最基本的准则是判断其是否公允和真实。如遇到法律法规中没有标明的内容时,具有职业道德的财务人员是能够抵挡住金钱的诱惑的;在对财务信息进行判断和编制财务报告时,具有职业道德的财务人员是不会受到权势的威胁的,他们能始终客观公正地反映财务状况。

第三点,财务人员要具有职业判断的能力和职业沟通的能力。财务人员并不是一直都在办公室中进行财务工作的,有时候也会参与一些涉外的业务活动,和其他一些部门需要进行沟通与联系,这个时候财务人员需要将高校的一些情况以及财务方面的一些情况反映给需要信息的部门,并根据自己的职业判断,配合相关部门或相关人员的工作,抱着诚恳的态度帮助其他部门或相关人员理解重要的信息内容。

(三)充分发挥财务人员在高校管理中的作用

在高效管理的过程中,财务人员一共有三项作用。

第一,财务人员具有维护财经纪律的作用。财务人员在建立财务管理制度时,要始终遵守国家财经的法律法规,并结合高校实际进行,并且财务人员在进行会计工作时会利用许多的相关规定,如《中华人民共和国会计法》,对财经纪律以及财经法律进行宣传。

第二,财务人员具有财务管理的作用。财务人员需要做的工作有省财政厅以及省教育厅布置的工作、编制各类报表和日常的财务工作、账目管理工作、核对资产工作以及其他高校所提出的相关工作等,这些工作都需要财务人员能够踏踏实实地做好,并且立足于本职岗位积极地完成。

第三,财务人员具有提供有效信息的作用。财务人员需要对手中的数据信息进行分析,从而辅助校领导做决策。财务人员需要始终坚持财政政策来执行工作,需要按照政策的规定对经费进行管理、对行为进行规范,保证数据信息的完整与真实。以前财务人员的工作是传统的、被动的报账形式,现在会计人员的工作是现代的、主动的管理形式。

财务人员需要会记账、会算账、会用账,还需要有综合分析自己手中的会计信息的能力,并根据分析的结果向领导提出合理的建议,为提高资金的使用效益,财务人员需要做好领导身边参谋的角色。

除了要将财务人员的作用充分地发挥出来,还要将财务人员的合法权益保护好。如今的财务岗位已经发展成了重要的专业技术岗位,这就要求在该岗位上的财务人员要具有很高的工作技术水平,各高校需要培养和考核财务人员,并对优秀人才进行吸引与鼓励。在高校人才队伍建设的体制规划中,需要加入财务队伍建设的内容,并将其职务津贴的标准制定为和教学人员一样的标准。高校需要尊重财务人员的工作职权,也应支持财务人员依照法律使用工作职权,如果有财务人员违反了法律,触犯了国家的利益,各高校应及时调查并严肃处理对待;如果有人恶意影响财务人员使用其职权,并实施打击报复的行为来阻止财务人员反映真实情况,高校需要及时上报,并由相关部门严肃处理。

二、高校财务人员转型所处的时代背景分析

21 世纪以来,关于会计与审计是否会被人工智能取代的话题是热点话题之一。2017 年,德勤财务机器人亮相于世间,由于财务机器人具有工作时间长、数据精确度高、运算速度快等优势,这对财务人员提出了更高要求。同时,财务机器人的问世在一定程度上促进了财务人才的转型,这是因为重复、相对简单的会计核算工作很有可能被机器人取代,核算岗位将直接面对变革的冲击。

从 2017 年开始,普华永道、德勤、安永、毕马威这四大世界著名会计师事务所纷纷推出财务机器人,在信息收集、数据核对、财务核算等功能的基础上,财务机器人还有制定财务战略地图、财务数据分析、提供供需路线图、智能优选供应商等智能化功能。继四大会计师事务所之后,部门财务软件开始对接模块,开启网上报销功能,当网上报销流程完成后,报销凭证将直接生成,还包括预算模块、资产模块等。随着时代的不断演进,那种简单、重复的财务工作,如支付账款、录入凭证等,很有可能被各种现代技术代替。

目前,高校财务人员的工作是以财务会计为中心开展的,由于工作的主要内容是传统的会计核算,使得管理会计知识的应用程度不高,难以在具体实践中提高对技能的掌握程度。因此,高校财务人员应深刻地了解到知识转型的重要性与必要性,并逐渐从传统核算人员转变为管理型人才,同时,财务重点工作应符合学院战略发展方向,从而提高决策的有效性,促进学校健康、健全地发展。

三、高校财务会计向管理会计转型的必要性

(一)大数据时代要求财务会计转型

随着数字经济时代的深入,以及人工智能、信息技术等的快速发展,人们的思想观念发生了巨大变化,各行各业的变革愈加猛烈,使人们的工作方式相比以往有很大的不同,并在持续地发生变化。而数字与专门技能正是商业模式与管理模式变革的关键要素。在数字经济时代这一大背景下,管理模式的重要性已经等同于经济发展,并对财经界及其财会人员产生了重大的影响。

(二)现代财政建设对财务会计转型的要求

当前,国家对管理会计培养的重视程度越来越高,十九大报告对绩效管理与预算管理提出了新的要求,如管理应具有约束力、科学性、透明度等特征,同时,管理会计已经列入国家急需的人才之一,在前些年的"十三五"发展规划中,就已经强调了管理会计的重要性以及国家对其的高度关注。2019 年,中国总会计师协会发布了《中国总会计师(CFO)能力框架》,文件明确指出,管理会计能够促进经济的发展,不仅能确保经济发展的质量,还能使经济得到进一步的可持续发展,同时对国家高度关注管理会计进行了明确表态。

（三）学校高质量发展要求财务会计转型

财政局规定,各大高校应按要求开展本部门各项收支预算的编制工作,其中包括基本支出预算、政务信息化预算、政府购买服务预算、政府采购预算、项目支出预算等。同时,按照财政局的相关规定,其对各大高校的要求将逐年升高,项目金额分配、部门经济科目划分、预算资金用途等会越来越详细,另外,各大高校应根据预算的编制情况,对资金进行合理使用。在执行预算编制的过程中,相关工作人员应对部门项目支出预算进行经常性梳理,以准确地拆解分析,同时对现行支出标准进行梳理,以合理规划执行进度。当执行预算编制结束后,相关人员应对执行情况有一个合理的评价。由于预算的编制与执行对第二年财政补助资金有直接的影响,这就要求财务会计不能只负责资金的收付记录工作,还要从高校资金的仓库员转型成为高校资金的管理者,对于高校日常经费与项目管理的开支情况进行着重改善,努力服务于学校的高质量发展,并为此承担应有的责任与义务,时刻督促自己,实现自身发展。

四、信息技术背景下财务会计人员转型的措施

（一）明确财会转型目标,树立管理会计理念

在现代信息技术日新月异的背景下,我们应加快高校财务人员转型,积极响应时代发展对财务管理提供的更多要求,提高对转型目标的认知。需要明确的是,转型只是实现目标的基础与前提。在转型的过程中,高校财务人员应善于发现财务会计与管理会计的不同之处,对现有工作模式进行不断的完善,从而提高高校会计核算工作的效率,实现高校的进一步发展。此外,高校财务人员应树立管理会计理念,将财务会计与管理会计鲜明地区分开来。对于财务会计而言,它扮演的是账房先生的角色,主要职责是编制报表、核算财务、缴纳税金等,而管理会计的主要职责是对钱进行管理,如预算控制、项目管理、成本控制、实务分析等。

当前,我国已经实现了空前发展,经济基础雄厚,但在高校财务管理方面仍有不足,因为对管理的重视程度不高,而且缺乏一定合理的分析,高校

的财务人员大多只能在各种基础工作中消磨时光,难以将其应有的作用充分发挥出来。所以,高校财务人员应提高对管理会计应用的重视,通过合理的数据分析,促进预算执行力度的提高,从而确保预算与决算的完美契合。

(二)提高工作认识,养成战略性思维

高校财务人员的成功转型不是一蹴而就的,相关人员不仅要将自身融入全新的管理制度中,还要掌握全新的工作方式与方法。同时,对于转型的重要性与必要性应有充分的认识,将思想观念及时更新,清楚地认识到转型更容易使目标得以实现,而不转型只能面临淘汰的事实,这样才能将转型升级效果最大化。

从工作层面上看,处于传统财务会计工作模式下的财务人员的工作模式已经越发僵化,虽然业务量足够充实,但多是简单、重复的工作内容,对自身发展十分不利,并且也没有多余的精力推动全面革新。从心理层面上看,由于高校人才大多工作稳定,经过一段时间后,工作习惯将会定型,都不愿意接受全新的工作方式,同时,他们的忧患意识与进取精神在岁月的消磨中会消耗殆尽,在心理上很难支持学校的全面变革。受到这两方面原因的影响,高校财务人员的成功转型举步维艰。为此,我们应该认识到财务人员的转型应以改变其思想观念为出发点,将学校的发展与财务人员的自身命运和个人价值的实现结合起来。虽然财务工作不是高校的核心工作,但其重要性并不低于核心工作,高校应通过提高财务人员的地位,激发其积极性,同时进行针对性培养,使他们提高对相关技能的掌握,从而促进工作效率的提高,在这样的情况下,高校财务人员将会为高校的建设与发展注入新的活力。

高校财务人员应具备战略思维意识,控制并筹划高校整体资金的运行。控制的目的是将执行过程中出现的问题及时修正,从而为高校经济社会活动的开展提供一定保障。筹划的目标是帮助业务部门提高对预算执行的掌握,为决策的科学性提供保障。因此,在财务会计转型为管理会计的过程中,应重视培养财务人员的战略性思维,从而支撑高校未来的战略发展。

(三)加强知识理论学习,提高会计业务水平

对于管理会计理念的树立过程,首先应重视与管理会计理念相关

的宣传与建设。2019 年,教育部、财政部、国家发展改革委、市场监管总局联合印发了《关于在院校实施"学历证书若干职业技能等级证书"制度试点方案》,体现对学生懂业务、会管理、能决策等能力的培养的重视,学生尚且如此,作为专门从事会计工作的高校财务人员就更应注重通过不断学习获取新技能,实现自身发展。

当前,高校财务人员在具备较高业务能力的基础上,还要尝试通过各种渠道去提高财务管理在学校管理中的地位,提高财务管理在学校中的影响力。同时,高校财务人员不仅要会做账,还要懂业务、会管理,促进高校整体战略决策的有效性,使财务部门与学校紧密结合,实现财务与业务的结合,依托专业能力,使学校的建设与发展更具活力。

随着现代技术的不断更新,高校财务人员面临着更为严峻的挑战。这时高校财务人员应善于将核算型财务转型为管理型财务,进而转型为战略性财务,实现从账房先生到管理参谋,再到战略助手的转变。另外,高校财务人员的主要工作内容应从会计核算、信息归集转变为预算控制、风险管理,进而转变为战略支持、决策分析。通过这一系列的变化,实现高校财务人员自身发展的同时,促进高校的全面发展。

第五节

高校财务风险控制与防范及其创新

一、高校财务风险概述

(一)高校财务风险的定义

财务风险是指某组织或机构因借入资金而产生的丧失偿还能力的

可能性。一般情况下,财务风险是用于企业的词汇,而用于高校后,会出现两种定义:一种是狭义的财务风险,另一种是广义的财务风险。

狭义的财务风险还被称为举债筹资风险,指的是高校因举债而使高校财务具有不确定性。随着人们对高校财务风险的重视程度越来越高,在很长一段时间内,高校财务风险都被认为是负债风险,而高校财务风险与高校偿还能力、高校负债数额有着密切的关联。在特定历史背景下,狭义的高校财务风险的定义被明确,对在评估、扩招压力下的大多数国内普通高校的财务风险来源能够做出切实反映,但这一定义的局限性是显而易见的。对于高校财务风险而言,负债风险是极为显著的,但负债风险却不能等同于高校财务风险,在高校整体运转的过程中,受到各种问题的影响,高校也会出现其他财务方面的风险,这些风险是高校财务风险的重要组成部分。如果将负债风险认为是高校财务风险的全部,不仅对高校财务风险管理的全面控制具有消极影响,而且对高校财务风险的管理极为不利。

广义的财务风险指的是受到高校内外部环境的双重影响,导致高校财务状况出现的不确定性,它会导致高校蒙受损失,进而使高校难以承担应该承担的社会职责。与狭义的高校财务风险相比,广义的高校财务风险界定其风险成因的视角更加宽阔,并且对高校财务风险的认知有所拓宽,这有利于高校财务风险的全面控制与管理。此外,还有观点认为,对于高校财务风险的界定,不仅要考虑使高校出现损失的不确定性,还要考虑使高校获得收益的不确定性。

(二)高校财务风险的组成

企业属于营利组织,而高校属于非营利组织,因此对于高校财务风险的构成,不可一味地参考企业财务风险。具体而言,高校财务风险主要包括筹资风险、投资风险、教育教学风险。

1.筹资风险

目前,高校筹集资金的方式已经越来越多样,如学费收入、财政拨款、金融机构贷款、国内外资助等。其中,由于财政拨款属于政府预算支出项目,来源的稳定性极高,因此其风险性可以忽略。而国内外资助资金在高校的全部筹集资金中占比不大,因此可以将这部分资金带来的风险简化处理。学费收入风险指的是因学生拖延交学费的时间而造成高校的经济损失的可能性,通过提高对学费的管理,可以避免这一风险的出现。

根据上述介绍可知,金融机构贷款是高校筹资最大的风险。关于金融机构贷款风险,这里指的是高校向金融机构贷款后,因贷款管理不当、贷款使用不当、贷款结构不合理等原因而使高校受到经济损失的可能性。高校贷款风险的原因有很多,如高校支付能力不足、长短期债务失衡、资本结构不合理、资金管理有待加强、国家政策变动等。当前,解决高校资金短缺的主要途径就是向金融机构贷款,但是,随着高校长期贷款比重的提高、贷款规模的扩大,高校的融资成本也越来越高,受到巨额贷款的影响,高校财务风险急剧增加。

2.投资风险

在经济全球化这一大背景下,高校与企业一样,都会被市场经济规律影响。但是,企业之所以投资,是为了获得更大的经济效益,而高校投资的目的却是推动科研与教学的进步,从而使社会需求得到满足,其投资风险主要反映在两个方面,即校办产业连带风险、基建项目投资风险。

校办产业连带风险指的是受到校办产业经营的影响,高校遭受经济损失的可能性。高校校办产业成立的主要目的是促进高校科技成果的转化,目前,虽然很多校办企业已经具有现代公司的性质,但与高校的联系仍旧紧密,当校办产业因经营不当而遭受经济损失时,高校难免要承担连带责任。

当高校基建项目投资具有较高的合理性时,高校的办学质量与办学水平会随之提高,而当高校基建项目投资的合理性没有达到理想的高度时,高校的办学质量与办学水平的提高会受到一定限制。高校只有对自身定位有清晰的认知,对基建项目投资有科学的论证,才能防止重复建设、盲目投资等问题的出现。当基建项目完成后,只有取得良好的经济效益与社会效益,才能使高校的还贷压力得到缓解。

3.教育教学风险

当前,国内各大高校的招生规模已经越来越大,虽然教育教学成本已经有了极大提升,但软件、硬件等方面的引进或建设依然难以保证。

在部分高校中,还会出现学生人均教学仪器设备不足、学生人均校园占地面积不足、学生教学基础设施不足、学生人均图书拥有量不足等现象。同时,为了教育更多的学生,部分高校的教师需要增加更多的教学时间,教师的自身发展难以保证,并没有足够的精力投入科研事业中,使得教育教学质量有一定程度的下降,科研能力有待进一步提高。当高校培养的学生出现就业困难等问题时,会导致高校名誉受损,最终引发财务风险。

如果高校为了避免财务风险,多次压缩科研经费、教学经费、教师待遇经费、师资培训经费等,不仅会使教育教学质量下降,而且会使师资力量流失加剧,形成恶性循环,最终更是难以避免财务风险。

(三)高校财务风险的特殊性

在考察企业财务风险的过程中,要重视企业资金运转各个环境中的利润分配风险、投资风险、筹资风险等方面。相比于企业,高校虽然在资金运转缓解方面大致相同,但资金运转目标却有很大差异,即企业是营利性组织,其资金运转的最终目标是获得经济效益,而高校是非营利性组织,其资金运转的最终目标是满足社会需求。因此,在具体运营的过程中,高校不能像企业一样,通过提供劳务、销售产品等获得价值补偿。

引发高校特殊财务风险的原因还有很多,如财务管理政策强、校办产业种类多样化、资金收支活动渠道多样化等。目前,虽然高校能够获取除财务拨款外的一些收入,但在高校总收入中,这部分收入的占比并不大,是难以抵充支出耗费的,只有在国家财政拨款的支撑下,高校业务活动的开展才能得到保障。

二、以内部审计制度强化高校财务风险控制

借助内部审计制度,对高校财务风险控制进行强化,就要将内部审计的保驾护航作用充分发挥出来,实现内部审计的主动化、规范化、经常化。这时高校应做到提高高层领导对内部审计的重视程度,在不断

的借鉴与实践中健全内部审计制度,强调审计人员的重要性,增加审计人员的总人数,对相关技术手段不断进行优化,提高内部审计人员的综合素质。

(一)强化内审意识,突出内审权威

当高校领导层重视内审时,内审就具备了权威性与独立性;当基层群众理解、支持内审时,内审就有了更广阔的生存空间与更良好的生存环境;当专业审计人员的个人综合素质越来越高、内审体系越来越规范化时,内审就能充分发挥其制约促进作用。总而言之,审计的好与坏,高校领导是关键;审计的发展,需要以群众为基础;审计的效果,主要是由审计制度与审计人员本身决定的。因此,只有强化高校内审意识,强调内审的权威性,才能将内审的保驾护航作用充分发挥出来,避免高校领导或基层干部滋生犯罪心理。

第一,作为高校高层管理者,应树立内审意义,营造良好的内审氛围,保持对内审结果的高度重视,改善审计机构及相关人员在学校中的整体定位,提高内审对于干部任免的重要作用。同时,管理者应将绩效审计评价结果与干部经济责任审计结果作为中层干部任免、解聘的主要根据,树立高校领导干部愿意接受审计、主动面对审计的思想观念,将高校中层干部畏惧审计的狭隘认知彻底祛除。

第二,高校应以行政部门领导为中心,成立专门的内审处级机构,这一机构直接对接行政部门领导,并向其汇报各项工作。同时,成立以高校领导与校内专家为主体的内审委员会,在统一的领导下,全面安排全校各年度的经费审计、绩效审计、内控审计、预算审计等,既要有效解决腐败现象及其滋生,又要通过查处来杜绝领导干部的违法乱纪行为,只有这样,才能将高校内审的作用真正发挥出来,使高校审计具有权威性与独立性。

第三,高校审计部门应整理、汇总现行相关审计的规章制度、标准、要求、流程、注意事项等,并印刷成册,公示于中层领导干部肉眼可及的地方,也可以应用校园网络,以促进高校领导干部内审意识的提高。同时,在全校范围内开展宣传内审制度、审计标准、审计案例、审计流程等工作,定期举办关于内审的知识竞赛、专家讲座等活动,通过网络建立内审信息交流公共平台,对于内审的各项规定、标准、要求等做到及时发布,组建专门团队提供内审咨询服务,从而使高校全体成员提高对内审的重视,并积极配合内审,进而实现内审对象的主体变化,彻底解决存在于高校领导干部中的不正之风。

(二)健全内审制度,统一审计标准

在健全内审制度的过程中,高校应以《教育系统内部审计工作规定》《中华人民共和国审计法》等法律法规为依据,以当前实际情况为出发点,考虑内审的未来发展走向,逐步完善内审体制,并提高内审制度的灵活性,在补充与完善中提高内审规定、标准、要求、流程等的有效性,制定并严格实施校内审计整改检查办法、专项资金绩效审计办法、预算审计办法、审计评价结果运用规定等,明确被审计部门与中层干部的义务以及内审机构与内审人员的职权,细化各项内审规定、标准、要求、流程等,形成一个统一、健全的内审制度体系,只有这样,审计才能找到依据。此外,高校应加强审计的风险管理、质量管理、计划管理等,实现内审的精细化、标准化、程序化、制度化、规范化管理。

(三)增加内审人员,提升综合素质

当前,由于高校对内审的重视程度不高,直接导致内审人员的综合素质难以得到提升,并且现有内审人员数量较为匮乏,内审的监督、评价、促进、制约作用难以得到有效发挥。为此,高校应提高对内审的重视与认知,强调内审的权威性,以内审人员为入手点,完善内审制度。不论什么行业,人都是最为重要的,作为行业缩影的内审同样如此。因此,为了提高内审部门在高校中的地位与作用,在人事安排上,即使不能重视内审部门,也不可对内审部门有所忽视,高校应增加内审部门的人数基础,大力培养审计人员,提高审计人员在薪资、职称等方面的待遇,同时重视树立审计职业道德,以打造综合素质过硬的审计团队,进而有效发挥内审的监督、评价、促进、制约作用,将高校建设得更加美好。

1.严格把好人员关,健全德才兼备、任人唯贤的选人用人机制

高校对于审计人员的人事安排,除了要重视个人能力,还要重视其

道德,应将政治立场坚定、敢于讲原则、道德高尚、动手能力强、责任意识强、政策法规掌握度高、会计实务经验丰富、审计理论扎实、综合素质高的人才安排在审计部门,从而保证专职审计工作能够妥善完成。同时,每个人的优势与不足是不同的,高校应重视对审计人员特长的考察,将各个审计人员放置在更能发挥自身才能的审计岗位上,并提高其福利待遇,做到人尽其才,促进审计人员主动性、积极性、维法护法性的释放,以改善审计现状。

2.加强审计人员法律法规及职业道德教育

加强对审计人员的培养,促进审计人员综合素质的提升。随着国民经济的不断发展,我国各行各业都发生了翻天覆地的变化,身处洪流之中的审计自然也在所难免,这为审计人员提出了更高的要求。为此,审计人员不仅要有熟练的业务能力,还要有高尚的职业道德。在审计人员谋求自身发展的同时,高校应通过法律法规与职业道德教育,使审计人员树立职业道德观念,提高对法律法规知识、计算机编程设计、审计技术、审计手段、审计策略等的掌握。同时,将现代审计手段、信息技术融入具体的审计工作中,以提高审计人员的道德修养、综合素质、业务能力、法规意识等,使审计人员能够做到文明审计、依法审计,并具备敏锐的判断力、洞察力、组织协调能力等。此外,可通过不断的实践锻炼,改善审计人员业务能力低下、技术手段落后、专业知识老化、业务知识匮乏等问题的出现。

3.高校应当采取措施坚决维护审计人员的合法权益

在健全内审制度的过程中,高校不仅要重视提高审计人员的福利待遇,还要避免审计人员遭受打击报复。为此,高校应建立全面、合理的检查、考核、评价、奖惩等制度,提高对评价结果运用的重视,将其结合于聘任行政职务、岗位待遇,通过合理的奖励与惩处,使审计人员更具责任感,具备廉洁奉公、遵纪守法等优良品质,不论何时何地,都能不因私利而丧失原则,甚至泯灭人性。

(四)更新审计理念,采用先进手段

在经济全球化、信息手段科学化、科学技术产业化这样的大背景下,关于审计的理念、技术、方法、手段等有了极大改变。在这种全新的形式下,为了促进高校内审作用的充分发挥,应做到以下几点。

第一,高校内审应审时度势、去旧迎新,将现行内审中的糟粕——去除。具体而言,高校要更新审计观念,调整审计态度,创新审计方法,将内审的创造性、主动性、积极性充分发挥出来,不再受到传统内审观念的局限,做到通过对症下药,获得内审实效性的提高。同时,明确高校在预算管理、绩效管理、内控管理等方面的不足与问题,及时提出建设性意见,在不断实施的过程中,杜绝不良现象的出现。

第二,高校应购置全新的审计设备,确保计算机及其他辅助设备的优良性能,在网络中建立科学、全面的内审信息化公共平台,从而做到及时传达国家相关政策、案例警示、处罚规定、审计法规等,确保传递内审正能量的高效性、准确性、便捷性。

第三,高校应改良审计手段,通过对网络优势与先进科技的合理运用,针对高校科研管理、财务管理、资产管理、教学管理、学费管理、工程管理等,以计算机信息技术为基础,设计具有较高适用性的内审软件体系,包括内控审计软件、工程审计软件、经责审计软件、审计管理软件、审计法规软件、审计现场作业软件等。同时,通过内审软件体系衔接校园网络平台、管理系统、财务系统,完善内审对象数据库,不断提高信息化水平与审计效能,促进无纸化审计的实行。另外,提高互联网审计、远程审计水平,进而提高内审综合水平,使高校领导干部与教职工重视的难点问题、热点问题得到解决。

(五)深化预算审计,提高预算效果

高校综合财务预算不仅有助于高校更好地对人、财、物进行配置、控制、使用、管理,还能为高校领导干部对有效经济活动的执行提供资金保障与制度保障,它涉及高校教学科研活动的各个环节,对高校的可持续发展起到了促进作用。因此,高校应将审计与预算的整个过程相结合,通过审计监督、考核、评价等作用的充分发挥,使预算执行效果得到保障,从而顺利实现预算目标。

第一,在进行高校预算编制的过程中,高校审计部门应选派综合能力强的专职审计人员参与其中。当专职审计人员对预算编制的法规、内容、口径有较深的理解后,可从预算目标、预算内容、预算额定、预算支出结构等方面入手,进行有效监督与检查,确保预算安排的目标性、规范性、合理性、真实性、必要性、可操作性。需要指出的是,对于实施时间长、资金需求大的项目,应进行重点关注,以促进预算审计体系的形成与完善,以及预算编制审计水平的全面提高。

第二,对于预算执行的步骤与结果,高校审计部门应加大监督检查的力度。为了确保第二年的预算执行,高校审计部门应通过对专门预算执行监督检查岗位的设置,提高对预算执行的监控力度。对于随意追加预算、预算执行缓慢等情况进行重点关注,当得到证实后应坚决查处。同时,通过对预算执行进度的督查,及时找出预算执行过程出现的各种问题,在进行合理分析后向执行部门反馈,从而有效调整预算执行。此外,高校审计部门应定期公示或通报预算执行情况,避免效率低下、权责不清等问题的出现,从而使预算安排的严肃性与权威性得到保障。

第三,高校内审部门应提高对预算执行结果的审计力度,以问题为出发点,在绩效中找关键。与考评奖惩相同,预算结果审计对于预算管理至关重要,在预算结果审计与考评奖惩的作用下,预算管理的落实才能得到保障,从而使预算对高校教学科研活动的约束作用充分发挥出来。对于预算执行效果好的部门,高校可予以表彰与奖励,而对于预算执行效果不尽如人意的部门,高校应进行通报批评,甚至施以一定的惩罚,以激发其动力,在后续预算执行中得到改善。这样不仅统一协调了预算执行与预算结果,而且使高校预算责、利、权的落实得到保障。

(六)健全经济责任审计制度

经济责任审计制度的开展与力度的加强,不仅能够在根源上避免腐败现象的出现,而且有助于依法治校的推进、干部监管的强化,以及促进领导干部廉洁奉公的实现。对于内部审计,高校应提高重视程度与支持力度,在经济上保证落实,通过不断的创新与探索,加深对内部审计的认识,从而更好地发挥出其在预防腐败、干部管理监督等方面的作用,进而使高校体制得到净化,全体师生从中受益。

第一,对于经济责任审计制度,高校领导干部应对其必要性与重要性有充分的认识,将经济责任审计制度列入重要议程,通过积极地探索与实践,将审计制度对于干部的考核与管理工作的重要性充分发挥出来;高校领导阶层对于审计部门开展的经济责任审计应表现出积极的态度,并及时解决可能面临或已经面临的各种问题;在具体的工作中,高校审计、财务、人事、组织、检查、纪检等部门之间应加强配合,建立科学、全面的经济责任审计制度,提高对审计结果的重视与利用,并通过各部门之间定期交流等方式,将工作中遇到的各种问题及时解决。

第二,对于经济责任审计制度,高校应通过不断的研究与实践进行完善,制定合理的经济责任审计评价指标体系,构建妥善的工作规则与议事规则,从而将职责分工逐一明确,使经济责任审计工作力量得到进一步充实。同时,高校应确保经济责任审计开展工作有足够的经费,通过合理的工作衔接与协调配合,实现审计事项的协商、审计结果的共同使用、审计信息的共同享有,从而在全校范围内形成工作高效、运转有序、管理规范、制度健全、上下连通的经济责任审计工作机制。

(七)强化内控审计,规范业务流程

内部控制不仅能够为高校经济活动的有效执行提供保障,而且有助于高校对人、财、物的有效控制、管理与使用。在设计内控制度的过程中,高校内审部门应保证其合理性、全面性。严格遵守内控制度的执行,以及审计内控制度执行效果的有效性与合理性,能够在很大程度上避免各种问题与缺陷以及违反内控的不良行为的出现。通过内控审计,有助于全面评价内控与实际的符合程度、手续的严密性、实际执行的有效性、事先控制作用的发挥程度、舞弊与错误出现的可能性等。

第一,高校必须投入相应的人力、物力、财力,围绕权威部门设置一套系统的高校内部控制审计评价办法与标准,以红头文件的形式公布。同时,将必要的审计评价权利赋予内审机构,从而使高校内部控制审计评价获得依据。

第二,对于内控审计评价内容,高校内审部门应有准确的把握。抓住关键部位的设计,如账务处理结果、会计核算流程、资金调度预算执行、职责明确审批流程、不相容岗位分离等;把握关键点的评价,如内控效果的真实可达性、内部程序的简捷实效性、内控措施的有效针对性、内控制度设计的完整科学性等;合理运用审计方法,如抽样检查穿行测试、直接观察、正式的书面审查、面对面的口头问询等。在进行内控审计的过程中,应对基层的实际情况有深入的了解,切实地进行审计评价,切勿只借助口头汇报就做出判断,这样难保准确性,并且应避免审计评价出现点到为止、走马观花、走过场等现象的出现。

第三,对于审计评价结果的正确使用,高校应有所重视。完成内控审计工作后,应以书面形式,以"高校内部控制审计报告"为主题,记录关于本次内控审计评价的使用方法、设计范围、各环节风险、存在的问题与不足、优化意见与建议、奖惩方案等。经过高层领导批准后,监督、管理有关部门及其负责人进行整改,将漏洞与缺陷逐一弥补,并做出适当的奖惩。对于与高校内部控制相违背的部门或个人,应进行通报批评,严重者需要撤职或辞退;对于高度执行高校内部控制的部门或个人,应进行通报表扬,优秀者可以考虑升职加薪。通过合理的奖励与惩罚,能够激发相关部门或个人的积极性,有助于更好地发挥内部控制对高校可持续发展的作用。

(八)开展绩效审计,实现追责问效

绩效审计指的是高校内审以确定的资金绩效目标为依据,采用合理、科学的审计方法与绩效评价,公正、客观地审查与评价资金支出的效益性、效率性、经济性,不仅能在根源上避免腐败,而且是高校使用资金的核心环节,还是高校资金管理项目化、精细化的必然趋势。因此,高校应完善绩效审计规章制度,通过实践创新,健全资金绩效审计体系。同时,明确绩效审计的根据、范围、对象、方法、内容、程度等,并促进绩效运行跟踪审计的不断强化,通过对管理不当的揭露,在合理分析中明确问题及其原因,着力从资金运用情况、综合效益情况、项目管理情况、任务完成情况、对象满意程度等方面开展绩效审计与评价,加强对绩效审计结果应用的重视,将资金绩效审计结果视为行政问责与干部评聘的重要内容。此外,注重解决关于高校绩效审计的各种问题,通过深层次的剖析,取得有效的针对性意见,从而进一步提高内审对于高校深化教育领域综合改革的地位与作用。

通过上述分析可知,随着国民经济的不断发展,审计的重要性已是不言而喻的。在这种时代背景下,高校应树立内审意识,强调内审权威,完善内审体系,改善内审观念,借助科学的方法,实现高校财务人员综合素质的提升,将内审对于高校可持续发展的保驾护航作用充分发挥出来,这样不仅能够使高校的发展环境与空间得到净化,还能大幅提高教育资金的社会效益与使用效益。

第六章

高校财务绩效管理创新与
制度优化及其创新

第一节

财务绩效管理概述

　　国家为保证高等院校的正常运营,为其提供制度保障与经济支持,当社会发生变革时,高等院校的运营模式也发生了改变。目前,高校教育资金的来源除了政府支持外,还包括学生入学缴纳的费用和学校相关企业的收入以及社会捐款等。高校办学经济体系的变革与资金模式的变化,增大了高校资金运营的难度,在当前的态势下,优化自身管理体系是重中之重。学校是教育企业,它的管理模式需要与时俱进,结合资源管理中的绩效管理思维,进一步优化学校的管理模式,提高学校的业务水平,加快学校的发展进程。

一、现今高校的资金运营现状

（一）运营人员不具备专业能力

现今,高层次的资金运营人才匮乏,高校的资金管理知识不足,运营模式缺乏专业性的指导,人才发掘工作有待提高。目前高校的经济来源体系复杂,亟需专业人才科学管理,合理分配,否则,高校的资金运营系统会失去秩序性,变得难以掌控。拥有有利条件、具备合格人才的高校需要合理部署相关工作,否则也会阻碍学校的正常运作,破坏学校运营体系的稳定性。

（二）运营理念制度老旧

现今,各个高校在其经济体系的基础上,形成了独具特色的运营模式,但仍有一些高校部门资金运营乱象频出。比如,管理模式循规蹈矩,忽视开拓创新的作用,违背了与时俱进的发展理念,造成高校资金运营的漏洞;工作进程滞后,办学资金利用不当,未实现合理分配等。另外,高校资金运营部门的权力较小,没有较为合理的施展空间,使得高校相关部门的工作难以有效开展,严重阻碍了资金的科学管理运转。

（三）对资金运作缺乏重视

当前,高校资金的管理工作将重心放在数据的整理与校对上,深层次的统计分析工作却未引起重视,相关工作人员缺乏财务处理的基本知识,高校的资金运营模式往往出现失衡的现象,资金未得到有效利用,甚至会出现浪费的状况,这类事件表明,高校应该加强资金运营的发展,提高财务的分析管理能力。

（四）管理机制不完善

高校的经济体系日趋复杂,资金管理部门的工作难度也随之加大,财务安全问题变得尤为重要。目前,高校的资金运营管理机制有待完善,财务管理部门对办学资金分配不够科学合理,难以落实财务工作,可能会造成大量资金的流失与浪费,国家的经济支持形同虚设,导致大面积的资金缺口。高校属于国家资产,是一种特殊的产业模式,在现今的经济大环境下,高校资金链的正常运转是维持国家资产的必经之路。

(五)资金运营体系缺乏专业性

科学高效的资源管理具有系统的量化原则和完备的评价标准,能够促进管理工作的进一步完成,针对细致的资金管理环节,如对预算支出等进行全面考量、综合对比分析,快速总结出学校管理体系的问题所在,从而改正不足,完善管理机制。但是,目前高校的资金管理体系的不足仍然存在,管理制度并不合理,很多学校的管理缺乏一定的专业性知识,付诸行动后,取得的成果不理想,不能细致地体现出各项开销,不能统筹兼顾学校资金的利用情况,缺乏科学的分析汇总。

二、建立在科学绩效管理基础上的革新

高校是教书育人、传道授业的组织,并非相关人士借办学获得利益的场所,国家始终大力支持高校的教育事业。此外,社会各界也都纷纷为教育事业贡献力量,高校运转的资金问题得到解决,但随之而来的问题是,学校的资金管理模式过于落后,不能有效地统计分析规划资金链,忽视绩效管理的重要性,缺少科学专业的财务知识,导致国家和社会各界的经济支持不能用到实处。科学的绩效管理逐渐受到人们的重视,并融入高校的管理体系中,而资金财务的管理不仅仅是分析一份报表,绩效管理是处理财务行之有效的方式,为高校的运营工作带来了便利,其提高了资金流动的统计工作进程,实现了高校资金的合理分配,顺利完成相关教育工作,回馈社会与国家。新时代下的科技迅猛发展,高校资金的管理模式改变是大势所趋,各大高校必须紧跟时代的步伐,推陈出新,实现大步的跨越,迈上新的台阶。如果依旧按照自己的运营模式进行财务管理,资金管理工作的疏漏就会层出不穷,从而不断加大相关人员的工作难度。恰当的模式融合创新是必要的,凭借绩效管理

可以增强高校财务工作的专业管理能力,不落后于大时代的发展,实现资金运营水平的提高。

三、基于绩效管理的增强高校资金运营能力的举措

科学合理的绩效管理是高校资金正常运转的保证,高校财务部门要结合资金的实际运转情况和学校整体的发展态势,总结分析资金的流入以及流出情况,改善学校资金运营能力不足的情况,完善资金管理体系。高校可融入绩效管理,从多个角度展开核查工作,以全新的视野重新探究学校的运营模式,以绩效评定的模式核算工作人员的工资,有效促进职工创新教研工作,推动高校迈向新的征程。

(一)设定工作评价标准

有效利用绩效管理模式,将其切实渗透到工作中,遵循目前资金运营的趋势准则,设定工作评价标准,建立完备的核算体系,激发工作人员的参与热情,鼓励员工为教育事业倾注心血,积极参与绩效考核工作,树立长远的目标,明确自己的努力方向,全力推进教育科研工作。

(二)确定评价内容

应了解学校目前的资金运营情况,包括学校的实际资金支配情况和经济体系的主要来源,合理规划资金的流入和流出,实现高校财务管理能力的稳步提升。高校资金的运营包括实际财务流动以及人才流动等多方面,基于学校的专业发展状况以及大众的认可度,开展资金流动的统计分析工作。提高学校的财务流动价值,实现恰到好处地合理利用,避免资金的无意义支出,这才是合格的财务管理应该具备的能力。在高校以往的资金核对工作中,实际流动的数据是财务管理统计工作的主要依据,应该丰富职工考核标准体系和评价内容,结合科学的财务知识,完善学校的资金运营能力,为工作人员提供便利。

（三）公开信息资源

当今社会是信息化时代，各个企业单位都实行信息一体化管控，高校的资金信息化运营模式是重中之重，信息管理要遵循科学性和合理性原则，推进高校相关部门尽快实现信息的公开和共享，使得学校的资源数据被充分合理地应用，避免烦琐的信息传输，维护信息精确性和有效性，财务管理工作是多个部门的共同职责，学校的信息流动管控要遵循真实性，各部门协同合作，互相交流，加强各个部门的互动，推动信息化管理的发展，大家彼此监督，共同进步，增强自身对信息资源的利用和掌握能力，提高学校的资金运营能力。

（四）加强监管

高校实行信息化管理，需要规范的方案，主要包括以下几个方面：（1）完善学校的信息管理网络，招聘培养专业化的人才，针对具体的工作内容，分配对应的人才，各司其职，实现机器和资金运营工作的高效管理；（2）对于网络的总体管控，也要设计科学可行的体系，针对程序应用和网址访问，加入细致严谨的信息核实系统，保证信息分享的秩序性；（3）网络信息分享建立在安全可行的基础上，利用专业的计算机技术，建立安全防护系统，维护学校资金运营相关信息的正常流通，保障信息共享的稳步进行，通过科学的手段，为信息分享保驾护航。建立稳固的硬件程序，形成刀枪不入的城墙，保障学校资金流动信息的安全性。可以设置层层关卡，不留一丝缝隙，在防火墙的基础上，再罩上一层保护膜，设计密码保护程序，加以科学识别验证的方法，充分保护学校资金的安全。利用计算机技术，为信息共享加上层层防护，加强防控病毒和信息监管，避免一切病毒程序的攻击，使得学校的信息能够在网络上自由流通。

第二节

高校财务绩效评价

一、高校财务绩效与财务管理制度的优化

教育是立国重器,随着文化多元化发展,教育事业成为国家发展的重要工作,许多高等院校参照社会经济的发展模式,实行教育革新。高校要想在残酷的社会生存法则中获得生机,当务之急是改变经济运营模式,同时要结合绩效管理完善学校的运营体系。

(一)高校财务绩效管理的概念

1.绩效

根据人力资源的相关理论,绩效包括个人和集体两部分,它激励员工设立目标,并且全面投入工作,从多方面发挥能量。集体的成就与每一名员工都密不可分,是各个职位员工准时完成本职工作的结果。从另一个方面来看,每一名员工按时完成公司交代的任务,公司给予对应的报酬,这是两者之间的一种等效互动。员工完成相应的绩效考核,公司给予员工承诺的酬劳,以劳动付出等价交换薪资。根据社会科学理论,这种等价交换、互相承诺,需要每个人根据各自的社会劳动角色,履行自己的职责,以自己的绩效来获得生存资本,也为他人的生存提供保障。所以,绩效意味着社会成员应尽的职责,与社会组织互惠互利,可

以把绩效概括为社会成员在一定区域内所完成的任务。

　　2.绩效管理

　　高校应该融入绩效管理,跳出常规束缚,努力实现新高度,经过科学有序地指导,设置合理的奖惩制度,在不断尝试中发现运营体系的缺点,进而细致分析出影响管理工作进程的个人与整体原因,精准地改正不足,增强工作人员的资金运营能力,实现各个组织的高效协作,提高集体的凝聚力。绩效管理不是一个孤立的个体,它包括规划、沟通、测评、总结这四部分。每个环节都是不可或缺的,它们密不可分、互相影响,共同构成绩效管理这个科学的系统。

（二）高校资金管理的实际工作

　　高校资金运营工作是指通过资金流动审核实施等一系列正规程序,分析总结工作流程,严格遵循绩效要求,达到支出与绩效的平衡。这样绩效管理才能发挥其真正的功效,实现资金的合理分配。实施绩效管理,要遵循以下原则。

　　首先,部门管理基于翔实准确的了解,认真细致地调查部门的资金运营信息,摸清各个学院的专业类别、学生人数、财务体系、设备需求等,掌握基本的财务信息,再根据学校的实际情况,调整资金的分配工作,推进资金运营走向合理化。预期支出的同时也要对资金流入做出预估,统计学校的可动资产,以及其他科研创作收入。

　　其次,资金流出的核算管控是财务管理的重要环节,加大资金流动的管控力度,实时统计学校建设资本、科研经费、设施引进、资料购买等开销。

　　最后,绩效成果的考察应该奉行科学规范的准则,设立一个高效可行的评价体系,形成多角度的全面评价网络。根据各个部门运营性质的差异,针对学校科研试验设备需求以及师生数量、校友捐赠资源的比例,设置对应的指标。扩大绩效管理评价体系的应用范围,考察资金流出情况,根据考察结果,对比往年的工作成果来进行总结工作,将绩效考察渗透到学校的各个部门以及各项工作计划中去,将财务绩效管理落到实处,以实现资源的科学分配,推进学校的发展。

（三）高校财务绩效管理优化的路径

1.增强领导对绩效管理的了解

院校领导是高校发展的中坚力量,绩效管理的实施需要领导的大力支持和积极的配合。提高领导的全局认识,能够有效推进学校财务管理业务的开展,重视资金的流入流出,齐心致力于提高绩效成绩,推进整体发展。高校要重视办学的资金投入,以新颖的财务管理体系,设置办学资金投入的管控制度与评价标准。

2.完善资金管理分配制度

高校资金运营的显著问题在于管理制度的缺陷,高校的运营模式持续革新,资金来源构成日趋复杂,学校的运营模式趋于多样化,活动业务繁多复杂,资金运营部门工作难度加大。目前,学校应该完善资金管理分配制度,掌握管控权力,实行分级管理,各部门彼此制约,共同进步,走向管理的正轨。

3.改变资金预估的方式

资金的合理分配是以科学的预估为基础的,正确的资金分配及利用关系到学校的经济体系和发展前景,所以资金预估的水平高低是学校发展的关键环节。高校可以通过建立机制,强化管控力度,将资金预估结果作为工作审核的指标,激励员工提高专业素养,增强工作能力。

4.实行科研设备的共享

学校是公民学习的场所,内部硬件设施是经过国家支持与审批购进的公有资产,应该设立科学的管理制度,打破传统规章,建设共享平台,将各个学院的仪器设备收集起来,实行统一管理,为教师学生提供便利的同时,也减少了设备的资金投入,避免浪费,增加了师生互动交流的机会,拓宽学生的知识面,实现跨专业的沟通学习。

5.设立奖惩制度和评价体系

当前,许多高校财务工作的审核制度与评价标准过于单一,如只注重资金走向与预估结果是否一致,却忽视资金的利用程度,考察标准十分片面。所以,为了高校的全面发展,我们应该以学校的发展方向为基准,制定有效的评价体系和合理的奖惩制度,对学校的资金流动重新统计。对于懈怠、玩忽职守的职工,应该给予恰当的处罚,以示警示。

6.提高员工素养

员工专业素养的高低关系到学校资金的运营效率,在保证规范的财务管理的前提下,提高员工的知识储备以及专业素养,提升其整体的水平与能力,确保高校在新的竞争中能够存活下来,维持高校资金的科学运转,使财务管理步入新的发展时期。

二、高校财务绩效评价体系的构建

(一)高校资金运营审核体系的定义

高等院校的工作绩效是指引入相应的经济支持后,最终获得的利益,主要指取得的效果,工作效率以及成效收益。展开来说,取得的效果指学校工作有价值意义的成果,如高校的人才养成和科研创造等;工作效率指高校的人力资源投入与利益成果之间的比例,体现出资金的利用率;成效收益,指预期成果和收益目标是否一致。高校的运营模式不同于营利性企业,它有自己独特的绩效考核评价体系。人才培养涉及各个因素,精英的输出量以及效益比率难以精确统计,所以在实际统计工作中,往往通过衡量绩效成绩来评价资金的运营情况,总结学校的财务流动。

掌握工作本质是高效完成任务的前提和关键,相关工作人员要认真梳理高校的财务记录,把握整体架构,不能以个人的标尺作为评价标准,并设立科学全面的评价体系,多角度衡量职工的绩效成绩。在完成基本的财务数据和资金运转统计工作的同时,相关人员要以严谨求实的态度,核查和定位学校的财务状况,并以客观的原则,综合对比分析资金流动的走向。客观规范的指标能够保证绩效定位的公平、公正、公开,维系高校的正常运转,有助于提高绩效管理能力。

（二）高校实施绩效管理的价值

1.明确发展方向

资源是社会运作的基础,它并不是取之不尽、用之不竭的,合理分配和利用资源是社会经济发展的核心,高校的发展也逃脱不掉这一法则。目前,人们通过市场进行商品的等价交换,获得相应的利益,资源在市场上向各地流通,是资源分配的一个起点平台,政府是公有部门资源分配的主力军,针对高校特殊的运营体系,政府力求实现资源的优化和有效分配。所以,绩效考核是适应时代发展的必要步骤,我们必须以此为基准,完善高校的财务管理现状,为高校设定科学规范的评价标准,脚踏实地地提高学校的各方面收益,力求稳中求胜,实现奋斗目标,创造辉煌成就。

2.提升办学资金的利用效率

高校的办学理念是为社会培养合格的人才,评价教育成果的标准是学生的科研成就以及社会影响。通过对比分析,总结高校的培养成效,以此衡量资金投入的合理性,根据高校的运营情况,重新配置办学资金。这样既能减少资金投入,也能实现高效发展,提升教育成果。

3.完善资金运营体系

资源的科学配置能够保证高校有序运转,绩效评价体系的合理性是衡量高校资金运营水平的标准,学校参照资金的流动情况,设定相应的发展计划,根据计划进行财务预估,结合预估情况制定资金流动方案,各个环节无缝连接,形成一个连贯的系统,哪怕发生一定程度的变动也不会影响其稳定性。

目前,国家实行经济财政改革,严格管控资金流动,以国库为中心,进行财务收支,学校财务支配权力缩减,在这种窘迫形势下,高校必须采取行动,完善资金运营机制,核查学校的财务支出,把握实际流动情况,制定切实可行的管理规划。以科学规范的评价体系为基础,客观定位高校的资金运营情况,有利于学校反思、总结工作,从而改正缺点,完善经营模式,促进学校发展。

4.推动发展进程

高校的发展水平体现在硬件设施、资源质量、资金配置、教学水平、体系运营成效等方面。这是对高校运营能力的定位,判定评价其企业模式,为高校未来的发展规划和运营体系的变动提供依据。以绩效评定的方式进行工作考核,能够激发员工的工作积极性,鼓舞员工制定发展规划,促进学校科研事业的发展,提升学校的影响力。

(三)高校当前绩效评价体系的疏漏

高校的运营体系经历漫长的发展革新,从简单的统计模式,经过整合体系的尝试,过渡到科学规范的管理形式,以不同时段的历史背景为依托,进行财务管理工作的探索。但是,就目前的实际情况来看,高校的绩效考核标准仍然有待完善,需要健全资金流动以及财政收入的监管机制,设定科学的评价体系。相较于国家经济改革和教育的发展进程,资金运营和绩效考核标准明显滞后,还存在许多亟待解决的问题。

1.缺乏法律保障

当前,高校的资金运营是自成体系的,国家没有针对财务部门制定相应的制度政策,学校教职人员的绩效考核处于缺乏法律保障的状态,没有明确的标准。学校还处在绩效管理的初级阶段,必须在实践中探索出恰当的制度政策,为资金的高效运营积累经验。绩效管理刚刚起步,发展尚不成熟,一定程度上影响了员工工作成果的考核和财务工作的进度。另外,绩效管理缺乏健全的制度保障,学校资金链混乱,收支失衡,资源分配缺乏合理性,造成资金的浪费。建立完备科学的财务管理和成果考核机制是首要任务,只有这样才能保证高校的正常运转。

2.评价标准有待完善

高校的管理模式在逐步发展,评价体系日趋丰富,但评价的范围仍然有限,仅仅基于数据统计,考核结果违背"质"与"量"的守恒原则,忽视了员工的其他品质。当前的评价体系仅仅以工作量为考核重心,限制了员工的全面发展,显得过于偏狭,形式单一,缺乏科学性。相关人员也没有深刻反思绩效评价工作的意义所在,缺乏探究学习的精神。

高校的考核标准及范围有待进一步完善,需要注意下面几点。

首先,考核方式脱离实际,无法真实地体现出员工的工作成果。高校目前的考核标准基本全面覆盖了学校的相关工作,但没有针对各个指标,总结分析其与工作成果的相关性,以及如何科学合理地开展实际工作。

其次,考核标准片面。相关人员在核对资金流动情况时,仅依据学校的办学资金投入以及科研活动经费,追求"量"的统计,标准片面单一,主观因素占比过多,忽略了办学投入和科研活动带来的其他效益,仅将表面的输出量视为指标,违背整体全面性原则。

最后,忽视了非资金形式的资源流动。高校办学的需求涉及方方面面,资金不是唯一因素,社会的政治人文等都会为学校带来资源或收益,所以高校需要整合其他资源,将其列入绩效考核的队伍中。

3.轻视绩效考核的作用

当前,高校对成果考核工作有误解,认为这是财务部门的职责所在,高校领导通过考核结果了解学校的资金运营情况,忽视了成果考核对学校运作的影响力。高校相关人员对绩效管理缺乏深刻认识,将学校的硬件设施作为衡量发展水平的因素,忽略了学校人才培养、社会活动以及科研创造的效益。某些高校的管理人员一味地向国家部门争取办学资金,只顾争取,却不重视资金的合理规划。某些高校缺乏科学的成果考核体制以及奖惩制度,忽视资金投入后的收益。而大部分高校的运营理念都过于片面,管理能力薄弱,只顾教育革新、资金和资源投入以及提升教育科研能力,却忽略了一系列投入发展所能获得的成果。而资源的盲目争取和投入,不仅加重了政府的负担,而且造成资源的大规模浪费。办学资金的投入与教育效益严重失衡等问题,阻碍了高校的发展进程。

4.需建立科学、统一的评价体系

高校相关人员应按照相应的考核项目和评判标准,进行员工工作的评价总结,统计学校的资金流动情况。目前,中国的绩效考核体系逐步完善,但高校由于其特殊的企业性质,绩效评价的范围仍然很偏狭,标准的设立依据是相关管理人员的主观判断,缺乏客观性,评价工作违背规范性原则。评价的对象是各部门的财务数据,通过收集汇总,进行统计分析,由于数据并不是实时统计,资金流动情况的真实性有待考察,所以绩效考核结果的可用性较低,不利于工作总结的进行。

所以,我们要完善现有的考核机制,结合学校的发展现状,设定规范合理客观的评价标准,通过真实地整合统计,展示学校的财务管理能力。

(四)设立高校绩效考核标准的原则

1.高校工作成果考核原则

高校是以教育为重心且非营利性的特殊企业,所以在进行工作成果考核时,要考虑学校的运营体制,以其资金流动情况为基础,设立考核机制,按照以下要求开展工作。

(1)拓宽范围,遵循专业化原则

评价指标的设立要拓宽范围,综合学校各部门的财务绩效水平和资金流动情况,全面覆盖学校发展的各个因素。高校相关人员要明确绩效考核的重要意义,根据学校发展的实际情况,展开财务绩效的考核工作,并进行客观的归纳总结,经过全面的、范围广大的评定,完善学校的评价体系。

(2)异同共存

评价范围涉及方方面面,各类标准之间联系密切又各自作为一个独立的指标,保有一定的相同特征,共同为考核工作提供依据。

(3)规范可行

绩效考核要实事求是,高校相关人员要根据学校的运营状态及财务管理能力,设定规范可行的评价标准,基于实际的财务流动和绩效数据,遵循科学规范且可行性高的评价指标,考核统计学院各部门的绩效情况。

(4)不断更新发展

绩效考核标准的设定要有远见性,排除其他不必要因素的干扰,结合国家当前财政和教育发展的新形势。高校相关人员要掌握国家针对教育制定的最新政策、提出的最新要求,以及和高校财务管理相关的规章制度,根据这些新规定,实时修改绩效评价的标准和要求,使其能够紧跟时代的发展,切实体现出当下高校的相关工作成果,在发展中不断反思修正,实现评价体系的发展革新。高校的绩效评价将是漫长而又艰巨的任务,我们需要在长期的探索工作中寻找恰当的模式,完善高校的绩效考核工作,分析高校绩效的整体趋势,从中总结出绩效成绩的走向。这需要我们长时间的观察,那么经过较长时段财务绩效数据的总结,走向的分析就更具有可信度吗? 仅仅某一阶段的评价结果,可能存在偶然性,评价结果的可利用性有待商榷,评价工作就没有了价值。所以,我们要根据国家教育部门的相关规定和发展形势,不断更新高校的评价体系,完善考核标准,设定科学合理的评判准则,精确反映出高校资金的流动情况。

(5)结合性质量化指标

考核标准的内容繁多复杂,评价形式也多种多样,高校相关人员以财务金融的相关专业知识为基础,结合学校的性质,量化评价指标,将评价方法与相关数据巧妙地结合在一起,构成清晰规范的评价体系。

2.高校工作成果考核体系的组成

高校工作成果考核体系的构成较为复杂,主要分为财务管理能力、资金分配效益和经济运营的前景三部分,通过统计学校资金投入后获得的效益以及员工的绩效,真实体现学校的运营情况以及财务管理水平。

(1)资金运营能力指标

高校的资金运营能力能够体现出学校的资产状况和企业经营能力,反映出学校的现有资产和负债情况,以及学校资金流动和经济效益的整体走向,细致整合出学校的各类财务支出和获得的收益。通过资金运营能力的全面考核,可以总结出学校的综合运营能力和办学水平。能够体现资金运营能力的指标主要包括下面两部分。

①体现高校办学资金的出处以及规模。国家政府提供经济支持,学校参加社会活动以及经营相关产业来维持其运转,凸显出学校的办学能力。国家政府的资金支持主要包括三部分,分别是教育办学经费、科学研究经费和项目建设经费。学校的经济来源主要是通过教育教学、科研创新、食堂开放,创办企业和各界同胞的热心捐赠。学校办学资金的出处包括国家政府的支持、学校自营产业以及科学研究的收入。

②体现学校的发展水平。包括学校的资产条件、办公教学建筑用房、学生学习实验的用具设施、专业资料和课外书籍的数量、体育健身

器械以及学校的专职教师中学历在本科以上的人数。

（2）资金运营成果考核指标

资金运营成果考核指标,是指根据高校办学的资金投入与取得的实际收益关系对高校的资金运营能力、成果、收益等多方面收入进行评定。包括学生、教师以及各类职工的占比、员工和公共事务的资金流出、教师和职工的经费消耗、教师教学工作的平均收入、教师科研创造的收支和经费自补的比例、资金筹措、科学研究和教学工作收益的增长率、建设完成率、资产的增多量、用具设施的使用效率、财务预算的实现效率、教育成果、学位完成情况、毕业生的就业情况、科研创新成就、高级项目的参赛成果、省级科研组织及课程的上升趋势等。

（3）资金运营发展前景

高校资金运营发展前景代表着学校的资金链的稳定程度以及未来的发展水平。随着中国市场体制的确定,高校获取办学资金的途径趋于稳定,所以剖析定位高校资金运营的前景,预估高校抵抗经济风险的能力成为衡量高校绩效水平的主要手段。主要衡量指标包括学校的负债率、年资金流动情况、筹措资金占总经济体系的比例,付款金额占学校资产的比例。

3.设定工作成果考核标准的途径

（1）增强学校领导对绩效考核体系的认知

高校的资金运营范围较广,包括财务部门在内的众多组织,学校的绩效考核需要各部门分工协作、共同努力。所以,高校各级领导和员工必须达成一致,统一理念,才能形成科学一致的评价体系,而上级的肯定和支持是绩效考核有序进行的保障。

（2）设立规范的财务管理体系

科学、规范的财务管理体系有助于统计高校的资金财务运转情况,分析绩效数据,精准形成考核结果,从而为学校的后续发展和财务工作的开展奠定基础,提供有力的支持。高校的财务管理体系需要进一步完善,相关工作人员要强化提升数据统计分析的能力,紧跟国家的财政改革形式,积极引进相关财务管理思想,推进高校资金运营机制的发展,丰富评价指标,使高校的资源得以合理利用,实现利益最大化。

（3）形成科学的绩效考核机制

高校由于其企业性质特殊,大多轻视成本的耗费,不重视经济收益,致使办学资源被随意支配,造成资源的大量浪费。所以,高校应该围绕绩效评定,完善考核机制,规范员工的教育行动,有力敦促高校领导及员工提高绩效水平。同时,推进高校的可持续发展,激励各个岗位的员工齐心协力,提升自己的业务能力,严格遵照学校的考核机制工作。

三、高校工作绩效的管控

规范有效的绩效管控是高校资金周转、教育运营的保障,为高校教育经济的前进与革新奠定了基础。高校绩效工作的合理把控,是维持高校资金运营以及各项事务平稳开展的关键。当前,国家的教育正处在不断完善发展的特殊阶段,形势不断更新,内部不确定因素层出不穷,对于高校的发展来说,这些都是较为严峻的挑战,高校不能松懈,应抓住一切机会完善学校的绩效管控体系,为应对一切不良动因打下坚实的基础。

(一)高校资金运营现状

1.资金分配体系失衡

当前,高校通过创办校办企业为学校办学创收资金,创收企业拥有自主权,在不违反相关规定的前提下,可以自由支配所得利益。只有将获得的利润合理分配给创收企业与高校,才能确保该管理方式的稳定发展。但是,当前高校不断增大创收单位的利益,削弱学校的办学投入,高校未能完成相应的责任,使得学校的资金链失衡,无暇顾及创收效益低的单位。因此,经济发展顾此失彼,扰乱了学校的资金分配秩序,大大降低了学校的绩效成绩。

2.学校营利部门收益较低

目前,高校致力于教学建筑、餐厅、资料图书等不动资产的引进,由于缺乏科学有效的管控机制,导致资产发展趋势下滑,盲目购置各类设施,甚至为吸引高端人才创建独立的科研工作室,这并没有提高学校的效益,反而积存了大量的无用设备,限制了学校的资金运营。

3.资金运营预估的能力较弱

有些高校财务部门预算调整的时间较快,未能给预算的执行提供充裕的时间。国家有关部门持续推动财务预估的改革进程,增多资金预估的工作时段,使得预估时间更为紧迫。高校的财务预估报告完成较慢,下发到管理部门的效率低,延缓了资金预估工作的实施。另外,学校资金的分配系统较复杂,涉及多个层级部门的资源配置。分配方式主要有两种:一种是学校将资金下发给各学院,再由学院结合自己的资金情况进一步分配,另一种是学校分配给部门,部门下发给相关单位。这种复杂的分配形式难以掌控管理,导致经常发生学院或部门为了增加自身经费,频繁地进行多次分配的情况。一旦学校财务管理失去了实权,形成多部门单位争夺权益的局面,就会加重财务部门的负担,延缓工作进程,降低工作效率。

(二)高校绩效考核的功效

1.增强资金利用率

资源的"质"与"量"是高校竞争地位的资本,但资源配置效率的影响力也是不容忽视的,这是高校之间争权夺位的利器,能够体现出学校的资金运营能力。财务预估能够为学校的发展提供一个大方向,引导学校朝着一个目标行动,将财务预算应用到实际工作中,并参照其运营模式开展工作,就会得到一个理想的结果。合理分配资源是财务部门的本职工作,资金运营预估中就蕴含着财务分配的相关要求。为了实现资金的高效利用,学校必须严格按照预估计划进行资金分配,完善财务管理体系是目前的重要任务。

2.加强部门管控

从科学管控的角度分析,绩效管理是一个适宜体系,主要体现在学校员工、单位与部门绩效之间环环相扣、互相制约,监管员工提高工作效率。资金运营管理具有一定的预期目标,即管理工作想要实现的成果,要实现这一目标,必须要有一定的约束,对员工的工作成果进行评定,首先要确定绩效考核的指标,详尽了解研究资金绩效情况,并以此为基础展开绩效评定。考核指标的确立、资金绩效调查研究和资金绩效的考核工作三者之间相互作用,彼此互为达到目的的基础,各个环节紧密联系,共同组成了财务管理工作的一条关键分支。资金运营评价系统始终处在发展过程中,是前一阶段财务工作的总结,也能够预估后一阶段资金运营的趋势。考核指标为资金运营的评定提供了基础,资金绩效的调查研究与考核指标和绩效评定的桥梁,同时服务于这两者,以促进评定工作的进行。针对不同时期的绩效成果,开展调查研究,总结出当前工作存在的不足,在后续工作中引以为戒,并加以改正,逐步完善工作的评价体系。资金运营的管控工作是财务管理的主线,资金编制是前期管控工作,资金执行是中期管控工作,资金运营的分析评定是后期管控工作。有序的管控有利于提高员工绩效。绩效评定者掌握着主动权,被评定者处于被动位置,两者之间构成一个完整的评价体系,实施阶段性绩效的调查,统计相关财务数据,进行工作效益的实时反馈,分析财务工作的错误之处,并及时加以改正,以实现预期的成果,完善资金运营能力。资金运营管理与绩效评定有效地结合在一起,协调规范了学校各单位以及员工的行为,且为绩效管理提供了保障机制,能有力推进学校的资金管控工作。

3.把控经济风险

经济的稳定是高校教育有序发展的前提,高校财务管理者要定期整合学校的设施及资源消耗程度,核算办学资金,统计财务支出的量。高校是独立经营的非营利性企业,在教书育人培养人才的过程中,也承担着许多不利因素的冲击,撼动高校运营的主要因素就是资金问题,如学校负债。结合自身实际情况,适当借债,可以刺激学校经济,缓解当下的资金困难问题,着眼于教育的发展市场,把握机会开拓创新。然而,高校在享受借债带来的便利的同时,也要承担随之而来的风险。所以,高校借债要量力而行,以学校的教育科研发展为重,保证正常运作的情况下,适度借债。而设定合理的绩效考核标准,有助于监管学校的财务运营情况,评定学校负债的偿还能力,相关人员要基于真实的数据统计分析,去估测学校经济体系的稳定性,制订科学合理的负债计划,减少负债中隐藏的不利因素。评价指标的设定要遵循科学规范和可操作的原则。保证学校平稳应对国家的整体趋势变化,同时考虑多方面的不确定因素,为学校的发展留有一定的安全空间,避免不恰当的财务管理导致发展危机。综上所述,绩效考核能够鼓舞员工提升工作质量,促进各部门高效工作,减少高校的经济危机,只要制订切实可行的计划,合理管控资金流动,就能实现学校经济体系、教育资源以及培养目标的稳步前进。

4.各部门分工协作

资金是高校各部门单位运营的基础,高校财务管理者要通过资金的协调分配、财务流动情况与效益的预估,在财务部门与其他单位之间建立紧密的关系网。关系网的稳定性涉及学校资金的分配情况与利用效率。所以,稳固各部门的关系是保证财务管理工作有序进行的基础,它是合格的管理者应该具备的能力,能够避免因资金分配不当而引起的纠纷,拉近各部门的关系,稳步推动学校财务管理的发展。科学规范的绩效管理,能够为管理者提供有效的经营思路,管理者要综合学校的经济体系,将职责分配到各个单位,稳定部门之间的关系,避免因分工不均导致纠纷。

(三)优化高校的资金运营管控体制

1.普及绩效管理,革新资金运营模式

各部门团结一致,分工协作,共同承担起推进教育事业发展的责任,是高校发展的美好蓝图。资金是学校办学的前提,经济体系的稳定需要各级领导和员工共同维持,积极参与资金运营与绩效管理。高校相关人员可以通过网络平台,普及绩效管理的重要意义,提高广大员工对这一经营模式的认识,争取学校成员的忠心支持。若在高校内建立公开透明的收支查询系统,为各部门的主管提供渠道去随意查明资金流动的情况,并据此排布工作进程,可有效避免资金的浪费。经过全体员工的协力付出,一旦形成科学规范的运营模式,便能精准预估出收支趋势,将办学经费用到实处,避免浪费现象的发生。

2.紧跟科技发展,将先进技术引进财务管理

当前,科技发展迅猛,电子设备逐渐取代人工计算,这减轻了财务管理人员的工作负担,大大提高了效率。通过网络程序实时监控资金流动情况,为高校的运营带来了巨大的便利。各大高校应该把握住时机,合理运用新兴的统计手段,结合学校的发展特征,创建出适宜的管理程序,精准统计学校的各项收支记录,为相关管理人员提供真实有效的数据,提升高校的资金管理能力,准确统计分析出资金的投入与收益,达到高效管控财务的目的。

3.结合高校财务现状,设立适宜的绩效考核体系

在不违背国家有关规章制度的前提下,结合高校的财务管理现状,设立科学可行的绩效考核体系。高校财务管理部门应该进行深入调查,详细了解各个部门单位和相关专业的运作特征,以及各专业的教学需求和资源消耗,基于各组织的收支报表,估算高校人均培养用度,不能片面统计分配。这样才能保证资金运营的精准规范性,实时管控工作流程,对比财务预估与结果之间的不同之处,并进一步完善绩效考核标准。高校管理者应以学校的发展理念为基准,参照国家的经济制度,设立科学可行的机制,使得学校的财务管理步入正轨,在保障学校员工利益的同时,完善绩效管理体系。另外,高校管理者应建立奖惩责任制,落实工作职责,人人分工合作,以形成紧密的责任网,去严格管控预估工作的开展。

4.增强员工素养

高校员工要养成良好的职业素养,热爱自己的职业,勤恳工作,认真负责,清正廉洁,信守承诺,时刻约束自己,在工作中保持积极向上的心态,坚守底线,抓住一切机遇提升自己的能力,并密切关注国家的经济发展态势,奉行政府的政策制度,在实际工作中加以实践。高校管理者要选用全面发展型人才,提拔乐于学习进步的员工,并设置合理的奖惩制度,对勤恳付出的员工给予奖励,鼓励他们积极为学校的发展贡献力量,继续发光发热。高校还应建立员工培训机制,拨出一定款项,组织财务管理相关的培训活动,去帮助员工提升财务管理能力,丰富知识体系,拓宽员工的认知范围,令他们紧跟时代发展趋势,抛弃老旧的经

营理念,实现由统计到管理的变身。

　　绩效考核体系的管控涉及各个员工的薪酬,需要大家的一致配合。高校应该设立行之有效的体制,约束员工的行为,完善资金配置工作,使学校能够精确统计各项开支,重新计划资金分配,并合理利用经费去获得最大的收益。

第三节

高校财务绩效管理创新

一、资金运营管理模式与学校体制的联系

　　资金运营管理是高校发展教育事业的业务之一,不能将两者分离开,它们互为发展的前提,是一个完整的有机体。资金运营管理与其他部门共同推动学校的发展进程,所以在实际运营过程中,高校管理者要综合考虑学校各业务部门的功效,设立全面系统的经营体制。深入了解学校绩效考核标准与运营体制的关联性,能为体制的完善打好坚实的基础,从而有利于学校制度的革新。

　　资金运营模式与高校经营体制革新之间究竟有着怎样的联系?具体介绍如下。

(一)运营准则是绩效水平提升的前提

　　将事物看成一个统一体,它的特征与功效与下属单元的特征与功效密切相关,各个单元之间的关系也影响其性质。高校是一个复杂的统一体,各单元之间构成利益网络,学校的组成人员也较多,包括教师、

学生、管理人员等,都在学校各项工作业务中扮演着重要角色。这个体系中包含了各个学科的精英人士,以及繁多复杂的学科体系和管理单位,这些分支的运转都需要投入资源,用以维持组织的正常工作,完成教学任务,协调各部门的稳定运转。规范合理的制度不仅能够推动学校发展,提升绩效水平,还能避免资源浪费,减少不必要的资金投入,发挥制度的基本能效。

综合来看,提升绩效水平、实行绩效考核制度不是最终手段,还需要在此基础上建立科学有效的制度体系加以辅助,进而避免不利因素的干扰,强化管理机制的稳定性,削弱个人主观因素对管理的干扰。相反,高校绩效管理模式的不健全会导致学校运营体系的紊乱,令纰漏层出不穷,更会降低资金的利用率。可见,管理制度是影响工作成果的重要环节。

财务管理和绩效考核的性质是影响学校效益的关键,高效合理的办学资金投入能够促进学校各项事务的平稳发展,从而增加学校的资金流入,提高工作效率。所以,我们应该客观地看待目前的运营模式,努力发展优势的同时也要及时改正缺点,避免员工投机取巧,形成不良风气。高校还应将资金用到实处,提升利用效率,优化员工的绩效成绩。可以基于投入与产出的比例,分析资金的利用效率,探查出学校运营准则的不足,并进行进一步改正,以完善学校的资金运营体系,加强绩效监管。

(二)完善绩效考核机制是优化高校管理体系的关键

高校的运营宗旨是科学有效地分配各类教育资源,实现资源的最大化利用,为培养高质量人才创造条件,为学生的全面发展提供相应的资源。所以,高校的当务之急是要合理利用资源,协调学校发展过程中的矛盾,遵循国家的教育目的,最大限度地实现培养目标。因而,高校行政管理的成功与否,最终要通过办学效益来体现。高校绩效管理是学校运作情况的真实体现,从中可以分析出学校的经营能力,以及学校各部门单位员工的工作成果和收支情况,并将其作为定位学校办理事务能力的标尺。财务管理的革新是当今高校发展的必然趋势,但学校制度的改革需要资金的支持,所以要将经济效益放在重要阶段。高校管理者要全面改革高校的各项制度,优化学校的经济运营体系,将人才培养、科学探究、教师团队以及后勤保障各项事务,一一列到改革发展的队伍中去。

在不增加资金投入的条件下,完善绩效管理体系,规范资源的分配,实现资源的最大利用效率,增大学校的效益。在此条件下,以绩效水平为指标,探究学校财务管理体系如何在节约投入的情况下,提高学校的办学效益,并完善相关的管理机制,制订合理的准则计划和完备的运作机制,科学地约束员工的绩效表现,规范学生的言行,节约办学资金投入,避免工作中不必要的矛盾,严禁不良工作风气的产生,为高校财务管理工作的革新和各项事务的运作发展奠定基础。具体介绍如下。

第一,高校管理体系的革新,必定会为学校的发展注入生机,挖掘出学校的潜在能力,推动学校的发展。高校的学生培养情况、实验探究、人才配置、后勤服务等事务能够凸显出学校的办学成果。高校管理者可以以提升绩效水平为基准,改革学校的规章制度,也可以根据绩效考核结果,合理分配学校的办学资金以及师资团队,建立恰当可行的监管制度,实时监测学校的运作情况,总结学校的发展成果,分析出下一步学校发展的方向,推进学校的发展进程。

第二,绩效考核体制的革新推动了高校相关制度的改革。高校管理者要规范学校的资金投入,建立健全奖惩机制,科学约束员工的工作表现,明确各部门的发展方向,同时,革新学校的其他规章制度,推动改革的前进,为学校的运营提供动力、注入活力,进一步促进学校各项准则的完善。

第三,绩效考核体制的革新能够为高校的发展创造全新的氛围,提供健全的运营准则和管理制度。高校管理者要革新学校的工作准则和考核标准,设定规范的奖惩制度,约束学校的运营程序,稳定学校的发展进程,避免因利益纠纷而产生矛盾,并解决因此而导致的资源浪费,实现资源的合理利用,促进资源的收支平衡,提升学校的绩效水平。

所以,绩效考核体系的完善是高校财务管理机制革新的基础,恰当的财务管理机制为绩效考核保驾护航。明确每个人的职责所在、资金投入方向和绩效考核机制的新公共管理理论[①],是高校管理制度革新的

[①]　新公共管理理论:具体的两大目标,一是要考察分析公共行政和公共管理的各种理论模型,并努力与新公共管理相融合,以寻求进行学科整合,创建一种新的公共管理理论框架的可能性。二是探究在新公共管理改革的影响下,公共部门的可持续的适用性问题。

参考资料。管理者要利用相关管理学知识,以资金流动趋势为基准,建立合理的管理制度,以提高学校的绩效水平,减少学校资源的浪费,实现经费人才的高效利用为导向,提高运营水平。但我们要明确制度革新的内涵,明白设定工作准则是为了规范员工的工作作风。制度应用于实际工作的成效是衡量该准则合理性的指标,通过建立合理的奖惩制度,激励员工提升绩效,从而推进学校各项工作的稳步发展,避免在管理过程中衍生出不必要的纠纷,优化高校的资源配置体系。

二、促进绩效考核下的高校运营体系的革新

目前,我国高校的发展陷入了瓶颈期,许多问题层出不穷,如运营机制不够新颖、缺乏竞争力、奖励机制不完善、员工的积极性较低等,这些问题大大抑制了员工的潜在能力,延缓了学校的发展进程。完善绩效考核机制,推动财务管理体系的革新,是迎合当今国家趋势,促进高校稳步发展的重要内容。

(一)完善绩效体系

完善绩效体系是指改革高校财务管理体系,提升学校的办学效益。高校管理机制是一类行为准则,能够优化学校的工作效率,对员工的行为起到规范约束的作用,确保高校各项事务的有序进行。各个企业遵循相关的管理制度工作,都会派生出一定的效益,这种效益便是高校绩效水平的体现。高校管理体系有内外之分。内部绩效体系即在制度约束之下高校的资源流动情况,资金投入量的减少,能促进学校运营秩序稳定性的提高。外部绩效体系是指高校各项事务中资金流出的效益,以及学校的教育成果、实验探究成就和创造的社会价值。内部绩效与外部绩效共同组合成完整的绩效管理体系,两者相辅相成,内部体系为外部体系保驾护航,外部体系为内部体系提供思路。它们都是学校发展中的重要角色。

高校的前进应该遵循社会发展的大趋势,以绩效考核为基准,开展学校办学制度的革新。现今,高校的发展面临许多问题,如学校教育资

源有限、资源分配不合理等。所以，管理者要着手办学制度的革新，改善教育资源分配乱象，维持高校的稳定发展。高校是为社会输送人才的企业，是社会各界广泛关注的焦点，大众对高校抱有极高的期待，高校要实行顺应发展态势的管理体系，更新办学制度，优化学校的管理系统，实现资源合理配置，培养优秀人才。

通过提升高校绩效水平来促进学校办学制度的革新，务必要将学校绩效管理的内部和外部体系的发展视为重要内容。总结来说，以绩效水平作为审计学校办学制度的指标，实行绩效水平的考核。针对低于标准水平的制度，要进行切实有效的革新。另外，更新管理体系的同时，也要考虑随意产生的绩效问题，避免阻碍绩效提高的制度的产生。

（二）挖掘隐藏实力

作为一种社会组织，大学的活力如同其理念一样是其得以长期存在的基础。何谓大学的活力？有学者认为，"大学活力就是大学自主发展的能力，其本质就是大学自身对实现大学使命在意识上的高度自觉和实现使命行为上的坚定、自主和自由"。大学的活力使其能够适应不同社会、不同国家，大学已经成为当今世界的一种普遍组织现象和社会现象。大学的活力主要源于三个方面。一是源于大学的理念，理念是大学的活力所在，当一所大学能够坚持其理念时，大学的活力就强；当一所大学失去所具有的理念时，就是失去了其存在的意义，其活力自然也会丧失。二是源于大学组织内部各子系统之间的关系，包括行政与学术、教育与科研、学校与院系、教师与学生等方面，只有各系统之间能够协调一致共同服务于高校目标时，高校的整体活力才得以体现，而这依赖于学校的管理制度。三是源于大学和外部环境的关系，包括高校与政府、高校与市场之间的关系。高校能否处理好各种关系坚持自主办学的原则，也关系到其存活状况，活力的持久迸发依靠完善的激励机制。高校管理中的激励机制是指在一定的理论指导下，有针对性地运用激励方式启迪高校管理参与者的潜能的工作系统。由于高校管理参与者的心理需要既有共性又有差异性，这就决定了在设计管理制度时应有多样化的激励措施。同时，还要特别注意几方面的问题：一是激励的及时性和适度性，使激励的强度和数量与业绩的大小、贡献的多少相称；二是要建立科学的监控评价机制，这是推进激励机制人本化的有效保证;三是增强激励机制运行的透明度,透明度的强弱直接关系到激励效果的好坏,有透明度才能产生激励效果;四是确保激励标准的严肃性和稳定性,使激励机制产生正面的可持续性的真实效果。

高校是为社会输送人才的组织,其发展模式独具特色、充满活力,是维持学校发展的保障。高校的勃勃生机赋予它顽强的生命力,使其能够面对各类外部环境的影响,在世界各地遍地开花,形成科学规范的教育组织。

从高校管理制度来说,提高大学活力的核心就在于通过一系列的激励机制,形成创新的制度创新环境,使高校内部的各个系统迸发活力,进而完成大学的使命,这是经实践证明的课题,唯有以此为原则去构建发展战略与微观设计,才能实现高校的又好又快发展的目标,实现其人才培养、科学研究、服务社会三大作用的辩证统一。这不仅是在顺应时代的强劲呼唤,也是促进高校全面协调和可持续发展的重要手段。

(三)优化资源配置

用经济学的观点来分析,资源优化配置即是稀缺资源的投入与产出、成本与效益之间形成的效率关系之最大化。其主要现在两个方面:一是"资源使用效率",其含义是指一个生产单位、一个区域或一个部门如何组织并使用稀缺资源,使之发挥最大作用,获得最大价值的产出;二是"资源分配效率",是指如何在不同生产单位、不同区域与不同行业之间分配有限资源,即如何使每一种资源能够被有效地分配到最适宜的使用方向上。

就教育领域而言,资源配置的实质就是通过科学的战略管理、合理的规划方案,解决教育服务的产出规模、结构办学效益等问题。结合上述标准,高校的教育资源配置大致分为三个方面:宏观层次方面,国家通过一定的体制和运行机制,统筹安排有限的高等教育资源并将其分配于不同区域;中观层次方面,在特定的区域,将本区内稀缺的高等教育资源在本区高校间进行分配;微观层次方面,高校内部对其自身拥有或控制的教育资源进行再分配。而本书研究的高校管理制度改革属于微观层面的资源配置问题,其"优化"的核心就是在高校内部资源的利用过程中把握战略重点、重整资源的配置格局,通过采取相应的方案、措施和方法,使资源从低效益的系统向高效益的系统流动,从而提高教育资源利用率。因此,优化高校内部教育资源配置有四方面的要求。一是提高教育资源利用效益,使教育资源游离于社会经济发展和维持动态系统平衡之中。高校资源利用效益的提高是高校内部教育资源合理配置的重要表现。二是优化教育资源配置布局,在资源配置的过程中保证战略重点,集中使用。三是提高教育资源利用率,通过一定的激励和评估手段,使资源利用率提高。四是处理好近期与远景管理规划之间的关系,不能只重视眼前成本而忽视潜在的利益,导致大学发展偏离健康协调的轨道。

与大学的期待和需求相比,大学现有的资源总是不足。可以肯定的是,在未来很长一段时间内,资源短缺对策将会起到决定性作用。在大多数情况下,学校都制定了明确的资源使用决策,不过有时候,有些资源使用决策并不那么明确,因为有成百上千个甚至更多的个体和单位都在互相争夺资源,向校方索取资源。无论采用哪种资源配置模式,大学内部近期都不得不在资源短缺的困境中挣扎。任何提高资源使用效益、保持必要平衡的能力都很重要,甚至可能影响到学校的稳定,因此科学的资源优化配置决策变得越来越重要。

第七章

高校财务管理的未来发展

第一节

构建有中国特色的高校财政政策

一、构建有中国特色的高等教育财政政策的原则

教育事业是国际视野下所有国家发展进步的重要阶梯和必然出路,因此所有国家在教育建设事业中都投入了很大精力,而高等教育作为为国家培养高素质人才的重要文化基地,也是教育建设工作中的重中之重,我国由于在近现代教育建设中起步比较晚,所以更需要在现代高等教育建设中奋起直追,通过更加先进的思想与科学的制度抹平时间带给我国和西方国家之间的差异,从教育事业的基础支持元素入手,对高校财务问题进行深入的了解和密切的关注,确保其在发展过程中

始终遵循公平、规范等原则,与此同时也要符合财务管理中的基本效益性,将量入为出和量出制入^①作为高校财务管理的基本指导思想之一,进而通过高校的影响将这些原则融入社会的整体进步和全领域的财务管理进步中。

(一)公平性原则

公平是社会发展孜孜不倦的追求,也是身处社会当中的普罗大众对社会的广泛要求,虽然在从古到今的社会发展中,始终都存在各种各样的特权阶级和不公平现象,但是国家法律法规和民间约定俗成的道德规范都是为了保证基本的公平性而存在的,如果所有人的行为都能遵循法律和广义道德规范,社会的很多不公平现象都能得到改善,一些新闻中出现的仗势欺人的行为也会逐渐消失。一旦对很多社会的不公正现象进行追本溯源我们就会发现,那些肆意践踏公共秩序、侵犯他人受法律保护的合法权益的人,在受教育阶段并没有学会对法律的敬畏和对他人的尊重,因为每个人在长大成人和走向社会之前都要接受教育,这是每个人的权利和义务,在受教育过程中我们学会的不仅是知识,更应该是如何在社会中成为一个合格的公民。对于所有人来说,"公平"都不应该是一个走向社会才开始接触的陌生词汇,而应该是从最初的教育中听到并逐步深入学习并且在所有领域中都有所体现的内容,本质上来讲教育公平是社会公平的内容之一,而社会公平也可以在一定程度上被视为教育公平在所有领域的延伸,所以教育公平和教育中传达出的公平思想都是对社会公民公平意识的培养。从高等教育本身的教育公平性来讲,教育公平要求给所有学习者同等程度的受教育机会,在这些学习者接受教育的过程中对其给予相同程度的关注和资源倾斜,也就是给不同的受教育者相同的教育环境和同等的教育力度,并最终让这些学习者获得相同的学习成果。教育是一门复杂的多元化学科,对不同的人和不同的领域有不同的意义,对受教育者来说,教育公平性会影响到其受教育的机会及受教育的效果,而对于国家来说,公平教育是一种更加宏观的调控手段,是对高等教育的基本教育资源和教学成果均衡的分配与规划利用,是一种让更多不同家庭条件、不同学习

---

① 量出制入:根据国家每年所需要的经费来规定相应的科征收入的财政原则。

能力的人尽可能通过利用国家教育资源获取更好的生活的必要教育管理行为。从这样的角度来看,教育是一种对不同组织、不同个体和不同地区都有着不同意义的行为和资源分配形势。目前,对我国的受教育群体和每个不同的教育地区来说,高等教育都是用来消弭社会资源被个体过多占有从而导致的很多不公正现象的最好的手段,其给了那些处于社会底层阶级的受教育者更多地通过知识改变命运的机会,让这些人可以通过努力读书这一方式在未来获取更多的资源,以达到平衡社会资源分配的目的。虽然从长远角度来看,这种通过全民高等教育实现社会资源再分配的方式任重道远,不是一时之间能够做到的,但在国家的大力支持和各部门与高校的共同努力下,社会中人与人存在的资源获取能力和资源占有的差异得到了很大改善,越来越多的社会底层人士逐渐提升了自己的社会地位并为其他人树立了榜样,在这种奋斗中,高等教育功莫大焉。对高等教育和其中的教育资源分配等问题的关注可以从经济角度着手,这也是高校财务工作的重要性之一,想要落实到具体工作中,还需要工作人员注意不同受教育者和高校之间的差异,这些差异可能来源于地区因素或其他因素,而差异性在贫富之间差距较大的地区之间表现得尤其明显,因此在对教育资源进行分配、对高校进行财务管理的时候,要更多地将资源倾注到经济不发达地区的高校或者承担了更重要的教育责任的高校中,本着教育公平性原则让所有的受教育者获得基本的受教育的权利,让这些受教育者能够凭自己的努力在社会中取得与努力相符的地位与资源,这既是教育公平性原则的要求,也是我国高等教育发展的未来道路。

(二)效益性原则

效益性原则同样是我国高等教育发展改革中的核心原则之一,其主要内容在于教育成本的分摊,也就是说将小部分人受教育造成的成本分摊到国家范围内的很多领域中,因此作为这部分成本的承担者的国家政府机关、受教育者及其监护人和其他为此付出经济代价的社会公众都会对此产生高度关注,会本着让自己的付出"物有所值"的原则,要求高等教育要达到一定的教学效果,这也就是所谓的高等教育教学的效益性原则。效益性原则可以从教育资源的统筹分配在不同高校中的整合与使用方面的效益这两个角度来看待,从这两个方面分别入手以达到提升资源使用效率的目的,从而保证教育资源的使用遵循效益性原则。教育资源中,教学资金是很重要的组成部分,对教学资金的使用首先必须保证安全规范,其次才是自己使用的科学性,最后要关注的就是在资金使用合规合法且符合科学性原则的情况下如何最大程度地提升效率,也就是让同样金额的教育资金发挥更好的效果。众所周知,高校提供的服务不仅是高等教育,另一个重要的领域是科研,高校同时承担了为国家培养高质量人才和为国家科研工作做贡献两个重要任务,因此高校资金使用也必须从这两个方面入手,在对教学和科研活动的分配中找到平衡点。

高等教育领域的不同原则之间非但不是对立的,而且是相互包含的交融形态,其中公平性原则和效益性原则看似存在对立关系,前者要求公平分配教育资源,而后者要求资源的使用符合效益化要求,但是实际上这两大原则在我国的特色高校发展中是相互统一、相互促进的,若要从两者的统一角度看待我国高等教育的发展,就要将视野从高等教育产业化和高校的存在目的是为国家批量生产人才这种说法上移开,从人本主义和教育本身的强国战略方面看待高校建设和高等教育,要认清高等教育对每一个受教育者本身的培养作用和对我国潜在人才的充实以及对社会平均文化素质的提升作用的重要意义,要将其当作一门充实国家文化底蕴的社会福利事业看待,只有这样才能真正理解为何教育公平和教育效益之间并不矛盾,因为高等教育是在让受教育者付出有限经济代价的情况下享受到高于其代价的教育的行为,而这种教育行为又是针对全社会的,国家付出的基本资源在分配上对所有受教育者一视同仁,而效益性原则的要求则是让不同高校能够利用国家分配的资金和其他资源通过科学建设的手段取得更好的发展效果,是在公平性原则之上由主观能动性产生的力图将教育事业发展得更好的原则。我们需要意识到的是,高等教育的效益性原则是建立在公平性原则之上的高于公平性的原则,由于其高度需要对其做出层次的划分,而教育的效益性原则最基础也是最重要的原则层次就是公平性原则,其中从公平性原则中诞生出来的更高层次的内容才是对教学质量和教学资金投入的更高回报的要求,也就是对高校的两个重要功能的进一步提升,是教学资源的投入对高校受教育者的不同领域的个性化提升以及高校取得的科研成果为社会广泛进步做出的贡献。

高校改革与资金管理是科学性很强的学科,对其的研究需要以国家教育规模和经济规模为共同前提,为了更好地保证高校学习者能够通过高等教育获得更强的市场竞争力,在对高等教育的研究中还需要密切联系劳动市场的客观需求和国家用人的相关实际问题,让高等教育在教育中融入更多的实际应用元素,将资金分配与实用性规划调整至最佳,让高等教育具备更强的普适性,能够满足更多受教育者的需求,提升受教育者在劳动市场和社会中的广泛竞争力,这也是对教育效益性原则的最佳实现途径。这样的教育改革可以让高等教育具备更强的多样性并使其与经济市场间的联系更加深入化,这有利于建设更加繁荣的国家经济市场和更加先进的高等教育。

(三)规范性原则

规范性从来都是财务工作者必须遵守的第一重要原则,合规合法是国家政策和相关法律对相关人员的最大要求,也是财务领域相关工作的重要指导思想,财务几乎在每一个领域中都有一定程度的应用,对于高校也不例外,因此高校财务管理工作也必须遵守规范性原则。高校财务作为国家整体财务战略规划中的一个分支项目,对其的研究应该从国家整体财务战略规划入手,着眼于宏观角度,从国家的长远战略和长期规划中寻找切实有效的实现规范性原则的道路,同时让规范性原则和公平性与效益性原则之间形成完美的平衡与共生关系。之所以强调规范性原则在高校教育和高校财务管理中的重要性,是因为教育从来都是一门需要教育工作者付出极大耐心、必须具备强烈责任感才能做好的工作,责任感和工作中的责任是约束并指导工作者工作并对工作进行完善的最重要的因素,由此形成了高等教育中的各种规范机制;除规范性原则外,效益性原则即利益因素在高等教育中也是需要重点考虑的,很多人对此都有一定的误区,认为读书人或者教育工作者就不能过分关注利益,古代很多读书人更是以提及金钱为耻,实际上大可不必如此,读书人也是人,是社会中的一分子,而作为人类社会的一分子,就不可能完全脱离社会必要的利益链,也就是说,任何人的生活都和社会中广泛存在的利益关系有密切关联,不能正确认识这个问题的人是无法正常参与社会生活的,只不过就像古人所说的"君子爱财,取之有道",受到高等教育或者从事教育工作的人在这一点上应该做得更好,面对大笔的资金绝不能丧失应有的道德和良知,而是要通过自己的科学规划,努力让每一笔资金都落实到必要的地方,这就是效益性原则在高校财务管理规范性原则中的体现。工作者应该保有充分的自觉性,让自己的工作受到职业道德的约束,通过政府对高校投入的资金的用途以及使用后能够获得的收益等元素去综合判断资金具体的应用方式,并且保证这一工程中产生的任何行为都必须合乎规范;标准化同样是高校财务管理中的重点,其往往和规范性原则同时出现,两者含义接近,在某种程度上相互作为补充,标准化原则要求工作者需要让自己的工作符合标准化流程,最大程度上排除主观因素等对工作的影响,通过最客观的方式达到标准化工作效果;标准化原则和规范性原则都是高校财务管理的重点,这两大原则都和国家法律法规的要求和从业者的职业道德息息相关,是国家法律和社会道德对高校财务管理工作的双重约束,是对资金来源的合规合法性以及资金分配使用途径上的规范性的要求,对国家法律的关注与重视有利于高校财务管理中的资金去留合法性提升与相关财政工作在科学使用的范围内的效率提升。在这一点上我国高校可以多借鉴西方发达国家建设情况良好的高校的发展,学习这种将高校本身的责任、高校财政管理带来的利益、合规合法的高校管理者与教育者的工作程序以及国家出台的相关法律法规的要求有机结合在一起的方式,通过借鉴这样的先进财政政策与财务管理规范去提升我国高校财务和全面发展的程度。在这些原则的全面要求下,我国可以对那些经济能力发展滞后地区的高校进行更大力度的资金扶持,对于那些虽然不缺乏资金支持,但缺少必要特色与竞争能力的高校,应当指明发展方向并监督指导其规划出科学的发展路线,通过对国外高校的借鉴和我国特色政策与原则的完善推动高校全面改革提升。

二、构建有中国特色的高等教育财政政策的举措

(一)对高等教育财政体制的进一步完善

国家为了保证高校教学活动的顺利进行和先进开明的教育理念的彻底贯彻,以及健康的教学体制的全面创建,为高校的发展制定了一系列规划,财政制度正是其中重要的一项,也是国家和高校之间通过资金

流动而产生的最密切的交流的一项。国家对高校的财政管理要求具体来讲包括很多方面,从我国建设的特色角度来看,其中最起码包括了对高校财政部门和财政管理机制构架合理的要求,需要高校在财政管理上能够和国家的教育财政需求以及社会经济发展的客观规律相符合,在这种要求下的长期规范发展中,我国高校中的科学财政体制已经根深蒂固地存在并且长期发挥着重要的作用,但是当前高校财政部门和财政制度的发展还不够完善,虽然其中存在很多具备积极意义的地方,但是同样也在这五个方面进一步完善。

1. 强调政府的主体地位,以保证财政工作的具体落实

我国作为在国际上名列前茅的经济大国和人口大国,每年的 GDP 指数都令很多国家叹为观止,而出于对教育的重视和对高校建设的关注,我国每年在教育领域投入的经费都达到惊人的数字,近些年来的教育投入更是超过了国家 GDP 总值的 4%,在国家的号召下始终在落实"两个比例"和"三个增长"的建设原则,一方面在教育事业尤其是高校建设中投入越来越高的资金,另一方面又要保证这种资金投入与教育事业的发展现状和发展程度是相匹配的,既不能让投入的资金由于教育建设程度不足而被浪费,也不能让教育事业在高速发展中缺乏必要的资金支持,其中的资金投入力度与"性价比"之间的关系需要相关部门和高校的管理者们共同把握,实现对教育事业资金投入的增长以及每一分钱的投入都用到了刀刃上的要求。教育是我国的立国之本和强国之策,对教育的重视在我国要超过任何其他事业,因此为了帮助高校完善财政建设就更要做好相关的监督,保证国家投入的精力和资金切实促进了高等教育在我国国内的发展,而不是被白白浪费,确保我国高校财政发展一直处于正确的道路上。

2. 对高等教育财政进行转移支付化转变

从省级单位的教育资金支出来看,我国不同省份在这方面的资金倾注力度的差别很大,从我国实际国情和其他多个角度来看,我们就发现具体的影响因素有很多,其中最重要的因素就是我国各地区的经济能力的不同,按照地区来看,我国四分之三左右的在教育资金方面的支出比较低的省份都分布在中西部地区,而实际上从不同区域的经济建设的角度来看,这些地区的经济能力确实落后于其他地区,这些区域的

政府并不缺少对教育的重视,只是在资金方面有心无力。我国在 1994 年进行了税制改革①,自改革至今政府对国家财政能力的集中程度和控制能力都有了很大的提升。其中作为政府对财政的把控能力提供了理论依据和制度支持的是分税制,也正是这种税务制度在最大限度上提升了中央政府的财政独立能力,让国家政府在财务方面不再高度依赖地方,财务成为政府可以自由控制的项目而非受到地方限制。但与此同时,我国中西部地区对教育资金的投入不足也是这种制度存在问题的体现:一方面,国家对地方各领域建设的要求不断提升,为了达到相应的建设目标,地方政府需要在各个项目中投入更多的资金与精力;另一方面,财政大权被中央政府牢牢把握在手中,地方政府的财政权限和经济能力严重不足,这种不协调的收入和支出带来的是地方政府的财务压力逐年增加且面临崩溃等问题。想要解决这一问题,需要地方政府在资源利用方面做到更加科学化和效率化,可以通过将地方有限的资源投入更多的领域中的方式获得更多来源的投入回报,或者对那些资源投入回报率比较低的产业降低投入,从而节省更多的资源投入高回报产业中实现资源的高回报,通过这种"开源"的方式增加地方政府的财物获取渠道以及单渠道财务获取率,从而加强当地的财务能力和对必要领域的财务投入。虽然高校建设以及高等教育的全面推广并不是高回报领域,但是对高等教育的建设是任何地区都必须重视的,任何其他领域的建设都必须在不占用教育资源的前提下进行,因为高等教育虽然不能马上获得回报,但是作为一项长远的投资,其对我国人民的文化和思想的培养作用是不可忽视的,甚至可以说,我国的很多领域的发展都是为教育资金和教育资源的产出而服务的,只有将教育事业建设好,才能有更加长远的未来发展。从这个角度来看,在地方政府的财务能力实在不足以支撑当地高等教育的必要建设的情况下,依靠中央政府对其进行资金倾斜的财政转移是很有必要的。但这种为地方高等教育建设而执行的财政转移工作的目的和具体方式与普通的财政转移

---

① 税制改革:通过税制设计和税制结构的边际改变来增进社会福利的过程。税制改革可能有很多形式,既有税率、纳税档次、起征点或免征额的升降和税基的变化,又有新税种的出台和旧税种的废弃,还有税种搭配组合的变化。税制改革的几项主要内容包括增值税要由生产型转向消费型,鼓励企业进行固定资产投资,同时进一步扩大增值税征收范围,以往缴纳营业税的金融保险业、律师事务所、会计师事务所、交通运输和邮政电信等行业,将改为缴纳增值税。遗产税也有可能被推出。

不同,常规的财政转移是一种"强者恒强"的发展模式,如果地方经济能力和财务能力强,则从国家获得的支持力度就越大;如果地方建设程度低、财务能力差,得到的支持力度就越小,这种做法虽然对当地的短期发展作用不啻强心剂,且对发展落后的地区有激励作用,但是教育建设的平稳性要求对这种做法提出了反对,要求对资金贫弱的地区提供更大力度的扶持。为了让这种资金支持发挥应有的效果,也为了让资金的具体数字和去向有明确的记录,在对财政转移策略进行调整之前需要先帮助各层级地方政府明确其必须承担的教育建设义务和具体工作事项,在明确教育建设的目标和具体工作的前提下,通过翔实的数据和严谨的计算确定当地政府能够负担的教育建设金额和中央政府必要的扶持金额,从而将财政转移的具体数额确定下来并成为日后的参考。同时,在对地方政府倾斜大量的资金和资源的同时,还需要注意这些资金与资源的使用效率,即使地方政府在对这些资金进行利用的过程中每个环节都科学且合规,但这并不意味着其对资源的利用达到了效益最大化,也不意味着资金在高校建设中发挥了最大的作用,国家政府可以在进行财政转移的同时将适用自己的先进经验和指导意见一同教授给地方政府,让自己发挥最大的作用,高校得到最好的建设。

3. 在科研资金获取能力方面对高校进行多渠道拓展提升

关于教育对国家的重要意义,并不需要反复强调,相信读者也能明白,而高校作为教育系统中提供最高层次教育的单位,其重要性同样不言自明,而很多人不甚明了的是,高校在国家建设中发挥的作用从来都不仅是教育,其更包括了科研工作,科研同样是国家发展中不可忽视的重要内容,甚至从某种程度上可以说,国家的发展主要依赖科学研究及其实践应用。科研工作又和高等教育间存在千丝万缕的联系,所以国家在资金和资源方面对高校建设如何倾斜都不为过,此处就高校科研的重要性与高校财政间的关系进行论述。科学技术的不断发展和创新对国家的经济建设和人文领域建设都有不可忽视的作用,尤其是在以工业体系作为国家经济基础的国家中,科技的发展情况会直接决定国家的经济发展和建设程度。我国虽然在工业体系和经济建设方面都处于世界前列,但是由于国家仍存在一些比较偏远的贫困地区和受教育程度不足的群体,因此至今仍然处于发展中。虽然我国整体经济水平已经全面脱贫步入小康,但是也只是处于小康的初期阶段,在一些尖端科技和国民平均经济水平方面与其他发达国家存在差距,而作为一个农耕大国和工业大国,我国很大一部分收入来自农副产品和工业制造,科技产品对国家经济生产的贡献比例并不高。而当代社会对人才的要求也从原本的劳动力输出转变为了劳动力之外的一技之长,无论是某一方面的专业知识,还是某些特长,都可以作为当今劳动力市场所需要的人才的特征,单纯的体力劳动等于个人价值的时代早就一去不复返,根据劳动市场在当前的特性来看,我国的义务教育亟须改革,九年义务教育无法涵盖受教育者走向社会后所需要的基本知识,将高等教育纳入义务教育的范畴中是势在必行的改变,而这种转变完成的标志是高等教育的入学率达到四分之一以上,那个时候的中国在高等教育的教育普及率以及国家高端人才与高端技术占据的经济收益比例才会达到国际发达水平。我国目前在发展上正紧紧跟随国际化发展潮流的最前端,全新的以教育为国家主要内容的发展形态越来越深入人心,高校在教育和科研两方面对国家的贡献越来越大,而教育作为为国家培养人才的重要手段,又能够使很多科研人才为国家的建设出力,这种国家科研机关和高校科研共同发展的科技化趋势又是国家化发展的必然趋势,这也从侧面证明了我国当前的发展路线的正确性。高校作为当今国家发展的重要力量,是国家必须予以重视的,如何充分利用这份力量并且投入更多的资金和精力让这份力量越来越壮大,也是国家发展中需要重点思考的,除了国家倾注的资源和出台的扶持政策等方面的帮助外,高校自身的努力也是必不可少的,为了能让高校在发展中呈现最佳状态,国家在进行扶持和资源倾注的过程中还必须充分考虑这些外力对高校内部的稳定性和对高校正常发展的影响,在充分考虑这些问题的前提下对高校进行的帮助才是有效的,否则在长时间的外力帮助下,如果让高校养成重度依赖,破坏高校的自我发展体系,从而导致高校失去发展的活力和自主性。

(二)利用更强的高等教育统筹能力创设教育环境

任何国家在经济建设过程中都会获得很多发展机会,而且任何一个国家都具备其他国家所不具备的特色和优势,利用独有的优势,国家可以在经济建设中取得其他国家无法取得的优势,但同时,任何国家的经济增长速度以及每年递增的经济增长率都必然是有限的,在国家经济发展到一定程度之后就必然会面临经济上升停滞的境况，也就是经济领域所谓的国家经济的非永续性。从国际化经济建设来看，西方发达国家之所以在如今表现出了强劲的国力和发达的经济建设，就是因为在曾经的发展浪潮中抓住了机会，在某一时期让国家取得了高速发展，因此在随后数年乃至于数十年的发展中都占据优势地位，美、英等国家的繁荣都是曾经精准的眼光带来的，而这种在特定时期对特定领域的投资根据国家生产以及科技发展侧重等方面的不同必然会有所不同，但相同的是，这些国家在发展过程中必然都曾经在高等教育领域投入了大量的资源与精力，教育的立国之本和强国之策作用不仅体现在中国，其他国家虽然没有提出相同的口号，但是在长期的发展中同样用实践经验讲述了这个道理。在国家经济发展的黄金时期去大幅度提升在教育领域的资源投入是一种明智的做法，因为虽然教育不是那种投入后可以得到立竿见影的效果的领域，但是国家任何领域的人才的涌现都离不开教育事业的发展。教育给国家带来的红利动辄以十年为单位，这种投入是值得的也是必要的，只要社会发展到一定程度，人民对文化建设和精神建设的要求都会不约而同地提高，这时候再加强对教育的投入就显得有些晚了，在国家的经济能力足以负担的情况下，越早在教育中加大投入，对国家的长期发展越有好处，大量涌现的人才以及高校为国家提供的科研方面的理论和技术支持都可以直接反映在经济增长上，在国家经济发展势头受阻和高等教育发展到瓶颈之前，这种良性循环会在很大程度上提升国家的发展建设速度。当然，虽然对高等教育建设的投入会取得很高的回报，但是在投入过程中国家承受的经济压力以及其他领域资金的不足也是需要我们去正视的，即使在国家经济发展的黄金时期，这些在教育中投入很大的国家的资金也常常捉襟见肘，在长时间的减持后，等到教育事业发展到一定程度，这些国家都不约而同地选择削减在教育领域的投入，以维持国家收支和财政体系的正常运转。此外，不同国家有着不同的国情，而且不同国家的经济能力和经济发展程度也是不同的，在多种因素的影响下，这些国家对教育资金的投入力度也是不同的，其中经济更发达的国家不但能够在教育建设中投入更多的资金，而且还可以同时兼顾教育福利事业，而对于那些经济虽然处于高速上升期但是本身经济基础和经济能力不够强的国家来说，维持教育领域本身的建设就很不容易了，很难同时顾及其他领域的内容。对不同领域的重点建设需要符合时代特色，虽然高等教育的重要性很高且需要国家的持续重视，但并不意味着对高等教育的建设永远会占据国家财政支出的首位，就像如今的医疗建设已经逐渐取代高等教育成为国家建设第一要务的趋势，美国等西方发达国家大量建设社会公共医疗服务设施，在近些年来，这方面的支出已经慢慢和教育建设持平，未来是否会超过教育建设资金成为国家最大支出也属于未知数。就像公共医疗领域虽然是一种社会福利，但并不是只有支出而没有任何收入，这样的建设工作只能成为国家经济发展和全面建设的拖累，而公共医疗建设领域的模式可以成为高等教育建设的参考对象之一，如何在建设面向全社会的福利性机构的同时保证其能够尽可能找到更多的收入来源，在未来政府不再对其投入大量资金的时候至少维持当前的发展程度而不衰退，这就是国际经济大环境对高校建设领域的最新要求。

（三）通过对高等教育的深刻认知，促进其财政管理的完善

1.通过合理化开支提升效益

国家政府在对高校进行资金支持的时候，不能采取无原则帮扶措施，而是要经过全面的信息收集和严谨的相关计算，根据高校具体要执行的建设项目以及在不同项目中的资金投入和这些计划及数字的真实性判断需要投入的资金金额，通过这样的精准定量的方式明确资金的去向，并提升对高校进行资金支持服务的质量和工作水平。在计算资金金额的时候需要考虑的因素有很多，除了高校在计划中明确提出的资金使用项目外，还要将这些相关财政活动的出发点、主体与客体、投资目的及预期结果、投资模式与回报方式、对投资的长远计划与决策等纳入分析条件中，在确定高校的财政支出的大致范围与资金需求规模的情况下，对具体事项进行具体考量，将政府对高校进行资金支持的输出模式优化到理想程度，增加政府在资金支持和资金使用方面的效率，帮助政府将资金投入与利用的效果提升到新的档次，让高校在获得资金的同时，受到必要的监督管理。

2.通过国家资金干预实现校际教育公平

从高校的职能和资金的应用范围来看，高校教育的财政可以分为针

对两个领域的专项资金,分别是针对高校教育建设的教育财政以及针对高校科研工作的科研财政,在具体的划分过程中还需要根据不同高校的本校特色以及高校发展规划对其中的细节做出详细区分,根据学校的效益以及教育领域和科研领域分别建设的各自情况判断哪一方面更需要资金的及时注入,判断哪一领域短期内投资对高校发展更有利,这种判断要从高校的短期发展和长期发展的双重角度来看。而从国家的投资角度来看,对不同高校投资的重要性也需要具体划分,对于存在岌岌可危的高校的资金投入是必不可少的,让高校的建设符合最起码的基本生存需求是资金投入最重要的保证事项,接下来才是针对那些相对资源分配不够均衡的学校进行资金的分别投入,让资源匮乏、经济发展不好的区域的高校也能够得到一定程度的发展和建设,再其次的资金投入重要性才是对那些在短期内加大资金投入就有希望跻身某高度的高校,对于这些学校的建设既可以细水长流,也可以在必要的情况下将富余的资金注入以加快其建设。总之,对任何高校的资金扶持都不是为了让高校养成不劳而获的"伸手主义"习惯,而是要帮助原本缺乏资金和资源的学校获得更多的获取资源和自我建设的机会,是为了让这些学校能够在国家的短时间扶持下培养出长期自给自足的能力,这才是国家对高校进行资金扶持的根本目的和最大作用。

3. 加强高校的特色化办学

普适性是国家在教育建设中的要求之一,但是需要特别注意的是,此处的普适性针对的是一般教育和基础教育,而不是高等教育,基础教育必须具备普适性是因为其需要满足所有具备不同学习能力、生活环境的学习者的基本学习要求,但高校作为为国家提供高端人才的重要基地,需要做到的远远不止如此,所以国家在对高校进行建设的过程中,对其办学特色有比较高的要求。在如今的社会背景和国际的经济大环境的双重要求下,我国的高校办学必须将财政问题作为影响其办学目标和办学方式的重要因素,高校对未来社会的经济环境和经济发展的适应性会在很大程度上决定高校的"寿命"以及其发展情况,针对未来的经济大环境和高校的财政工作建设可以更从容地布局,让高校以符合客观规律的方式进行创新和特色发展,在财政手段中如何在必要的时刻向政府申请援助是其中的重点,高校作为对社会精神文明建设与国家人才建设具有重要意义的重点项目,在国家的资金规划中必然占据重要位置,通过国家在资金和政策方面的宏观调控,高校的财政建设必然事半功倍。当然,虽然说高校的建设对国家的重要性很高,国家的未来发展建设在很大程度上依赖高校,但是对其的拨款也不是无止境和无原则的,国家对高校的拨款项目必须经过层层严密的审批,而高校向国家申请的资金同样需要多重审查,这种严密的审查措施是为了确定资金的流向,让资金使用的合理性得到保障。在通过实际数据和相关公式计算高校对国家拨款的资金需求量的时候,要将一切合理因素纳入其中,将一切不合理因素排除在外,要牢记国家对高校的资金与其他资源投入是连接高校未来的资产产出总值和成本之间的重要纽带,是在对高校的建设情况进行综合评估时的重要参考依据。虽然我国在对高校进行建设和资金注入的时候也强调效益性,但高校终究是人才培养基地和科研基地,对高校投资的效益性考虑要低于对其可持续发展性以及发展的稳定性的考虑,从高校发展过程中的各种功能与细节入手层层递进,最终将高校的整体发展情况以及高校对资金的需求与消耗情况进行汇总,就可以全面了解高校在发展过程中的具体建设和效率究竟如何,同时在投入资金的时候,要更多关注高校的特色与活力,而不是绩效。

第二节

高校财务管理信息化

一、高校公务卡结算方式探讨

(一)公务卡的概念及意义

公务卡从消费的方式和类别来看是信用卡的一种,但是是其中比较特殊的类别,其发行方当然是银行,一般情况下面向的是高校和其他行政事业单位员工以及企业单位的职员,该类型的银行卡具备正常的转账和存取现金的基本功能,同时具备和信用卡一样的信用消费能力,这是公务卡具备的全部能力,根据使用者的不同需求或者使用权限问题,卡片可能具备上述的全部或部分功能。总体而言,公务卡是主要应用于单位事务报销领域的、可以使用信用支付的工具。公务卡与信用卡的相同之处在于,其具备银行赋予的透支以及在一定时间范围内免息的权益。公务卡的出现对于我国支付体系的创新与完善具有重要意义,原本在各领域中都出现频繁的现金报销在其影响下会逐渐退出历史舞台,公务卡这种集消费、透支等于一体的全新金融工具将会成为未来的消费主流。

推广并扩大范围应用公务卡具备这几方面的好处。

第一,公务卡的大规模使用能够有效降低日常生活中的现金交易数量,控制现金流通的额度与频次,让资金的流动主要发生在电子商务领域等国家便于监督监控的范围内,一步步蚕食那些游离于国家监管范围外的打擦边球的行为的存在空间,增强一切资金流通信息的透明程度,通过这样的方式加强国家对资金的监管力度以及对贪腐现象的遏制强度。

第二,在全国范围内的所有支付更多地推广公务卡的应用而降低现金出现的频次,有利于国家税务系统的进一步完善,减少现金的日常生活应用可以确保更多人的工资情况被实时反映到国家监管中,每个人的个人所得税的缴纳都是合规合法的,没有人能够随意偷税漏税,守法也是国家文明建设的重要内容。

第三,有利于提高高校各部门的财务管理效率,在大多数人都选择使用公务卡的情况下,社会交易支付渠道整体变窄,国家在监控财富流通的方面可以降低财务成本,对那些拥有更高资金的个人或者企业的监管力度可以从发散转变为集中,对国家从机制上防范和治理腐败是有利的。

第四,在大多数人选择使用同样的支付方式的情况下,无论是账目记录还是对交易记录等的统计都更加轻松,对财务系统的全面建设完善是很有好处的。

综上所述,通过使用银行发放的公务卡这一透支功能进行提前的透明消费,从国家的发展角度来看是有利的,一方面能够降低国家统筹全国范围内的资金流通情况的经济和人力成本,另一方面也能够让社会的资金流通和发展呈现出更加清晰的态势,让企业家和富豪们的资金来源与去向呈现在国家的监管中,让每个公民的个人所得税申报与实际缴纳情况被其他人监督,让社会的经济建设和法制建设程度向着更加完善的方向发展。

（二）公务卡结算方式的作用

1.公务卡结算方式

公务卡结算特指的领域是持卡人因公务活动而产生消费的时候通过其进行支付的行为,在这种支付模式下使用公务卡可以在短时间内无息透支一定金额,在规定时间内由企业中的财务部门即时转入资金填补透支。单从"公务卡"这一名称就可以说明其与国家对支付活动的广泛要求有关,事实上也确实如此,国家为了加强对国内的经济的控制力度进行了集中化的国库制度改革,而公务卡就是在这种环境下产生的,其可以看作国家国库集中制的某种延伸。公务卡的使用基础是国库的单一账户体系,公务卡作为连接使用者与国库的媒介可以有效降低全国范围内的一切现金支出,是国家资金管理战略中的项目之一。在使用公务卡的人员申请报销的时候,如果存在卡中的预借款并没有使用完毕,按照公务卡的正常工作流程,这部分资金会被原路退回。对公务卡的广泛使用有利于国家国库集中支付制度的改革,是对这种改革和资金管理的深入化推进,这种做法对国家非现金支付的其他支付形式的发展有很大的促进作用,可以降低现金的出现频次以及国家在现金支付领域付出的精力与资金,同时能够让那些通过现金的隐蔽性回避国家监管与司法制度的不法分子重新进入国家的管理范围内。公务卡结算方式是财务部门将职工在公务活动中使用公务卡刷卡消费、现金消费的资金,或者职工因公借款,通过单位零余额账户和发卡银行划入职工公务卡的方式。

2.公务卡的转账与报销范畴

在因公务而产生的消费中,公务卡可以进行透支消费,可以随时接受财务部门转入的员工因公务而垫付的全部费用以及出于报销目的的划入其中的资金。具体来讲,公务卡在转账支付和小额公务支出领域具备非常广阔的应用空间,其中包括办公费、邮电费、印刷费、差旅费、会议费、招待费、水费、电费、交通费、劳务费等商品服务性支出。大额支出仍使用直接支票、票汇等方式进行结算。

(三)公务卡交易的不足之处

1.对支付改革问题认识不到位

前文也提到过,我国在人文建设领域的发展还远远不足,国家对社会公民的思想建设工作做得还不够到位,因此很多利国利民的思想并没有深入人心,国家虽然在大声呼喊口号,但是人民的响应程度不高。公务卡支付的情况大体就是这样,虽然国家反复强调这种支付形式对社会的进步的作用,但是仍然有很多高校人员在选择支付方式的时候或有意或无意地忽视公务卡,其中既有抵触情绪的存在,也有对社会支付形式转型的认知还不够深刻的原因。

2.我国刷卡消费发展存在滞后性

由于我国国民习惯了现金支付的形式,这种习惯一时之间难以更改,因此对公务卡的使用热情并不高,甚至有些单位公务人员的公务卡始终处于闲置状态,在外出办理业务的时候,公务人员甚至想不起来还有这样的支付渠道。

3.公务卡的应用领域不够宽广

公务卡的标准应用范围其实非常狭窄,在一些稍小的宾馆和招待所就经常面临无法使用的情况,需要使用者自己取钱垫付,然后在回到单位后找财务报销,与传统报销方式没有区别,在一些经济发展建设欠发达的地区几乎所有花销都只能自己垫付,公务卡无法发挥任何作用,这也是很多人在出差的时候不选择公务卡的重要原因,其带来的不便让很多人对此颇为抵触。

（四）解决公务卡结算方式问题的对策

1.要进一步提高思想认识，转变消费观念

思想建设、制度完善、工作流程以及宣传培训是提升我国人民对公务卡消费的理念的重要手段，将这四方面的工作结合起来能够全方位提升民众对公务卡的认同以及对国家建设与资金透明化的重要作用的认知，这种国家政策和民间宣传相结合的手段是对公务卡普及化应用的最好推广。

2.要不断深化完善高校综合改革

从客观角度来看，公务卡的使用可以在很多领域令我国民主发展精神和依法治国思想普及开来，也可以在一定程度上遏制某些官员的腐败行为，但其并不能完全杜绝公款消费等非法现象的发生，虽然对那些用东拼西凑而来的发票报销的现象有了充分的驳斥渠道，但是对于那些开假发票报销的人，公务卡缺乏有效应对措施。因为很多经营者与开假发票的人"心照不宣"，从表面上找不到其中的破绽，双方的交易在报销活动外进行，财务人员对此也无可奈何，在双方的配合下，公务卡消费制度依然有漏洞可钻。所以说，公务卡结算方式也不是万能的。要从根本上解决这些问题，还应在细化预算编制、硬化预算约束、加强预算监督上下功夫，从而更加有效地抑制公款滥用和腐败问题。

二、高校财务信息系统安全问题管理研究

（一）高校财务信息系统安全问题管理概述

传统的高校财务管理是会计核算型的，然而随着国际社会的不断发展和我国对高校建设工作的不断展开，高校财务管理工作也发生了转型，开始转向财务管理型方向。随着财务在管理中的作用越来越大，财务信息系统的开放性要求也日益增强。收费系统与教务的选课系统及宿舍管理系统、工资发放与人事薪酬管理科、核算项目管理与科研管

理部门的互联互通,网上工资查询、项目经费的收支及学生收支情况查询,银行与学校的互联系统都要求财务信息系统必须具备一定的开放性,对财务信息系统的要求越来越高,对其效率、质量方面的要求成为高校财务信息管理的主要内容,对高校财务管理者的实时性、动态性决策与宏观调控能力的要求不断提升,这样的信息系统在社会的普遍需求下正在慢慢成形。虽然这种开放性更强的高校财务信息管理系统能够为高校的发展以及社会的教育建设带来很大的好处,但是从安全性角度来看,越开放的系统就面临越大的被攻击的可能,因此在对其中的其他方面进行建设的同时,对高校信息开放管理系统的安全性的重视也必须提上日程,在信息化发展过程中,受高校财务人员配置和知识结构的影响,存在很多如过分注意业务层面的管理系统,却忽略信息安全等重大问题。研究制定一套适合高校财务部门实际情况、切实可行的信息安全管理方案显得非常必要且已迫在眉睫。

(二)高校财务信息系统面临的风险

1.软硬件系统故障

计算机的使用是在不同的硬件和软件的共同作用下完成的,硬件设备就是那些具有物理形态的、实际存在的计算机组成部分,而软件则是不真实存在于客观世界的、帮助我们利用计算机系统的程序,如操作系统就是最典型的软件。而既然计算机的组成部分就是硬件和软件,那么一旦两者出现问题,对计算机造成的严重破坏也是可以预见的,其具体危害如下。

(1)硬件故障

硬件故障从危害性来讲,要比软件故障更严重一些,因为其中往往存储着大量的计算机数据,对于用于财务工作的计算机来说更是如此,可能长时间的工作成果和重要财务信息都会随之丢失,硬件随着长时间使用带来的高温被烧坏是计算机的常见故障,在大面积的电磁波的破坏下或物理作用下遭到破坏对计算机硬件来说是比较常见的事情,而这些损坏也是计算机信息安全的重要威胁之一,对数据的备份就是为了应对这样的情况。

（2）软件故障

对软件的开发应用也不是无懈可击的,其中存在的局限性和漏洞都是导致软件出现故障的原因,外来入侵和软件本身的问题都有可能导致这一现象的发生,其防治工作任重道远,需要软件开发技术的长时间提升以及对软件使用和售后的进一步加强,从短期来看,只有加强备份和规范使用才能够遏制这种现象。

2. 系统外部因素对系统或数据的威胁

目前的黑客主要在利益的驱使下或出于报复心理,对系统发起攻击,窃取秘密进行恶意使用或披露,而单纯的破坏性病毒由于对病毒的制造者来说没有太大的动力,故相对比较少。对来自系统外的威胁我们要积极使用防火墙"御敌于外",在恶意代码入侵的情况下使用杀毒软件能在很大程度上保证计算机系统的安全,虽然这种被动防御并不能追溯病毒的源头一劳永逸,但是熟练使用防火墙和杀毒软件能够为计算机抵御大部分侵害。成千上万的黑客在不停地搜寻系统的漏洞并设法避开安全软件的监控进行攻击,而绝大部分杀毒厂商为了保护自己的杀毒引擎等核心商业秘密,基本上处于单独应战的层面上。相比较而言,杀毒厂商需要付出很大的努力才能应付全球黑客的攻击与破坏。防火墙能够防御的领域是有限度的,其针对的是那些直接进攻的恶意代码和没有得到授权的非法信息的入侵,对于一些通过 SQL 渠道"浑水摸鱼"的信息则根本无能为力,而且对于内部问题防火墙也是束手无策。这与大多数人认为的只要有了杀毒软件和防火墙就已告别病毒和网络攻击的认识相差甚远。遍布世界各地的黑客攻击、病毒威胁和木马攻击随时都有可能导致数据被窃取、破坏、服务中断、计算机无法运转等。

（三）高校财务信息系统风险的应对策略

绝对的信息安全是不存在的,每个信息系统及网络环境都在一定程度上存在漏洞和风险。从高校财务信息的商业价值来看,对黑客的吸引力不会太大,但由于财务处业务能否正常开展会直接影响到整个学校运转和相关负责人或学生的隐私。由于高校财务信息系统的特点,不可能投入过多的人力、财力和物力来保障财务信息系统的安全。因此,高校财务信息安全应该把重点放在如何防范和应对财务系统崩溃、病毒破坏和数据丢失威胁等方面,同时兼顾系统外部黑客的攻击和内部人员泄密,有效地利用有限的资源来对财务信息系统做出最理想的保障。下面将从技术、管理层探讨如何提升信息安全管理的水平,提高对信息安全的保障。我们需要在成本和效益之间寻找最佳平衡点,既要避免信息安全保障不力等严重后果,也要杜绝因信息安全过度保护而产生巨额费用的情况的发生。

1.内外网物理隔绝管理

对内网和外网的管理必须采取双重标准,并且在两者之间树立起物理性和网络方面的双重藩篱,对内网进行经常性的交互,对外网进行经常性备份,让两者都能在即使受到攻击也不会造成太大损失的情况下使用,这也是如今对高校财务网络内外网的标准化管理。其中内网作为内部信息交互的重要领域,尤其要做好防御工作,一旦失守将损失惨重,反观外网,只要做好数据备份工作,即使受到攻击也不会有太大损失。

2.对防火墙和杀毒软件的安装与规范使用

现有的杀毒软件和防火墙可以防范大部分已知的病毒和木马,部分杀毒软件还具有系统加固等主动预防功能。虽然当前杀毒软件对未知的病毒和木马的预防和查杀能力有限,但对于已知并加入病毒库中的病毒查杀效果还是比较理想的。而由于财务的核心信息系统采用与外网进行物理隔离的方式运行,信息系统感染新的未知病毒的可能性比较低,因此使用当前采用病毒库模式的杀毒软件就能起到很好的保护作用。

3.软件与系统的测试与运行安全

计算机网络技术的发展并不只体现在那些大的方面,很多小的软件的开发也为我们的生活和计算机使用提供了很大的便利性,然而需要注意的是,这些软件在帮助我们更好地使用计算机资源的同时,也相当于为黑客展现出我们的弱点,让这些不法分子有了越来越多的途径能够直接攻入计算机内部。被黑客动过手脚的共享软件往往在不知不觉的情况下给系统装上木马或后门,而且这类木马和后门往往更难被发现或清除。

部分商用软件在设计或开发过程中存在一些小缺陷,如结算单号被存入错误的分录后面、在特定情况下新凭单被存到历史库中、IC卡挂失异常等,这些现象在测试中均被发现过。所以,就像很多游戏在开启服务器之前一定要召集专业人员进行"内测"一样,对更新的系统以及软件的严格测试是很有必要的,没有经过测试的软件和系统在安全性上缺乏必要的保障,在为用户提供使用便利的同时,给黑客提供了更多的机会。即使系统经过了投入使用前的检测,但在使用过程中还是难免会出现一些突发症状,面对这种情况,我们一定不能大意,不能因为"感觉没什么大不了的"就对这些问题放任不管,而是要及时通知管理员,管理员作为系统的重要安全保证更不能玩忽职守,而是要对其予以足够的重视,在自己能够修复漏洞的情况下,结合以往经验认真分析问题的成因并及时修复现有漏洞,如果无法解决问题或问题频繁出现则需要联系供应商对系统进行彻底检测。

三、无现金报账在高校财务工作中的实践与思考

(一)实施无现金报账的意义

1.有利于全面提升高校财务管理水平

高校财务管理工作作为高校管理工作的重要项目之一,可以在很大程度上直接反映出高校管理者的能力和高校当下的发展状态,当前,高校财务工作内外部关系复杂化、财务流程多层次化、财务管理力度薄弱化,都是高校财务管理迫切需要解决的问题,而高校财务管理中的报账工作是基础性的工作,随着高校规模不断扩大,财务处报账大厅的相关业务也日益繁忙,这花费了财务人员大量的精力。实施无现金报账,可以提高报账效率,把财务人员从日常的事务堆中解放出来。

2.有利于加强财政支出管理,提高资金使用的透明度

在国家全面实行国库的收付改革之后,国家对财政资金的把持力

度以及对单一账户体系的运营都有了很大程度的提升,将国家全部收入都纳入国库的财务管理范畴以及对收款单位或者个人的资金支出的直接支付到账都是其中的重点改革建设,但对现金的控制和把握却始终不在国家的严格控制下,甚至可以说,这种交易和支付方式在很大程度上完全脱离了国家的控制,是我国金钱交易最不稳定和最大的违法领域,就像很多电影中演得那样,一旦某人因为违反法律而不得不逃亡,就需要完全抛弃原本的手机和信用卡,并随身携带一定数量的不连号的现金,然后尽量不出现在海关和机场等国家监控力度很强的区域,这样就可以最大限度地回避国家的追踪,从这里也能看出国家在对银行卡以及线上支付领域的控制力度上的强劲以及对现金流通与交易的控制的无力,在交易者选择使用现金作为支付手段的情况下,国家对此进行预算和执行的能力就会被大幅度削弱,由于现金对国家的透明性很低,因此针对这类型活动的有效监控很难实现。如果在国家范围内进一步普及电子支付和线上支付并且逐渐消除绝大部分现金交易,就能够实现国家对安全领域的资金流动的监察,电子商务作为唯一的支付方式不但能够实时结算且帮助消费者免除随时携带大量现金的烦恼,而且还能够降低国家的资金占用成本,有利于国家建设更加全面而透明的资金支付网络,能够帮助国家更好地监控所有企业的资金流转的情况,对其实际营利等方面的数据有精准的认识,杜绝偷税漏税现象的发生。

　　3.有利于推行公务卡,通过制度防止腐败现象的出现

　　随着越来越完善的反贪腐政策的出台和越来越严格的政府官员资产审核机制,转账已经基本从行贿者和受贿者的辞典中被划掉了,因为这种能够被轻易查到往来痕迹与交易双方信息的手段会将他们的违法证据直接呈现给国家纪检委等审查机关,直接将受贿者带入大牢,银行转账或者其通过其他软件转款在这些人的生活中基本没有什么应用价值,只有现金才是他们的"最爱",因为现金交易只要不被人拍到就基本不会留下证据,除了这些不法分子之外,很多通过邪门歪道的手段避税的企业也经常通过套取现金的方式将现实发生的交易从账面上消除,通过这样的手段回避其作为合法公民应尽的义务和应缴纳的税款。我国稽查部门通过长时间的审查与分析研究发现,提取现金进行支付是目前各个单位使用最频繁的支付方式之一,尽管在支付手段上已经有

了更加便捷的银行转账以及微信和支付宝支付等,但是从银行中套现资金并且由于企业的正常薪水与奖金发放是很多企业进行的违法操作,还有些企业除了为了避税而采取这样的薪资结算方式外,还使用这些不在账目上显示的资金进行其他途径的操作,这更是严重的违法行为。国家目前正在一步步消除国民对于现金支付的依赖,无现金支付模式也是公务卡出现的最佳基础。如果我国社会的支付环境不再有现金而是全面普及了公务卡,将所有的资金流动全部呈现在国家能够实时监督的资金网络中,就可以最大限度地将资金风险置于国家的控制下,通过简单的线上支付方式实现签购单位与消费发票双联报销。这样的支付大环境不但能够在很大程度上降低国家公务人员的腐败的可能性,而且有利于增加国家各公共部门在资金分配与使用方面的透明度。

(二)目前高校采用的无现金报账方式及其比较

自 1995 年 10 月 18 日第一家网上银行——安全第一网络银行(Security First Network Bank)在美国诞生以来,网上银行发展迅速,功能不断增强,许多高校利用网上银行丰富的功能进行了无现金结算的实践与探索。目前,无现金结算方式主要有如下两种。

1. 企业网上银行无现金结算方式

由开户银行在能连接互联网的计算机上安装企业网上银行系统,单位付款时就可以通过互联网访问银行网站,办理款项支付结算、汇兑业务,从而实现无现金结算。该支付方式的缺点是:数据须二次输入,这样会增加财务人员的工作量。

2. 银行POS(Point of Sale)系统支付方式

POS 机经历了从固定 POS 机到移动 POS 机的阶段,尤其是移动 POS 机支付系统不受空间、场地的限制,不用上网,也不限卡种,使用越来越广泛。POS 机通过电话线与交易平台的结算系统相连,其主要任务是对交易提供数据服务和管理功能,并进行非现金结算。单位经办人员输入收付款金额,发出请求成功后,即可实现无现金结算。缺点是单位须办理一张单位卡,且预先存入一定量的资金,每日报账结束后还要进行轧账。

第三节

财务机器人进入高校

随着不断的开发应用,人工智能逐渐与我们的生活息息相关。人工智能是时代的潮流,财务机器人将人工智能引入财务工作当中,能高效率地完成会计核算、报表编制、报税等会计工作。虽然在很多领域的研究和工作中,人类的参与还具备不可替代的意义,但由于机器同样具备很多人类没有的优势,因此在一些需要复杂计算的工作中使用计算机代替人类工作,可以很好地优化该领域并且解放人的生产力,在高校财务管理工作中添加财务机器人正是这样的目的。本节针对目前高校财务管理落后且拥有众多分校区的情况进行研究,通过财务机器人建立一个更加便捷的财务模式,将我们的高校财务人员从基础会计工作中解放出来,使得高校财务管理更加高效率。

一、机器人

人工智能(Artificial Intelligence,AI)是 2017 年世界范围内最火爆的顶尖计算机技术,人工智能的本质是一种通过计算机编程让计算机在特定情况下执行人类为其设置的应对选项的技术,在最初,人工智能的设想被很多人称为"异想天开的做法"或者"为人类带来灾难的潘多拉魔盒",也就是存在认为按照当时的理念和技术不可能实现人工智能和认为人工智能的出现会给人类带来灭顶之灾两种观念。虽然目前的人工智能发展远远未到巅峰状态，那种真正像设想的一样能够通过与人类相同的思维方式代替人类工作乃至于决策的系统还没有诞生，但是在很多领域中都已经有了人工智能的参与，纳米机器人、自动驾驶技术以及扫地机器人等都是计算机智能化技术在我们日常生活中的常见应用，逐渐习惯了这些技术的我们在生活中越来越离不开人工智能。人工智能的标准化定义以及人工智能对人类究竟是福是祸等问题就不需要在这里多做无意义的讨论了，当下的研究重点是如何拓展人工智能的应用领域和实用性效果。

虽然目前人工智能和我们生活中很多科技领域的运用已经深入密切地结合在一起，似乎融入了生活的每一个角落，但是真正对人工智能的加入有迫切需求的并不是生活中的我们，而是处于不同工作岗位上的职业者们。最早的德勤机器人是人工智能在我国财务工作领域的初始运用，也是我国财务领域和人工智能领域的最早融合。财务机器人掀起了财务领域的革命，传统财务管理模式在新的技术和新的理念的冲击下摇摇欲坠，最终选择了与时代发展的必然步调相统一，因此如今的财务模式中，既有传统因素也有新的科技带来的影响，很多原本必须由工作人员完成的财务工作，现在都成为机器人的任务。比如，基础的核算、对报销票据的审核、报税以及审计等，更不用说最基本的账目记录了，而机器人的严谨特性在财务领域是弥足珍贵的，不论多么严谨的人，终究存在犯错的可能性，而只要机器本身不出现故障或者受到外来的非法修改就能永远保持其准确性，也就是说，在录入的系统和机器人硬件不出现问题的情况下，财务机器人的财务工作是永远不会出现失误的。除了精准性优势之外，财务机器人的任劳任怨以及对繁杂的账目的简易化处理也是人类做不到的，这也是其优势的体现。

有了上述这些优点，相信读者对将财务机器人引入高校财务管理系统中的必要性有了更深刻的认识，高校的日常财务工作非常繁忙，每所高校的财务人员数量在繁忙的时候都面临不足的情况，然而如果增加财务人员又会导致在某些空闲时期造成人力成本的浪费，日常的报销工作虽然占用了财务大量时间，但是其效率低下的主要原因是报销人员的非专业性以及签字等环节的拖沓，与财务人员的数量并没有很大关联。报销人员和财务人员之间的"恩怨"实在是不足为外人道，前者抱怨报销流程复杂，签字和填票据等对他们来说都是难题，而后者也总是因为前者的不规范报销和日常工作的高度重复性而感到烦躁，这就是高校财务工作中主要的摩擦所在,也是当前财务制度带来的严重弊端,为了解决这一问题,才有了与时俱进的财务机器人与高校财务的结合。将财务机器人引入高校财务工作中,可以让双方都不再受到这一问题的困扰,财务工作人员可以将更多的精力投入对高校财务收支等更重要的问题的管理和思考中,而报销人员也有各自的任务,从繁杂的报销流程中解脱出来的他们也能够以更加饱满的热情和更充裕的时间进行各自的研究和教学工作,从这个角度来看,财务机器人进入高校财务管理系统对高校建设的整体是很有利的。

二、财务机器人的发展与应用

2016 年 3 月 10 日是德勤(DTT)经过长时间的研究开发终于将人工智能与财务工作有了初步结合并且公之于众的日子,也正是从这一天开始,自无纸化办公之后财务工作与人工智能的结合成为财务工作受科技红利影响的第二大改变,对所有从业者来说,财务工作都有了新的变化。财务机器人虽然诞生于 2016 年,但是当时的人工智能技术发展还不够成熟,机器人流程自动化(简称 RPA)是当时的主要技术核心,对机器人的控制力度较低,机器人能够执行的工作通常流程单一、操作死板,简单一点来讲,就是当时的财务机器人相当于一个被安装在电脑上的简单程序,其中事先录入了必要的基础财务内容,然后根据使用者输入的数据进行相应的财务运算,但对于比较个性化的财务要求就无法实现了。虽然当时的财务机器人用今天的眼光来看还比较“稚嫩”,无论是技术还是理念都远未成熟,但是其中的核心思想和对财务工作的简易化思路都引发了热潮,除德勤之外的其余三家大型财务事务所也都不甘落后,借鉴这一最早的财务机器人的制造思路,很快也纷纷推出了各具特色的初代财务机器人。

普华永道(PWC)在开发财务智能机器人的过程中将更多的精力投入对财务流程的个性化研发上,这种高自由度的财务流程不仅体现在财务工作的流程本身上,对与之关联的财务及产品供应链、人力资源管理与费用以及计算机技术等领域的内在关联性进行了深度挖掘,将这些看似完全没有关联的领域紧密连接在财务程序的上下游。中化国际(控股)股份有限公司在 2017 年的正式线上测试也是我国财务机器人的发展里程碑以及我国的数字化财务建设的重要进步。安永(E&Y)在建设财务智能机器人的时候进一步强化了财务机器人对财务人员复杂工作的简易化能力,让工作人员在具体的操作中能够免于接触一些复杂工作可能带来的失误,让财务工作者的具体操作越来越简单,这时我国的财务发展也彻底进入了方兴未艾的时期,对智能化、数字化的运用成为我国财务机器人设计的主流,对操作人员的工作的简易化也成为研究的重点。毕马威(KPMG)在四个大型财务事务所中是最后一个给出财务机器人方面的服务的,与其余三个事务所相比并没有特别出彩的地方,主要针对财务机器人的自动化服务流程进行了自主建设和提升。

随着时代的发展和科技的进步,计算机在每一个行业中都有了独特的应用市场,财务机器人是计算机技术中的人工智能技术与财务领域的紧密结合,目前四个最大的国际会计师事务所在财务机器人的使用方面已经逐渐习以为常并进行了深入探索,而在这样的行业背景下,作为财务领域中唯一一家有着多核算体系及智能会计平台的大型企业服务商的"金蝶"也终于按捺不住,其在技术的不断积累中取得了突破,同样于 2017 年末研发出了属于自己的财务机器人。金蝶研发出来的智能机器人与其他财务领域的人工智能在功能和涉及的领域方面大致相同,都是利用了目前最先进的人工智能技术和大数据技术,一方面收集更多的信息并进一步提升信息挖掘和使用的效率,另一方面利用这些数据为企业提供更加人性化的服务,这也是财务机器人存在的普遍价值。

令很多财务工作者感受至深的是,在 2017 年我国的财务工作面临很大的变化,其中的会计行业甚至可以说经历了翻天覆地的改变,从此进入了全新的时代。发生在 2017 年的金税三期上线、严打虚开发票的行业内部调整让很多从业者的日常工作都受到了很大影响,而 2017 年5 月发布的发票新规定与 11 月对从业资格证的取消更是激起了轩然大波,让整个会计领域都面临巨大的改革。在正常情况下,职业的改革发展都是潜移默化的,2017 年的会计行业改革过于迅猛,虽然带给很多从业者猝不及防地惊吓,但是也带动了该行业内的科技发展,让财务机器人在其中的存在感越来越强。事实上,很多专家都曾经预言,随着我国财务工作的不断发展进步,在不远的将来,财务机器人将会成为行业内的普遍工具,其普及程度就像如今的智能手机,在二十年前的人眼中还属于高端产品,但在当今时代已经变成大众化产品。

三、财务机器人走进高校财务

(一)目前高校的财务现状

世界上绝大多数事物在发展过程中都呈现纺锤形,就拿治学的注意事项来说,最早的学习只是对学习本身和学习内容的初步认识,内容相对狭隘简单,随着时代的发展和学识的进步,我们懂得了越来越多的规矩和学习方法,因此在学习活动中表现得越来越复杂,需要注意的事项也越来越多,而到了最后,随着学习的内容逐渐融会贯通,对规矩和方法的理解越来越深入,也就达到了"从心所欲不逾矩"的境界,对一切形式准则等都有了自己的理解,在做法上也越来越符合客观规律,这种发展形势在任何领域都是适用的,对高校财务工作也不例外。随着国际上对教育的重视越来越强,各个国家在高校建设中都投入了越来越大的精力,在这种大形势下高校的一系列相关问题都变得越来越复杂,财务问题作为高校建设的基础之一,也正在向多样化方向发展,无论是财务本身的问题还是管理者在高校财务管理方面表现出的问题都值得深思。

相关调查数据显示,目前令高校财务管理者最困扰的问题之一正是报销问题,由于高校财务管理人员数量不会很多,而报销者往往不具备专业的财务知识与财务能力,所以在报销和工作交流的过程中广泛存在效率低下的问题也就不足为奇了。具体来讲,影响到高校财务工作效率的有这几方面的因素:第一,高校财务管理人员数量比较少,但其中需要报销的人数比较多,所以很多报销者都面临需要排队的情况,对这些人来说,高校财务的办事效率显然是不合格的;第二,财务报销不是随意进行的,票据上需要有相关负责人的亲笔签字,但高校中的管理者往往工作繁忙,不像小学的教导主任一般只负责某一单独领域的工作,所以需要报销的人员在找负责人签字的时候经常会扑空,这也浪费了大量的时间;第三,报销人员当中大多数并非从事财务工作或相关教学工作，因此不具备专业知识和专业能力，在找人报销的过程中经常会犯一些对方眼中的常识性错误，如凭证本身或者所填的内容不符合相关财务规范等，所以经常性面临被退回重写的情况，这种不断返工也是造成高校财务报销效率低的重要原因之一。以上提到的几点主要是高校报销人员面对的困难，而对于高校的财务工作人员来说，这种重复性很大而且技术含量低的工作同样令人感到厌烦乃至于痛苦，平时本就繁杂的大量工作和节假日的超负荷工作对心态的影响等，这些也都会对高校财务工作的效率产生很严重的影响。此外，那些经常需要在凭证和票据上签字的负责人也会受到严重影响，这种本职工作外的签字经常会打断其正常的工作连贯性。从这个角度来看，如果不能解决高校内部的财务报销问题，必然会令财务工作者、报销人员和需要签字的负责人三者的工作效率和工作状态都受到不必要的影响。

随着国际上对教育的重视程度不断加强，我国对教育建设尤其是高校建设的重视也不断增加，对这些学校兴建大规模的校园和教育体系的支持力度也越来越大，而单个校园的大小是有上限的，过于庞大的校园会显得臃肿不堪，令很多事务的办理受路程等因素的限制而缺乏效率，所以在学校的体量达到一定规模之后，对分校的建设基本是必然选择，而这种多校园的共同管理模式也是我国高校当前的主要发展状态。从调查统计得到的数据来看，我国86%的高校在建设分校的时候都选择了重新建立新的财务处和财务系统，这样的做法可以理解，因为各分校之间的距离往往比较远，而本校的财务人员平日里负责本地的财务工作已经比较吃力，基本不存在可以兼顾其他校园的可能，但是可以理解不代表这种建设与财务管理方式就是最佳选择，这种做法会带来多个弊端，其中最典型的包括：对人力成本、资源成本以及时间成本的大量浪费；由于需要先对新的校区的基础设施进行建设才能进行财务部门建设，因此由于缺乏财务部门和财务人员的监管，对新的校园的建设过程中的资金使用情况和资金规划的科学与否都很难形成有效的监督与管理，很可能造成浪费；由于不同的校区在距离方面比较远，因此对资金的使用和统筹很难做到一体化，资金的分散和各自管理又会导致新一轮问题的出现，那就是在一些需要大量资金投入的问题上调动迟缓且协调性差；不同校区的财务人员在工作的具体方式和标准上必然存在一定的差异，这种差异带来的可能是财务报销工作或者其他工作的复杂性。如果出于对这些问题的顾及而不愿意在每个校区都分别建设财务部门,并选择使用本部的财务部门统筹管理所有校区的话,对工作的实效性也会造成很大的伤害,鞭长莫及加上没有财务部门的校区缺乏正规财务管理造成的预算、核算与报销等工作的困难,也无法真正解决不同校区的高校财务管理问题。

(二)财务机器人走进高校的重要性

宓咏是我国教育部教育管理信息化领域的专家,他在 2017 年的戴尔教育行业客户峰会上曾经提出了这样的观点,那就是我国的高校建设在新时代中应该进入新的阶段,高校当中的各个部门必须融合崭新的时代特色并经历不断地改革与完善,在改革中融入更多的时代特色,让高校的全面建设更加符合时代发展的规律,通过对管理者队伍的建设可以做到对高校各部门建设工作的提升,而这些部门建设情况的完善又会对管理者形成积极影响,从而在高校内部建设中构架良性循环。教育部科技发展中心的李志民也曾经公开提出了自己对"高校建设需要跟随时代发展"的思想的认同,在"双一流建设要与时俱进"的主题报告中,他曾经提出过一流大学与一流学科的建设不仅涉及学科和文化领域,更是一门社会性和科技性课程,时代的发展带来的社会环境与社会制度的沿革以及科技的创新都是对高校建设的重要影响因素,没有这些时代性元素的融入,高校所谓的"与时俱进的建设"不过是纸上谈兵,全系的科技和全系的社会制度与高校建设的深度融合是对传统教育模式的挑战和破坏,但这种破坏属于"破而后立",是传统教育向新时代教育发展必然经历的环节,只有在传统教育这潭平静的水中投入新时代和新科技这两个重磅炸弹,才能激起教育建设的千重浪。由此可见,教育领域的闭门造车从来都是教育工作者摒弃的做法,只有对所处的国家乃至国际大环境的社会特点与科技特色有足够的了解,并且将其积极融入高校建设中,才是高校能够在不断发展中勇攀新高的关键所在。

在高校中引入财务机器人能够帮助建设具备我国特色的"双一流"高校,这是高校财务机器人对高校的帮助之一,对学习者的学习和生活,日常财务机器人也能带来一定的好处。虽然本书主要探讨高校建设中的财务问题,但不容忽视的是,高校是国家最重要的人才基地,肩负着为国家培养并输送高端人才的任务,为社会发展提供了源源不断的"源头活水",因此作为推动时代的发展进步乃至于引导时代发展的社会组织,高校也必须紧紧跟随时代发展的潮流,这样才能对高校中的学习者形成及时有效的引导。正是从这个角度来看,高校中引入财务机器人才会对学习者有很大的好处,财务机器人虽然不是最近几年才诞生的新兴事物,但是其正式应用的时间还很短,无论对财务领域还是对其他需要进行财务管理的领域来说,都属于新鲜事物,况且财务机器人的技术理念也在不断变化革新。将财务机器人引入高校校园除了基本地对财务工作的辅助支持外,也能让学生看到高校对新科技的重视和实际应用,带给学生一种"对最新技术的利用是作为国家人才培养基地的高校也会做的事"的观念,让他们将使用国家最新科技成果促进生活和工作质量的提升作为一种应该做的事,也能够激发部分学生的创新精神,让他们在生活和日后的学习中将推动科技的发展创新当作自己的任务,这都是财务机器人进入高校的积极影响。

从上述观点和高校财务发展现状来看,目前高校财务工作的效率不容乐观,对财务机器人的进驻有很迫切的需求,需要这种能够有效提升财务工作效率和准确性的技术设备。虽然上文仅描述了高校财务问题的两个方面,但是其实际面临的问题则远远不止,高校中使用财务机器人的必要性体现在更多方面:高校财务的报销和报账工作同时令财务人员、报销人员和需要签字的负责人感到困扰;而每当学校开设分校的时候,都需要对财务部门进行新的建设,建设过程中需要投入大量的精力和资源而且在建设时间内正常的财务工作完全无法展开,如果使用财务机器人令不同校区之间的财务数据信息得到共享,这个问题就很好地解决了,而节省出来的财务成本和人力成本则可以投入其他更迫切的建设中。

综上所述,目前无论是从哪个角度来看,对高校财务系统中引入财务机器人都是很有必要的,其对财务工作办事效率的提升以及对高校建设成本的节约都是其重要性的体现。

(三)财务机器人在高校运用的可行性

我国的第一台高校智能财务机器人是在 2017 年 6 月 5 日于电子科技大学计划财务处服务大厅出现的,随着这一最早的名为"财宝"的高校财务机器人的出现,以及其带给电子科技大学全体师生在财务问题上的便利性,我国对于高校财务机器人的实际应用也有了更多的想法,对高校财务机器人的研发得到了更多的鼓励,这方面的科技创新在我国的研发热潮中占据越来越重要的地位。

尽管使用财务机器人能够为高校财务系统的建设与完善带来好处,但是这并不意味着社会各界的所有人都支持高校引进财务机器人,一些唱反调的声音始终都存在着。比如,其中一个比较主流的反对论点就是资金问题,有些人认为财务机器人作为一种刚刚发展起来的计算机智能技术的种类,必然会和其他新兴信息技术一样价格昂贵,而高校的资金来源主要是国家拨款,在这种情况下,为了财务工作者和其他相关人员的工作的便利性花费高昂的资金购置财务机器人,而不是将资金投入对教学或者科研的建设中是否属于铺张浪费?而且目前的计算机网络安全问题始终没有得到有效解决,如果将高校的财务工作主要交给这种智能型机器人,会不会导致高校的财务安全性受到巨大威胁?像这样的疑问可以从目前众多高校的选择和做法上来具体看待,财务机器人作为如今方兴未艾的财务领域的重要科技产物,在价格方面确实比较高昂,但对大多数高校来说并不是不能接受,而且使用财务机器人可以大幅度提升高校财务工作者的办事效率,利用节省的时间对高校的财务建设和财务管理进行完善,将花费在财务机器人上的资金从其他领域找补回来。而从安全性问题的角度来看,对财务机器人的不信任显然是没有道理的,即使如今的高校财务工作还没有大批量使用财务机器人,但是对计算机技术的运用已经是常态了,同样作为与互联网连接的计算机设备,很难说两者之间的安全性的高低。虽然说财务机器人的购买费用很多高校都可以承担,但是由于大多数高校都同时具备教育基地和研究基地的双重作用,因此在研发能力上是其他校园所不具备的,所以在这种选择购买或者自主研发的选择上,很多高校都宁可花费一定的时间和精力去自主研发,一方面能够节省不菲的资金成本,另一方面这种自主开发更加具备校园的个性化特色,在满足实际需求方面是购买得到的产品所做不到的,而由于高校同时具备顶尖的科研人才和庞大的研究者基数,还能够参考国家开放数据库,因此在科研能力方面也未必不如其他研究组织,从各个角度来看,自主研发都是最适合高校的。

只有人才方面的优势不足以让高校在财务机器人的开发上取得其他组织无法比拟的优势,但是高校在国家以及地方政府的财务与政策支持上是其他任何组织都不具备的。此外,大量的在校学生都是潜在的研究者或研究助手,高校内也不乏各领域的教授的专业知识与专业能力的帮助,这些方面共同构成了高校自主研发具备自身特色的财务机器人的基础条件,这也是我国高校有底气面对任何质疑的原因。一方面,高校对财务机器人的自主研发也是对国家科技水平的一种促进;另一方面,科技研发也是帮助高校学生将学到的内容应用到实践中的最好方式,是一种两全其美的做法。

四、财务机器人在高校财务的应用方案

(一)总体规划

一所高校具体的发展情况与发展目标以及对自身的发展定位是其特征的重要体现,而就像先贤所说"世界上没有两片相同的叶子",无论两所高校的建设方向和建设方法多么相似,其中必然会存在根本性的不同,这也是在建设高校的时候要对不同的学校进行相应的具体考量的原因,无论是人员组成、物资情况还是财务能力等都是这些高校的不同点的体现。因此,虽然具有普适性的财务机器人系统也可以对高校的日常财务管理工作起到巨大的帮助,但是如果能够根据高校本身的特色及其发展定位等情况而对其进行财务系统的量身定做,必然能够让高校财务系统得到最大的好处,让为此花费的所有资源都物有所值,让高校的财务管理和整体建设都能够得到最大程度的科学发展。为此,高校在财务机器人的建设或者改造中,需要这样几方面的支持。

(1)研发团队:一所高校往往具备各不同领域的专业型人才,而计算机技术作为近些年来大火的专业,基本是每一所高校都必然要大力建设的专业,因此高校财务机器人的研发团队的主体应该由校内的计算机与财务领域的专业人才组成,在必要的情况下,还可以从校外聘请专业人士对团队进行专业的指导。

(2)研发资金:高校的研发资金主要来源于国家的资金倾斜,而对高校财务工作的完善和对财务系统的建设是符合国家对资金使用的要求的,因此在具体的研究工作中可以由财务处带领研发团队向校方申

请专项研究资金。

（3）实验室以及设备：实验室是任何一所合格的高校都必须具备的，由于财务机器人的设计不需要实验材料和宽阔的场地，只需要数量足够的计算机以及相关的技术支持，因此在向研究团队提供场地和计算机设备之后，校方还需要提供相应的其他设备，如果高校本身不具备这样的能力，这种情况下可以进行采购。

（二）功能优化

以人为本永远是服务工作最重要的核心思想，对于为高校量身打造的财务机器人系统的建设工作，研究团队也要做出足够人性化的处理，如对登录账号的使用者做出区分，这种区分可以以学生和高校工作人员为区别，也可以是以财务人员和其他账号为区别，目前主张的主要是前者。对学生和在校职工的账号进行区别的主要目的类似于我国在线开放课程平台的导航建设，都是为了让用户获得更加便利的使用体验，不需要初始页面就面临大量的选择，对使用者身份的区别能够让相应身份的使用者只能看到与自己有关的服务类型，极大地减少了不必要的时间花费。除了这种对导航系统的便捷化建设外，必要的线上服务功能才是财务机器人作用的主要体现，在此，我们建设的高校已经全面使用了财务机器人，提升了原本的财务服务质量，那么其中显著的好处有这样几个。

（1）财务人员不再受到办公环境等的限制，通过电子设备上的财务机器人终端可以在任何有信号的地点进行财务工作的处理。

（2）高校的财务机器人可以绑定微信公众化或者特定的 App，由此将使用者的日常生活与财务机器人紧密联系在一起，任何高校方面的财务通知都会及时反映在公众号的推广和 App 的更新上，让使用者随时随地了解高校财务变化。

（3）财务机器人本质上只是一段存在于计算机当中的程序代码，其并没有休息的需要，因此财务人员和其他使用者在有需求的情况下可以随时登录并进行需要的操作，这与在财务人员下班后就无法进行相应的财务互动形成了鲜明的对比，也是机器人与人类相比最大的优势之一。

（4）在原本的高校财务流程当中，如果要报销需要先取得相应负责人的本人签名,而很多报销者都会遇到这样的情况——就是在需要签字的时候很难找到负责人,而负责人总是需要进行一些与本职工作全无关系的签字,这也浪费了很多时间,且常常被打断工作思路,双方都在这种不断地往返拉扯中浪费了很多时间,而有了财务机器人之后,可以通过线上预约的方式提前确定双方最合适的会面时间,对双方工作的正常开展以及连贯性展开都有很大程度的提升。

(5)高校在发展到一定规模之后进行分校建设本就是正常的发展途径,关于这一点,既没有更改的必要也很难找到发展的替代路线,因此财务机器人在这一领域要做的就是解决高校不同校区之间的财务沟通能力,原本的高校在开设分校的时候就会重新建设财务部门,浪费大量的财力、人力以及时间成本,财务机器人作为具备联网功能的计算机系统可以很好地解决这个问题,一所高校的所有财务数据以及相关记录在机器人的数据库中都有备份,在建设新的校园的时候可以通过简单的查询获得所有需要的数据,从而节省大量成本。

上面提到的五个方面的便利性都只是针对高校财务机器人的线上功能,接下来从线下角度看一看财务机器人对高校建设的提升体现在哪些方面。说到财务机器人的线下功能,就必须从其线下实体互动机器人的角度来看,某种程度上来说,这种线下的面对面服务机器人和财务系统之间并没有太密切的关联,其中录入的关于财务问题的一些基础常识信息,其主要作用在于实现与咨询者的线下问答,目的是降低咨询人员在线上过多提问占用财务工作时间的情况的发生。

需要特别注意的是,虽然目前市面上的高校财务机器人主要针对的是同一校区内的财务建设问题,对跨校区的财务建设并没有太多涉及,但是其发展方向必然和作者分析的相差无几,在大体方向正确的情况下,将其作为财务机器人推广的重要作用之一提出也是没有太大问题的。

就像前文描述的一样,报销的困难以及报销工作的效率低下的问题是高校财务工作长久以来的最大弊端之一,如何改善报销效率低下的情况是所有高校都曾经头痛过的问题。这一部分的内容正是通过对高校使用财务机器人后的财务流程的模拟,为大家展示财务机器人在高校报销工作中的重要性和便利性,通过这种方式让大家明白为什么要在高校财务系统中引入财务机器人。

（三）注意要点

在高校中使用财务机器人虽然能够带来很多好处,但是在具体的使用中也必须注意一系列问题,避免其所带来的不好的影响。在此,总结高校财务机器人使用的注意事项如下:第一,在不使用财务机器人的情况下,我国高校主要使用的是传统财务制度,而财务机器人的加入必然会对传统财务制度产生严重的冲击,在这种冲击到来前应该极力避免,在全面普及财务机器人之前对高校的财务管理方式和财务流程及时做出调整,避免由于财务制度的突兀改变而带来损失;第二,与财务制度相对应的是财务人员,高校在准备应用财务机器人的过程中,不但需要对高校财务流程和管理等做出相应的调整,也需要对高校中的财务人员进行相应的培训与替换,让财务人员和财务制度相互适应,营造和谐的高校财务氛围;第三,高校引入财务机器人很大一部分原因是提升报销工作等财务人员与其他人员对接工作的便利性,因此只对高校财务人员和财务制度进行单方面的调整并没有实际意义,必须要在全校范围内科普财务机器人的作用及其使用方法,让所有与财务工作相关的人员都能够了解财务机器人的重要性,并熟练掌握财务机器人的使用方式。

参考文献

[1] 别荣海.财务绩效视角下高校管理制度创新研究 [M].北京：中国社会科学出版社,2012.

[2] 焦永梅,张慧芳.财务管理 [M].郑州：黄河水利出版社,2017.

[3] 曾俊平,李淑琴."互联网 +"时代下的财务管理 [M].长春：东北师范大学出版社,2017.

[4] 易艳红.高校内部控制与风险防范 [M].北京：国家行政学院出版社,2019.

[5] 陈健美.加强监督,提高效益：我国高校财务管理的改革与创新研究 [M].沈阳：沈阳出版社,2019.

[6] 高新亮.新时期高校财务管理创新探索与发展 [M].北京：中国水利水电出版社,2019.

[7] 陈虎,孙彦丛,赵旖旎,郭奕,白月.财务机器人 [M].北京：中国财政经济出版社,2019.

[8] 张小军.高校财务管理的理论与实践 [M].昆明：云南大学出版社,2017.

[9] 张曾莲.高校财务管理创新研究 [M].北京：经济管理出版社,2016.

[10] 刘文华.地方高校财务内部控制与财务绩效管理研究 [M].长沙：中南大学出版社,2011.

[11] 黄永林.高师财务管理研究(第 9 辑)[M].武汉：华中师范大学出版社,2011.

[12] 徐明稚等.高校财务风险及预警防范机制研究 [M].上海：东华大学出版社,2015.

[13] 方芸.高校财务风险预警与防范策略研究：基于内部控制视角 [M].北京：知识产权出版社,2017.

[14] 孙杰.高校财务管理创新理念与关键问题探索[M].长春:吉林大学出版社,2018.

[15] 金云美.高校财务管理与控制[M].北京:中国经济出版社,2012.

[16] 邵积荣.高校经济活动内部控制研究[M].广州:羊城晚报出版社,2017.

[17] 陈竹.高校内部控制分析与设计[M].北京:兵器工业出版社,2005.

[18] 娄成武.公共组织财务管理[M].北京:中国人民大学出版社,2006.

[19] 张晓杰,徐涛,于静霞等.公共组织财务管理与组织治理实务[M].北京:经济科学出版社,2015.

[20] 王满.基于竞争力的财务战略管理研究[M].沈阳:东北财经大学出版社,2007.

[21] 司金贵.山东省教育财务管理研究(第2辑)[M].济南:山东大学出版社,2008.

[22] 陈波.我国高校财务管理创新与国际经验借鉴[M].北京:国家行政学院出版社,2018.

[23] 徐峰.现代高校财务管理的实施与监督[M].长春:东北师范大学出版社,2018.

[24] 李长山.现阶段我国高校财务管理的若干问题研究[M].北京:北京理工大学出版社,2017.

[25] 毕娟.对高校财务管理的探索[J].财会学习,2020,(28):37-38.

[26] 李静.高校财务管理:创新与发展[J].山西财经大学学报,2019,(A1):40-41.

[27] 黄跃勇.高校财务管理存在的问题及对策[J].投资与合作,2021,(2):115-116.

[28] 杨惜月.会计改革对高校财务管理的影响[J].合作经济与科技,2020,(19):154-155.

[29] 毛馨.高校财务管理目标的转变及实现路径[J].财会学习,2020,(20):50-51.

[30] 高静.新时代高校财务管理的创新与实践[J].食品研究与开

发,2020,(23):235.

[31] 隋帆.高校财务管理研究[J].中国市场,2020,(11).

[32] 修欣."互联网+"背景下的高校财务管理探讨[J].经济技术协作信息,2020,(12):62.

[33] 黄晓兰.高校财务管理水平提升途径分析[J].智库时代,2020,(25):75.

[34] 李影双.高校财务管理存在的问题及优化研究[J].商业2.0(经济管理),2020,(11):260.

[35] 薄媚月.高校财务管理研究[J].时代经贸,2020,(24):24-25.

[36] 王乐.浅谈高校财务管理风险防范与控制[J].大众投资指南,2020,(20):163-164.

[37] 张颖.高校财务管理信息化建设的路径与保障措施[J].财会学习,2020,(31):53-54.

[38] 李亚东.高校财务管理信息化研究[J].行政事业资产与财务,2021,(4):113-114.

[39] 张广才.探究高校财务管理的信息化建设[J].魅力中国,2021,(6):314.

[40] 张鹤,王中衡.高校财务管理信息化建设探析[J].财会学习,2020,(35):11-12.

[41] 于洪娜.高校财务管理信息化路径的探讨[J].市场周刊(理论版),2020,(57):40,42.